Marco Dominici • Ciro Massimo Naddeo

DIECI lezioni di GRAMMATICA
con esercizi

e con i video de
**LA GRAMMATICA
DEL BARBIERE**

ALMA
Edizioni

redazione: Diana Biagini, Chiara Sandri
layout e copertina: Lucia Cesarone
impaginazione: Sandra Marchetti

Printed in Italy
ISBN 978-88-6182-776-9

ALMA Edizioni
viale dei Cadorna, 44
50129 Firenze
alma@almaedizioni.it
www.almaedizioni.it

INDICE

INTRODUZIONE

DIECI lezioni di GRAMMATICA si propone come approfondimento grammaticale dei livelli A1 e A2 del corso **DIECI** ma può essere utilizzato con profitto anche da chi voglia semplicemente revisionare e rinforzare le proprie conoscenze grammaticali.

Ognuna delle lezioni (10 per ogni livello) si articola in tre sezioni:

- una pagina di *GRAMMATICA ATTIVA*, con tabelle, regole ed esempi che lo studente deve integrare e completare;
- una sezione degli *ESERCIZI*, ricca di attività di ripasso e rinforzo, con box di approfondimento e con la rubrica *L'ANGOLO DI ALDO*, uno spazio in cui vengono affrontati fenomeni grammaticali specifici;
- una pagina di attività sugli episodi video de *LA GRAMMATICA DEL BARBIERE*, una divertente fiction grammaticale che ha per protagonisti un moderno *figaro* e uno studente straniero che apprende l'italiano.

Completano il volume due *TEST* di verifica a punti e una *SINTESI GRAMMATICALE* di rapida consultazione.

Vediamo in dettaglio le caratteristiche più importanti di **DIECI lezioni di GRAMMATICA**:

La pagina della *GRAMMATICA ATTIVA* ripropone le tabelle, le spiegazioni grammaticali e gli esempi presenti nelle Lezioni di **DIECI**, ma con alcuni elementi mancanti, che lo studente è invitato a completare, naturalmente dopo aver studiato la relativa unità del volume **DIECI** in classe o a casa.

	AVERE	ESSERE	FARE
io	ho	sono	faccio
tu		sei	fai
lui / lei / Lei	ha	è	
noi	abbiamo		facciamo
voi		siete	
loro		sono	

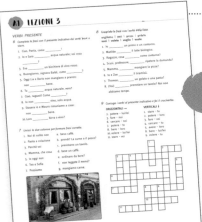

La sezione centrale comprende moltissimi *ESERCIZI*, cruciverba e attività di ripasso e rinforzo su tutti i fenomeni grammaticali presenti nella relativa Lezione di **DIECI**.

La rubrica *L'ANGOLO DI ALDO*, all'interno della sezione, arricchisce il contenuto grammaticale con nuove informazioni e attività.

In tutto il volume sono presenti numerosi box di approfondimento *QUALCOSA IN PIÙ*, che implementano e integrano le regole grammaticali presentate nella pagina iniziale.

QUALCOSA in PIÙ
Attenzione: le preposizioni con, per, fra / tra + articoli determinativi non formano preposizioni articolate.
L'unica eccezione è con + il può diventare col.
Esempio:
Simona fa una passeggiata con il cane. / col cane.

LA GRAMMATICA DEL BARBIERE contiene le attività basate sugli episodi video dell'omonima serie già presenti anche in **DIECI**, che qui vengono approfonditi e analizzati dal punto di vista linguistico.

Tutti i video sono accessibili tramite QR code.

Dopo ogni livello viene proposto un *TEST* a punti, per la verifica delle conoscenze acquisite.

Alla fine del volume è presente una *SINTESI GRAMMATICALE* con le spiegazioni delle regole, gli esempi e gli schemi.

Gli autori

LIVELLO A1

Completa la **GRAMMATICA ATTIVA**

ALFABETO

A a	B bi	C ci	D di	E e
F effe	G gi	H acca	I i	J i lunga
K kappa	L elle	M emme	N enne	O o
P pi	Q qu	R erre	S esse	T ti
U u	V vu	W doppia vu		
X ics	Y ipsilon	Z zeta		

	minuscolo	MAIUSCOLO
vocali	a, e, i, o, u	A, E, I, O, U
consonanti	b, c, d, f, ...	B, C, D, F, ...

PRONOMI

Completa con i pronomi.

IO   [ ]

[ ]   **LEI**

Generalmente il pronome non è necessario.
Io sono la signora Martini. | **Sono** la signora Martini.

AGGETTIVO SINGOLARE: NAZIONALITÀ

Completa gli aggettivi con l'ultima lettera.

Al singolare gli aggettivi finiscono in -o/-a, o in -e.

GRUPPO 1		GRUPPO 2	
maschile	**femminile**	**maschile**	**femminile**
italian[ ]	italian[ ]	cinese	cines[ ]
spagnol[ ]	spagnol[ ]	canades[ ]	canadese

Stefano è italiano. | Rosa è italiana.
Simon è inglese. | Jennifer è inglese.

VERBI: PRESENTE

Completa con le forme verbali della lista.
è | **mi chiamo** | **sei** | **ha**

	CHIAMARSI	ESSERE	AVERE
io	[ ]	sono	ho
tu	ti chiami	[ ]	hai
lui / lei / Lei	si chiama	[ ]	[ ]

Io mi chiamo Giovanni. | **Lei è** la signora Grillo. **È** di Palermo.
Hai un dizionario?

Con *non* la frase diventa negativa. *Non* va davanti al verbo.
Non sono inglese, sono tedesco.
Laura Pausini **non** è spagnola, è italiana.

NOME SINGOLARE

Indica le desinenze corrette e completa i nomi.

I nomi possono essere maschili o femminili.
Generalmente i nomi in -o sono maschili, i nomi in -a femminili. I nomi in -e possono essere maschili o femminili.

nome in [ ]	maschile	zain[ ]
nome in [ ]	femminile	matit[ ]
nome in -e	maschile	student[ ]
	femminile	chiav[ ]

Un nome in -zione è sempre femminile: *lezione, informazione.*

ARTICOLO INDETERMINATIVO

Completa con gli articoli della lista.
uno | **una** | **un'** | **uno**

			casi particolari
maschile	**un** quaderno		davanti a *s* + consonante: [ ] **st**udente davanti a *z*: **uno z**aino davanti a *y*: [ ] **y**ogurt davanti a *ps*: **uno ps**icologo
femminile	[ ] lezione		davanti a vocale: [ ] agenda

FORMALE / INFORMALE

In una situazione formale usiamo il verbo alla terza persona singolare (e il pronome *Lei*).

● *Buongiorno, come si chiama?*
▶ *Enrico Perugini, e **Lei**?*
● *Caterina Tosi. **È** di Napoli?*
▶ *No, di Bari, e **Lei** è di Siena?*
● *Sì.*

ALFABETO

1 Scrivi le parole, come nell'esempio.

1. PI | E | ENNE | ENNE | A

   penna

2. ELLE | E | ZETA | I | O | ENNE | E

   _____

3. CI | ACCA | I | A | VU | E

   _____

4. ZETA | A | I | ENNE | O

   _____

5. ELLE | I | BI | ERRE | O

   _____

6. A | GI | E | ENNE | DI | A

   _____

PRONOMI

2 Completa con il pronome corretto.

1. _____ mi chiamo Sandro. E _____ come ti chiami?

2. Signora, _____ è italiana?

3. Ciao, _____ sei canadese?

4. _____ è Gunther, è tedesco.

5. Scusi, signore, _____ come si chiama?

6. Io sono di Palermo e _____ di dove sei?

7. ▶ Buongiorno, _____ è inglese?

   ● No, _____ sono americano.

8. _____ sono italiano, _____ è spagnola.

Lui è brasiliano!

AGGETTIVO SINGOLARE: NAZIONALITÀ

3 Scrivi il nome della nazionalità vicino alla città, come nell'esempio.

	MASCHILE	FEMMINILE
1. Parigi	_francese_	_francese_
2. Ottawa		
3. Liverpool		
4. Mosca		
5. Brasilia		
6. Shanghai		
7. Stoccolma		
8. Madrid		

4 Completa gli aggettivi con l'ultima lettera.

1. Kaori è giappones___, Sarah è tedesc___.

2. Steve è american___?

3. Sonja, tu sei italian___ o russ___?

4. Fatima è tunisin___.

5. Gunnar è svedes___.

6. Min non è cines___?

7. Nikos è grec___.

8. Fjona è ungheres___.

5 Scrivi la nazionalità accanto al nome del Paese, come nell'esempio.

1. Paul è _____inglese_____. (INGHILTERRA)

2. Petra è _____. (UNGHERIA)

3. Catalina è _____. (SPAGNA)

4. Hakan è _____. (TURCHIA)

5. Li è _____. (CINA)

6. Hans è _____. (GERMANIA)

7. Patrizia è _____. (ITALIA)

8. Sven è _____. (SVEZIA)

9. Hiro è _____. (GIAPPONE)

10. Pamela è _____. (AUSTRALIA)

11. Igor è _____. (RUSSIA)

6 *Scrivi le frasi, come nell'esempio.*

1. Sarah (~~IRLANDA~~ | INGHILTERRA) *non è irlandese, è inglese.*

2. Paula (~~BRASILE~~ | SPAGNA) _____

_____

3. Fernando (~~ITALIA~~ | PERÙ) _____

_____

4. Samia (~~TUNISIA~~ | FRANCIA) _____

_____

5. Sofia (~~RUSSIA~~ | GRECIA) _____

_____

6. Stephen (~~STATI UNITI~~ | INGHILTERRA) _____

_____

7. Kim (~~GERMANIA~~ | GIAPPONE) _____

_____

8. Sergio (~~SPAGNA~~ | FRANCIA) _____

_____

VERBI: PRESENTE

7 *Completa con la forma corretta di* essere.

1. Paola _____ italiana.
2. Chiara, tu _____ di Firenze?
3. Io non _____ di Milano.
4. Lei _____ italiano?

   Anche io _____ italiano!
5. Mauro _____ di Roma.

Sei di Roma?

8 *Completa le frasi con i verbi* essere *o* avere.

1. Scusa, _____ una penna?
2. Scusi, Lei _____ francese?
3. Anna _____ italiana, di Mantova.
4. Io non _____ un documento.
5. Fabio _____ un'agenda.
6. Claudio _____ di Roma.
7. Patrizia non _____ un quaderno.
8. Tu _____ inglese?

9 *Ordina le parole e forma frasi.*

1. sei | tu | inglese?

_____

2. mi | io | chiamo | Paolo.

_____

3. ciao, | tu? | mi | chiamo | io | e | Paolo

_____

4. lei | è | francese. | non

_____

5. Paolo | di | è | Palermo.

_____

10 *Completa il dialogo con il verbo* chiamarsi *(spazi ____)*
e il verbo essere *(spazi ....).*

Giovanni	Buongiorno!
Paolo	Buongiorno!
Giovanni	Io _____ Giovanni.
	.... uno studente.
Paolo	Io _____ Paolo.
	Tu .... di Roma?
Giovanni	No, ... di Trieste.
Carlo	Ah, Trieste .... una bella città!
Giovanni	Sì, bellissima!
	E Lei, signore, come _____?
Carlo	Io _____ Carlo.
Giovanni	Piacere, signor Carlo!
	Lei .... di Roma?
Carlo	No, ... di Firenze.

ARTICOLO INDETERMINATIVO E NOME SINGOLARE

11 Completa lo schema con le parole della lista e metti l'articolo corretto, come nell'esempio.

sedia

quaderno

penna

esercizio

zaino

✓ chiave

astuccio

gomma

foglio

porta

insegnante

matita

MASCHILE	FEMMINILE
	una chiave

ARTICOLO INDETERMINATIVO E VERBO AVERE

12 Completa le frasi con le forme del verbo avere (spazi ___) e con gli articoli indeterminativi (spazi ....).

1. Io _____ .... libro.
2. George non _____ .... amico italiano.
3. Sara _____ .... amica spagnola.
4. (Tu) _____ .... smartphone?
5. Io non _____ .... agenda.
6. Hakim _____ ....evidenziatore.
7. Lei _____ .... documento?
8. Peter _____ .... lezione.

Lui ha un libro.

FORMALE / INFORMALE

13 Seleziona le frasi formali.

1. ☐ Sei italiana?
2. ☐ Signor Sarri, è di Padova?
3. ☐ Io mi chiamo Sara, e tu?
4. ☐ Di dove sei, Paolo?
5. ☐ Ha un documento?
6. ☐ Claire, sei francese?
7. ☐ Fabio, hai una penna?
8. ☐ Di dov'è, Signora Dei?

14 Trasforma le frasi da informali a formali e viceversa.

1. Come ti chiami?

   _____

2. Di dove sei?

   _____

3. Lei è portoghese?

   _____

4. Hai un documento?

_____

5. Tu sei di Genova?

_____

6. Io sono francese, e Lei?

_____

15 Seleziona l'**opzione** corretta.

1. Buongiorno, signora, **Lei / tu** è italiana?

2. **Scusi / Scusa**, come ti chiami?

3. Ciao, come **si chiama / ti chiami**?

4. Signora, Lei **hai / ha** un documento?

5. Paolo, tu **è / sei** di Bari?

6. Carla **sono / è** italiana.

L'ANGOLO DI ALDO

In italiano sono diffusi alcuni nomi in -o femminili, a volte perché sono abbreviazioni di parole in -a o in -e:
moto(cicletta) | foto(grafia)
auto(mobile) | radio | mano

Allo stesso modo, è possibile trovare nomi maschili in -a:
problema | cinema(tografo) | pigiama

ESERCIZIO

Completa le frasi con gli articoli indeterminativi.

1. Stefano ha .... problema.

2. Franco ha .... moto.

3. Sì, è vero, è .... foto divertente.

4. Non ho .... pigiama per te.

5. Ssst! Siamo in .... cinema!

6. Non hai .... radio?

7. È .... auto italiana.

RIPASSIAMO

16 Completa e abbina le frasi, come nell'esempio.

1. Hai una penn_____?   a. Si dice gatt_____.

2. _____ dove sei?   b. Sì, sono di Madrid.

3. Lei _____ chiama Li.   c. No, ho una matit_____.

4. Ho _una_ prenotazione.   d. Sono di Milano.

5. Come _____ chiami?   e. No, sono ingles_____.

6. Tu _____ americana?   f. Piacere!

7. Come si dice *cat*?   g. Come si _chiama_?

8. Sei spagnolo?   h. Mi _____ Zeno.

17 Completa le frasi e seleziona la reazione logica.

1. ● Mi _____ Giorgio Rossi.
   a. ▶ Piacere, Sonia Fini.
   b. ▶ Arrivederci!

2. ● Sei italiana?
   a. ▶ No, sono italiana.
   b. ▶ Sì, sono _____ Milano.

3. ● _____ si scrive il cognome?
   a. ▶ Prego.
   b. ▶ Pi – erre – a – vu – o.

4. ● Ha _____ documento, per favore?
   a. ▶ Sono francese.
   b. ▶ Va bene la carta d'identità?

5. ● Di dove sei?
   a. ▶ _____ Brasilia.
   b. ▶ Mi chiamo Anna.

6. ● Hai _____ penna?
   a. ▶ Grazie!
   b. ▶ No, va bene _____ matita?

7. ● _____ tedesco?
   a. ▶ No, sono di Berlino.
   b. ▶ Sì, e tu?

LA GRAMMATICA DEL BARBIERE

episodio 01

1 Guarda il video. Poi ordina le parole e forma frasi.

_____

_____

Io | Christoph, | di | sono | Berlino. | sono

Buongiorno, Christoph!

_____

_____

Io | Maurizio, | Roma. | sono | di | sono

2 Completa il dialogo con le forme del verbo essere *e del verbo* chiamarsi. *Per la verifica, guarda ancora il video.*

Maurizio Tu _____ di Berlino;

io _____ di Roma!

Lui _____ di Firenze.

Giusto, Aldo? _____ di Firenze?

Aldo Sì, _____ di Firenze.

Christoph E come _____ _____,

signore?

Aldo _____ _____ Aldo.

Christoph Lui _____ _____ Aldo.

Aldo _____ di Firenze.

E Lei _____ _____

Maurizio. Di Roma.

3 Leggi alcune frasi del dialogo e indica quando il registro è formale (F) e quando informale (INF).

	F	INF
1. **Tu sei** di Berlino; io sono di Roma!	☐	☐
2. Giusto, Aldo? **Sei** di Firenze, vero?	☐	☐
3. E... **come si chiama**? ... Signore?	☐	☐
4. E **Lei si chiama** Maurizio. Di Roma.	☐	☐

4 Scrivi le lettere dei nomi dei tre protagonisti del video, come nell'esempio.

1. Come si scrive Maurizio?

   Si scrive:

   emme _____ _____ _____ _____

   _____ _____ _____

2. Come si scrive Christoph?

   Si scrive:

   _____ _____ _____ _____ _____

   _____ _____ _____ _____

3. Come si scrive Aldo?

   Si scrive:

   _____ _____ _____ _____

QUALCOSA in PIÙ +

Ci sono diversi modi di chiedere e dire il nome:

Come ti chiami?	Mi chiamo...
Qual è il tuo nome?	Il mio nome è...
Scusi, Lei si chiama? / Scusa, tu ti chiami?	Mi chiamo... / sono...

Completa la **GRAMMATICA ATTIVA**

MAIUSCOLA E MINUSCOLA

La maiuscola è necessaria:
• con il nome e cognome: *Sofia Fantini*
• con il Paese: *Italia*
• con la città: *Bologna*
• a inizio frase e dopo ".", "!" e "?"
• con il pronome *Lei*: *Io mi chiamo Ugo, e Lei?*

ARTICOLO DETERMINATIVO SINGOLARE

Completa con gli articoli determinativi.

		casi particolari
maschile	☐ cameriere	davanti a *s* + consonante: ☐ **st**udente
		davanti a *z*: ☐ **z**aino
		davanti a *y*: **lo y**ogurt
		davanti a *ps*: **lo ps**icologo
		davanti a vocale: ☐ **i**mpiegato
femminile	☐ dottoressa	davanti a vocale: ☐ **o**peraia

Usi particolari
• con i Paesi: *Amo l'Italia.* | *La Russia è grande.*
• con le lingue: *Parlo inglese.* | *Parlo l'inglese.*

AGGETTIVO SINGOLARE

Completa gli esempi con l'ultima lettera.

GRUPPO 1		GRUPPO 2	
maschile	**femminile**	**maschile**	**femminile**
piccol**o**	piccol**a**	grand**e**	grand**e**

L'aggettivo è maschile se va con un nome maschile,
è femminile se va con un nome femminile:
Un ufficio piccolo. | *Un'azienda famosa.*
Un negozio grande. | *Un'idea interessant☐.*

Bravo funziona come un aggettivo normale:
Bravo, Roberto! | *Brav☐, Laura!*

Attenzione: le città sono femminili.
Roma è antica. | ● *Com'è Milano?* ▶ *Bell☐ e modern☐.*
Generalmente l'aggettivo va dopo il nome.

VERBI: PRESENTE

Completa la coniugazione del verbo *abitare*.
Verbi regolari:
prima coniugazione (-are)

	ABITARE
io	**a**bito
tu	**a**bit☐
lui / lei / Lei	**a**bit**a**
noi	**a**bit☐
voi	**a**bit☐
loro	**a**bit☐

*Noi **amiamo** Londra!*

*Linda e Luca **lavorano** a Torino.*

Completa la coniugazione dei verbi irregolari.
Prima coniugazione: casi particolari

	CERCARE	PAGARE	STUDIARE
io	cerco	pago	studio
tu	cer**chi**	pa**ghi**	studi
lui / lei / Lei	cerca	paga	studia
noi	cer**chi**amo	pa**ghi**amo	studi**amo**
voi	cer**c**ate	pa**g**ate	studi**ate**
loro	cercano	pagano	stu**di**ano

Verbi irregolari: *avere, essere, fare*

	AVERE	ESSERE	FARE
io	ho	sono	faccio
tu	☐	sei	fai
lui / lei / Lei	ha	è	☐
noi	abbiamo	☐	facciamo
voi	☐	siete	☐
loro	☐	sono	☐

Per domandare e dire l'età usiamo *avere*:
● *Quanti anni **hai**?* ▶ *Ho diciotto anni.* | ▶ *Diciotto.*
Per domandare e dire la professione è possibile usare *fare*:
● *Che cosa **fai**?* | ● *Che lavoro **fai**?*
▶ ***Faccio** l'insegnante.* | ▶ *L'insegnante.*

INTERROGATIVI

Completa con gli interrogativi della lista.
Come | Quanti | Che
Perché | Qual | Di dove

☐ *lavoro fai?*	***Cosa** fai?*
☐ *si chiama?*	***Dove** lavori?*
☐ *siete tu e Gianna?*	☐ *studi italiano?*
☐ *è il tuo numero di telefono?*	☐ *anni hai?*

PREPOSIZIONI

di + città — *Sono **di** Barcellona.*
a + città — *Abito **a** Monaco.*
in + Paese — *Abito **in** Brasile.*
in + via / piazza — *Abito **in** via Foscolo.*
Attenzione: *Abito **negli** Stati Uniti.*

FORMALE E INFORMALE

informale
soggetto: *tu*
verbo: 2ª persona singolare
Tu lavor*i* a Palermo?

possessivo: *tuo, tua*
Qual è il **tuo** indirizzo?
Qual è la **tua** mail?

formale
soggetto: *Lei*
verbo: 3ª persona singolare
Lei lavor*a* a Palermo?

possessivo: *Suo, Sua*
Qual è il **Suo** indirizzo?
Qual è la **Sua** mail?

MAIUSCOLA E MINUSCOLA

1 Metti le maiuscole dove è necessario.

1. paola vive a bologna.
2. piacere, sara baldini.
3. katia è di trieste.
4. piero è sposato.
5. che lingue parli?
6. sue vive in italia, abita a torino.
7. ciao! io mi chiamo anna.

ARTICOLO DETERMINATIVO SINGOLARE

2 Sottolinea l'opzione corretta.

1. Sergio fa **lo** / **il** cameriere in un ristorante.
2. Stefano ama **lo** / **la** moda e **l'** / **lo** arte italiana.
3. Clara lavora in un ufficio: è **la** / **il** direttrice.
4. Pamela fa **la** / **l'** operaia in una fabbrica a Milano.
5. ▶ Che lavoro fa Cristina?
   ● Fa **l'** / **il** insegnante.
6. Christian fa **il** / **lo** modello a Parigi.
7. **Il** / **La** cane di Peter si chiama Snoopy.
8. Onofrio ama **la** / **l'** opera e fa **la** / **il** cantante.

Che lavoro fa Micol?

3 Scrivi l'articolo determinativo corretto.

1. ___ cameriere		6. ___ arte
2. ___ insegnante		7. ___ operaio
3. ___ studente		8. ___ ragazzo
4. ___ studentessa		9. ___ azienda
5. ___ scuola		10. ___ direttrice

4 Scrivi le parole nella sezione giusta, come nell'esempio.

infermiera | ospedale | zaino | modello | negozio
spagnolo | architetto | indirizzo | yogurt | sport
cuoco | fabbrica | impiegata | ufficio | stazione
~~chiave~~ | penna | astuccio | quaderno | ristorante

IL	LO

LA	L'
chiave	

QUALCOSA in PIÙ ➕

L'articolo **lo** si usa anche con parole in
gn e pn: le parole di questa categoria sono
poche e poco usate, ma è bene conoscere
anche questa regola!

davanti a gn:
lo **gn**omo

davanti a pn:
lo **pn**eumatico

AGGETTIVO SINGOLARE

5 *Scrivi l'ultima lettera degli aggettivi, come nell'esempio.*

1. Olga ha un lavoro interessant_e_ .
2. Isabella lavora in un ristorante famos___.
3. Pietro ha una vita straordinari___.
4. Questa è un'idea genial___!
5. Leandro è un professore universitari___.
6. Federica è un'architetta roman___.
7. Sofia lavora in un'azienda innovativ___.
8. Maddalena è un'attrice famos___.
9. Questo è un ristorante cines___.
10. Roma è una città grand___.

PANORAMA DI ROMA

VERBI: PRESENTE

6 *Completa il cruciverba.*

ORIZZONTALI →
3. studiare – loro
6. ascoltare – voi
8. parlare – loro
10. fare – loro

VERTICALI ↓
1. guardare – lui/lei
2. essere – voi
4. fare – noi
5. parlare – tu
7. lavorare – tu
9. amare – lui/lei

7 *Completa gli spazi con una più lettere.*

1. Tu mang____ una pizza.
2. Voi gioc____ a tennis?
3. Tu cerc____ lavoro.
4. Tu pag____ con la carta?
5. Sonia cerc____ le chiavi.
6. Tu gioc____ a calcio?

8 Completa le frasi con il presente dei verbi.

1. Sara e Anna (*abitare*) _____ a Genova.

2. Voi (*avere*) _____ un gatto?

3. Noi (*lavorare*) _____ in un'azienda famosa.

4. Tu che lavoro (*fare*) _____?

5. Io e Pino (*avere*) _____ 32 anni.

6. Voi che lavoro (*fare*) _____?

7. Lisa e Luca (*essere*) _____ di Bari,

    ma (*abitare*) _____ a Napoli:

    (*studiare*) _____ il cinese all'università.

8. Liam e Kate (*fare*) _____ un corso di

    italiano a Venezia.

9. Voi (*essere*) _____ di Milano?

10. Olivier (*fare*) _____ il modello a Milano e

    (*insegnare*) _____ francese in una scuola.

9 Completa le frasi con i verbi della lista.

**fanno | abitano | parliamo | sono | abiti
è | fa | studia | fa | abbiamo | ama**

1. Claudia _____ la cuoca in un ristorante famoso.

2. Loro _____ a Milano in una bellissima casa

    in centro, ma _____ di Trento.

3. Said è tunisino e _____ italiano perché

    _____ l'Italia.

4. Noi non _____ tedesco.

5. ▶ Che lavoro _____ Pierre e Ken?

    • Pierre _____ il fotografo, Ken _____

    un modello.

6. Tu dove _____?

7. Io e Lorenzo _____ un gatto.

QUALCOSA in PIÚ ➕

*Nota bene: fai attenzione all'accento alla
terza persona plurale dei verbi regolari.*

Esempi:
parlare: voi parl<u>a</u>te – loro p<u>a</u>rlano
mangiare: voi mangi<u>a</u>te – loro m<u>a</u>ngiano
trovare: voi trov<u>a</u>te – loro tr<u>o</u>vano

AGGETTIVO SINGOLARE - VERBI: PRESENTE

10 Completa i testi e poi la tabella.

Questa è Irene, una ragazza grec__, di Atene. Ha 27 anni. Abit__ in Italia perché am__ l'Italia: studi__ italiano in una important__ scuola a Bologna e fa la cameriera in un ristorante famos__. Parl__ greco, italiano e inglese. Irene ha un piccol__ cane, si chiama Platone.

Questo è Pedro, un signore argentin__. Ha 35 anni. Abit__ in Italia e insegn__ in una famos__ scuola di tango a Bari. Parl__ spagnolo e italiano.

nome	nazionalità	età	professione
Irene			
Pedro			

INTERROGATIVI

11 Leggi il profilo e poi scrivi le domande o le risposte.

Nome: Samantha

Cognome: Cristoforetti

Anno di nascita: 1977

Città di provenienza: Malé (Trento)

Città di residenza: Colonia (Germania)

Professione: astronauta

Collabora con: NASA, SpaceX

1. Come si chiama?

    _____

2. _____?

    Di Malé.

3. _____?

    A Colonia, in Germania.

4. Nel 2022 Samantha è comandante della Stazione Spaziale. Quanti anni ha?

    _____.

5. _____?

    È un'astronauta

12 Questo è il biglietto da visita di Maurizio, il barbiere.
Scrivi le domande corrette, come nell'esempio.

MAURIZIO SALVI

PARRUCCHIERE PER UOMO E DONNA

Via dei Consoli 121, 00175, Roma
335 5781XXX
barbamauri@gmail.com

---

*Come ti chiami*___? Maurizio Salvi.

_____? Faccio il parrucchiere.

_____? barbamauri@gmail.com

_____? 335 5781XXX

L'ANGOLO DI ALDO

Rivediamo i nomi irregolari della lezione 1:
radio | mano | moto(cicletta) | foto(grafia)
auto(mobile) | problema | cinema | pigiama

ESERCIZIO

a) Completa la tabella con i nomi irregolari della lista sopra.

IL	LA	L'

b) Completa le frasi con il singolare degli articoli
indeterminativi e l'ultima lettera degli aggettivi.

1. .... pigiama comod...........

2. .... moto nuov...........

3. .... foto panoramic...........

4. .... cinema modern...........

5. .... auto bell...........

6. .... problema seri...........

PREPOSIZIONI

13 Completa le frasi con in, di, o a.

1. Studio francese ___ Parigi.

2. Samantha abita ___ Colonia, ___ Germania.

3. Chiara vive ___ Stati Uniti.

4. Giacomo fa il cuoco ___ un ospedale.

5. Serena è insegnante ___ una scuola ___ lingue.

6. Matteo e Fabio fanno un corso ___ cinese.

7. ___ dove sei, Katerina?

8. Perché sei ___ Italia?

FORMALE E INFORMALE

14 Trasforma le frasi dall'informale al formale e viceversa.

INFORMALE	FORMALE
1. Come ti chiami?	1.
2. Tu lavori a Milano?	2.
3.	3. Lei è di Trieste?
4. Sei italiana?	4.
5.	5. Studia o lavora?
6. Che lavoro fai?	6.

RIPASSIAMO

15 Sottolinea l'**opzione** corretta.

Maurizio parla con **lo / un / uno** cliente.

Cliente Maurizio, tu **ha / hai / ho** un sito web?

Maurizio No, signor Carlini. Ma ho un'e-mail.

Cliente Ah, e **che / che cosa / qual** è la **Sua / tua / tuo** e-mail?

Maurizio barbamauri@gmail.com

Cliente Grazie! Io lavoro in **un / un' / una** azienda tecnologica.

Maurizio Ah, e qual è esattamente il **Suo / tuo / tu** lavoro?

Cliente **Faccio / Lavoro / Sono** il web designer.

Maurizio Interessante! E come **chiama / chiami / si chiama** l'azienda?

Cliente Tecnoline. È **un / un' / l'** azienda piccola, ma importante. **Il / L' / Lo** ufficio è **di / in / nel** via Leopardi.

ALMA Edizioni | DIECI lezioni di GRAMMATICA

LA GRAMMATICA DEL BARBIERE

episodio 02

1 *Prima di guardare il video, completa la tabella con gli articoli determinativi. Poi guarda il video per la verifica.*

IO SONO	INSEGNANTE
	BARBIERE
IO FACCIO	__ INSEGNANTE
	__ BARBIERE

2 *Completa le frasi con le preposizioni corrette.*

1. Christoph è ___ Berlino.
2. Christoph studia italiano ___ Roma.
3. Maurizio è ___ Roma e abita ___ Roma.
4. Aldo è ___ Firenze.
5. Aldo, Maurizio e Christoph abitano ___ Roma.

3 *Guarda di nuovo il video e poi rispondi alle domande.*

1. Quanti anni ha Christoph? _____
2. Quanti anni ha Maurizio? _____

4 *Completa il dialogo con i verbi della lista. Attenzione: alcuni si ripetono più volte.*

studio | lavoro | parli | fai | faccio | sono

Maurizio   Bene. Bravo, Christoph, _____ bene italiano!

Christoph   Sì, _____ italiano... perché... _____ a Roma! _____ ... insegnante! Di tedesco.

Maurizio   Ah, _____ l'insegnante! Bravo!

Christoph   Io _____ insegnante, o: _____ l'insegnante?

Maurizio   Va bene "_____ insegnante" e "_____ l'insegnante", non c'è differenza! Ma "_____ insegnante" e "_____ l'insegnante". Io _____ barbiere, ma anche: _____ il barbiere.

QUALCOSA in PIÚ

*Con il verbo **essere** è possibile dire:*
Sono insegnante. / Sono **un** insegnante.

*Ma con il verbo **fare** c'è solo una forma:*
Faccio l'insegnante. / Faccio **il** barbiere.

C'è un altro modo per dire la professione:
Lavoro come barbiere / insegnante / ...

5 *Completa il testo con il presente dei verbi.*

Maurizio e Aldo (*abitare*) _____ e (*lavorare*) _____ a Roma. Anche Christoph (*abitare*) _____ e (*lavorare*) _____ a Roma, ma (*essere*) _____ di Berlino.

A Roma (*studiare*) _____ italiano e (*insegnare*) _____ tedesco.

Christoph (*parlare*) _____ bene italiano, ma (*fare*) _____ molte domande di grammatica a Maurizio e Aldo, perché (*avere*) _____ molti dubbi.

Maurizio e Aldo non (*essere*) _____ insegnanti, ma (*aiutare*) _____ Christoph volentieri.

La grammatica (*essere*) _____ difficile!

NOMI PLURALI

Completa i nomi con l'ultima lettera.

	singolare	plurale
maschile	cornett**o**	cornett◻
	bicchier**e**	bicchier◻
femminile	pizz**a**	pizz◻
	lezion**e**	lezion◻

Alcuni casi particolari

	singolare	plurale
parole straniere	bar, toast	bar, toast
parole con l'accento	caffè, città	caff◻, citt◻
parole in -co alcune finiscono in -ci, alcune in -chi	amico gioco	ami◻ gio**chi**
parole in -ca	amica bistecca	ami◻ bistec**che**
parole in -go	albergo fungo	alber**ghi** fun◻
parole in -ga	bottega	botte◻

Uovo (maschile) ha un plurale irregolare: *uova* (femminile).

AGGETTIVO SINGOLARE

Completa gli aggettivi con l'ultima lettera.

L'aggettivo è maschile se va con un nome maschile, è femminile se va con un nome femminile.

	maschile	femminile
aggettivo in -o / -a	vino bianc◻ latte fresc**o**	carne bianc**a** insalata fresc◻
aggettivo in -e	cibo natural**e**	acqua natural◻

VERBI: PRESENTE

Completa la coniugazione del verbo *prendere*.

Verbi regolari: seconda coniugazione (-ere)

PRENDERE	
io	prend**o**
tu	prend◻
lui / lei / Lei	prend**e**
noi	prend◻
voi	prend◻
loro	prend**ono**

● *Che cosa **prendete**?*
▶ *Io un caffè. Marta **prende** un cappuccino.*

Completa la coniugazione dei verbi irregolari.

Verbi irregolari: *bere, stare, potere, volere*

	BERE	STARE	VOLERE	POTERE
io	bevo	sto	voglio	posso
tu	bevi	stai	◻	pu**oi**
lui / lei / Lei	◻	sta	vuole	◻
noi	bev**iamo**	◻	◻	poss**iamo**
voi	◻	state	vol**ete**	◻
loro	bev**ono**	◻	v**ogliono**	◻

*Non **bevo** alcol.*
*Come **sta**, signor Boni?*

volere +	nome	Lei **vuole** un caffè.
	verbo all'infinito	**Volete** ordinare da bere?
potere +	verbo all'infinito	Non **posso** bere vino.

ARTICOLI DETERMINATIVI PLURALI

Completa con gli articoli della lista.

lo | gli | i | il | le | l'

	singolare	plurale
maschile	◻ pomodoro	◻ pomodori
	l'affettato	◻ affettati
	◻ yogurt	**gli** yogurt
femminile	la patata	**le** patate
	◻ insalata	◻ insalate

NOMI PLURALI

1 Completa il plurale dei nomi. Attenzione: in un caso devi aggiungere 2 lettere!

SINGOLARE	PLURALE
piatto	piatt__
insalata	insalat__
cameriere	camerier__
gelato	gelat__
pesce	pesc__
pomodoro	pomodor__
studente	student__
caffè	caff__
patata	patat__
amica	amic__
biscotto	biscott__

2 Inserisci tutti i nomi dell'esercizio **1** al posto giusto nella tabella, come nell'esempio.

il	*piatto*
lo	
l'	
la	
i	
gli	
le	

3 Scrivi il plurale dei nomi.

1. insegnante _____
2. caffè _____
3. albergo _____
4. uovo _____
5. amico _____
6. università _____
7. gioco _____
8. bar _____
9. cuoca _____
10. bicchiere _____

AGGETTIVO SINGOLARE

4 Completa le frasi con l'ultima lettera degli aggettivi.

1. Prendo un'insalata mist__.
2. Tu ami la cucina frances__?
3. Clara mangia solo cibo biologic__.
4. Questo è un piatto tradizional__?
5. Dario ama fare una colazione abbondant__.
6. Prendi il vino bianc__ o ross__?
7. Questo formaggio è fresc__?
8. Anna lavora in un ristorante famos__.

AGGETTIVO SINGOLARE E ARTICOLO DETERMINATIVO

5 Completa le frasi con l'articolo determinativo e l'ultima lettera dei nomi e degli aggettivi.

1. __ ristorant__ è internazional__.
2. __ pesc__ è fresc__.
3. __ carn__ è biologic__.
4. __ student__ è stranier__.
5. __ insalat__ è mist__.
6. __ vin__ è ross__.
7. __ cappuccin__ è cald__.
8. __ colazion__ è abbondant__.

VERBI: PRESENTE

6 Completa le frasi con il presente indicativo dei verbi bere o stare.

1. Ciao, Paola, come _____?
2. Io e Sara _____ acqua naturale; voi cosa _____?
3. Eva _____ un bicchiere di vino rosso.
4. Buongiorno, signora Baldi, come _____?
5. Oggi Lia e Dario non mangiano a pranzo: non _____ bene.
6. Tu _____ acqua naturale, vero?
7. Ciao, ragazzi! Come _____?
8. Io non _____ vino, solo acqua.
9. Stasera io e Mauro rimaniamo a casa: non _____ bene.
10. Loro _____ birra o vino?

7 Unisci le due colonne per formare frasi corrette.

1. Noi di solito non   a. bevo caffè.
2. Paola a colazione   b. prendi? La carne o il pesce?
3. Perché voi   c. prenotano un tavolo.
4. Mamma, che cosa   d. beve un caffè.
5. Io oggi non   e. ordinare da bere?
6. Teo e Sofia   f. non leggete il menù?
7. Possiamo   g. mangiamo carne.

8 Completa le frasi con i verbi della lista.

vogliamo | può | posso | potete
vuoi | volete | voglio | vuole

1. Io _____ un primo e un contorno.
2. Matilde _____ il latte biologico.
3. Ragazze, cosa _____ come contorno?
4. Scusi, professore, _____ ripetere la frase?
5. Scusi, _____ fare una domanda?
6. Io e Zoe _____ il tiramisù.
7. Thomas, _____ un gelato o una pasta?
8. (Voi) _____ prenotare un tavolo? Noi non abbiamo tempo.

9 Coniuga i verbi al presente indicativo e fai il cruciverba.

ORIZZONTALI →
2. potere – lui/lei
3. fare – noi
6. cercare – noi
7. potere – tu
8. bere – loro
10. volere – lui/lei
11. stare – voi

VERTICALI ↓
1. stare – tu
2. potere – loro
3. fare – voi
4. cercare – tu
5. avere – loro
8. bere – lui/lei
9. volere - tu

10 Completa il testo con il presente indicativo dei verbi.

> Matteo Berrettini e il cibo: intervista al campione italiano di tennis.
>
>
>
> **Giornalista** Matteo, cosa (*mangiare*) _____ un grande tennista come te?
>
> **Berrettini** Tutti noi atleti (*avere*) _____ un'alimentazione molto attenta, e anche per me è così: prima di una partita io (*mangiare*) _____ riso bianco e pollo, e in generale non (*potere*) _____ consumare cibi pesanti.
>
> **Giornalista** Che cucina (*amare*) _____ in particolare?
>
> **Berrettini** Naturalmente (*amare*) _____ la cucina italiana, ma anche la cucina spagnola. Quando (*potere*) _____, (*prendere*) _____ volentieri una pizza.
>
> **Giornalista** E la pasta? (*Potere*) _____ mangiare la pasta?
>
> **Berrettini** Sì, ma senza esagerare! Il mio piatto preferito sono gli spaghetti alla carbonara.
>
> **Giornalista** E cosa (*bere*) _____?
>
> **Berrettini** Non (*bere*) _____ vino o birra perché sono astemio. Certo, quando vinco un torneo e io e il mio staff (*volere*) _____ festeggiare, (*bere*) _____ tutti un bicchiere di spumante...

11 Coniuga i verbi e completa le frasi come nell'esempio. Attenzione: i verbi non sono in ordine.

1. (*volere* / *studiare*) Anne <u>vuole</u> <u>studiare</u> italiano a Roma.
2. (*potere* / *mangiare*) Noi non _____ _____ carne, siamo vegetariane.
3. (*potere* / *rispondere*) Mario, _____ _____ tu a questa domanda?
4. (*volere* / *mangiare*) Bambini, cosa _____ _____ oggi? Pizza o spaghetti?
5. (*volere* / *vedere*) Buonasera, signori. _____ _____ il menù?
6. (*potere* / *mangiare*) Mauro è a dieta e non _____ _____ cibi pesanti.
7. (*volere* / *mangiare*) Tu _____ _____ una pizza o una carbonara?
8. (*volere* / *bere*) Loro _____ _____ una birra, (*preferire* / *prendere*) noi _____ _____ acqua naturale.

ARTICOLI DETERMINATIVI PLURALI

12 Completa con gli articoli determinativi plurali.

1. ___ spremute
2. ___ antipasti
3. ___ camerieri
4. ___ pesci
5. ___ caffè
6. ___ yogurt
7. ___ affettati
8. ___ lasagne
9. ___ ristoranti
10. ___ primi

A1 LEZIONE 3

ARTICOLI DETERMINATIVI SINGOLARI E PLURALI

13 Completa le frasi con gli articoli determinativi.

1. Non amo ____ carne bianca.
2. Sonia mangia al ristorante con ____ amici.
3. Tu bevi ____ acqua naturale?
4. Silvia non ama ____ funghi.
5. ____ cameriere si chiama Luis.
6. Amo ____ bruschette con ____ olio di oliva e ____ pomodoro.
7. Allora, come dolci abbiamo ____ tiramisù e ____ gelato.
8. Come antipasto prendiamo ____ affettati.

L'ANGOLO DI ALDO

I nomi maschili in -a hanno il plurale in -i:
il problema – i problemi
il pigiama – i pigiami
Eccezione: il cinema – i cinema

Non cambiano al plurale:
a) i femminili in -o:
  la radio – le radio
  la foto – le foto
Eccezione: la mano – le mani
(per le parti del corpo, aspetta di arrivare alla lezione 10!)

b) i nomi in -i:
  la crisi – le crisi
  l'analisi – le analisi
c) i nomi in -ie:
  la specie – le specie
  la serie – le serie

ESERCIZIO

Completa le frasi con gli articoli determinativi plurali e l'ultima lettera dei nomi.

1. Signora, ... analis... sono sul tavolo.
2. Paolo ha ...... problem... di tutti i ragazzi di 16 anni.
3. Perché bevi l'acqua con ...... man...? Non hai un bicchiere?
4. Quando possiamo vedere ...... fot... delle vacanze?
5. ...... aut... sono in garage.
6. Non amo guardare ...... seri... alla TV.

RIPASSIAMO

14 Seleziona l'**opzione** corretta.

1. Andrea, tu che cosa **voglio / vuoi / vuole** a colazione: **il / l' / lo** yogurt o il latte?
2. **Gli / L' / Le** amiche di Marta **bevete / bevono / beviamo** solo acqua naturale.
3. Sara non mangia **il carne rosse / la carne rosso / la carne rossa**.
4. Scusa, ma stasera io non **posso / può / puoi** venire in pizzeria, non **faccio / sono / sto** bene e **voglio / vuoi / vuole** andare a dormire.
5. Perché voi non **volete bevete / volete bere / volere bevete** la spremuta?
6. Io prendo **i / l' / lo** hamburgher con **gli uovi / la uova / le uova**.
7. Faccio **la / il / le** colazione al bar di via Raffaello perché è **buona ed economica / buono ed economiche / buone ed economiche**.
8. **Gli amici / I amici / L'amiche** di Franz oggi non sono in classe perché non **sta / stanno / stiamo** bene.

15 Completa il testo con il presente dei verbi e con le lettere finali degli aggettivi e dei nomi.

Gli stranieri sono sempre sorpres__ quando (*vedere*) _____ gli italiani fare colazione al bar: di solito, infatti, un italiano al bar (*bere*) _____ un cappuccino e (*mangiare*) _____ un cornetto. La colazione tipica italian__ al bar è dolc__, non salat__. A casa, molti italiani (*mangiare*) _____ anche cereal__, biscott__, una spremuta, o un toast, ma al bar la colazione tradizional__ è cappuccino e cornetto: questo perché in un bar (*loro – preparare*) _____ il cappuccino ad arte e i cornett__ sono cald__ e per tutti i gusti! In Italia, inoltre, non (*esistere*) _____ il semplic__ caffè, ma molti tipi di caffè: il caffè lung__, il caffè ristrett__, il caffè con o senza latte, con latte cald__ o fredd__... Di solito però gli italiani (*bere*) _____ il caffè in poco tempo. Anche questa, per molti stranieri, è una cosa stran__, perché (*avere*) _____ un'idea dell'Italia dai ritmi lent__ e rilassat__. Non è così: al bar la colazione è abbastanza rapid__ e veloc__.

LA GRAMMATICA DEL BARBIERE

episodio 03

1 *Prima di guardare il video, osserva le foto e scrivi il plurale dell'articolo determinativo e dei nomi indicati. Poi guarda il video e verifica.*

i _____

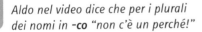

____ arance

2 *Completa la tabella con gli articoli determinativi.*

SINGOLARE	PLURALE
___ libro	___ libri
___ zaino	___ zaini
___ orologio	___ orologi
___ penna	___ penne
___ arancia	___ arance
___ tavolo	___ tavoli

3 *Completa il dialogo: con un articolo determinativo (spazio ▢), con l'ultima lettera delle parole (spazi ___), con una parola (spazio _ _ _ _).*

Christoph ▢ italiano è molto difficil___.

Maurizio E perché?

Christoph Per esempio, avete sette... come si dice...
il, la, lo, gli, le... articoli?

Maurizio Determinativ___. Sì, sono sette! Il, lo, elle
con _ _ _ _ _ _ _ , la, i, gli, le. Sette.

4 *Completa la tabella delle regole che espone Aldo.*

SINGOLARE	PLURALE
___ amico	___ amic_
il gioc_	___ gio_

QUALCOSA in PIÚ ➕

Aldo nel video dice che per i plurali dei nomi in **-co** "non c'è un perché!"

In realtà, in italiano c'è una regola, ma ha tante eccezioni e irregolarità, quindi in un certo senso Aldo ha ragione.

Vediamo per esempio alcuni plurali di parole simili ad amico e gioco:

fuoco – fuochi   nemico – nemici

cuoco – cuochi   greco – greci

carico – carichi   monaco – monaci

sindaco – sindaci

VERBI: PRESENTE

Completa la coniugazione dei verbi *dormire* e *finire*.

Verbi regolari: terza coniugazione (-ire)
I verbi regolari della terza coniugazione sono di due tipi:
i verbi come *dormire* e i verbi come *finire*.

	DORMIRE	FINIRE
io	dorm-o	fin-isc-o
tu	dorm-	fin-
lui / lei / Lei	dorm-e	fin-isc-e
noi	dorm-	fin-
voi	dorm-ite	fin-ite
loro	dorm-	fin-

Verbi come *dormire*: aprire, partire, sentire.

Verbi come *finire*: capire, preferire.

Verbi irregolari: *andare, venire, dovere*

	ANDARE	VENIRE	DOVERE
io	vado	vengo	devo
tu		vieni	
lui / lei / Lei	va		deve
noi	andiamo	veniamo	
voi		venite	dovete
loro			devono

Dopo *dovere* è possibile usare l'infinito:
Devo telefonare in ufficio.
Dobbiamo dormire in hotel economici.

MOLTO E POCO

Possiamo usare gli avverbi *molto* e *poco* dopo un verbo:
Dormo **molto** il weekend. | Luisa mangia **poco** a cena.

In generale con altre parole *molto* e *poco* vanno prima:
Questo hotel è **molto** buono. | Questo film è **poco** interessante. | Parlo inglese **molto** male.

Gli avverbi *molto* e *poco* non cambiano.

AGGETTIVI PLURALI

Completa la tabella degli aggettivi plurali.

		singolare	plurale
aggettivi in -o/-a	maschile	piccolo	piccol
	femminile	piccola	piccol
aggettivi in -e	maschile e femminile	grande	grand

Le camere sono **piccole**.
Gli appartamenti **grandi** sono **cari**.

Casi particolari

		singolare	plurale
aggettivi in -co / -ca	maschile	sporco economico	spor economici
	femminile	sporca economica	sporche economi

Aggettivi come *sporco*: antico, fresco, tedesco.
Aggettivi come *economico*: austriaco, greco, turistico.

AGGETTIVO DIMOSTRATIVO QUESTO

Completa la tabella con:
questa | questi | queste | questo
Usiamo *questo* prima di un nome.
Questo funziona come un aggettivo in -o.

	singolare	plurale
maschile		
femminile		

Preferisco **questo** albergo. | **Queste** villette sono nuove.

QUALCUNO, QUALCOSA, NESSUNO, NIENTE

Completa la tabella con:
qualcosa | niente | qualcuno

	si riferisce a:
nessuno	una persona
	una cosa
	una persona
	una cosa

Quando *nessuno* o *niente* sono dopo il verbo, usiamo *non* prima del verbo:

Non mangio **niente** a colazione.

VERBI: PRESENTE

1 Completa con le forme corrette dei verbi.

1. Lui dorm_____
2. Loro cap_____
3. Noi fin_____
4. Tu part_____
5. Voi fin_____
6. Loro dorm_____
7. Voi apr_____
8. Lei fin_____
9. Io pref_____
10. Tu dorm_____

2 Completa con il presente dei verbi.

1. Ragazzi, stasera **A**☐☐☐☐☐**O** al cinema?
2. Oggi Fabio non può venire al cinema con noi perché **D**☐☐**E** studiare per un esame.
3. Carla e Simona **V A**☐☐**O** in vacanza sempre in Grecia.
4. Tu **V I**☐☐☐**I** a casa con me o **V**☐☐**I** in pizzeria con gli amici?
5. Noi stasera **D O**☐☐☐☐☐**O** lavorare.
6. Voi cosa fate domani: **A**☐☐☐☐**E** al mare?
7. Questa domenica io **D**☐☐☐**O** andare al lavoro.
8. Ragazzi, **V**☐☐☐☐**E** con noi in centro o state in albergo tutta la sera?

3 Completa con i verbi.

1. Marta (preferire) _____ l'hotel al campeggio.
2. Voi quando (partire) _____?
3. Maia (dormire) _____ molto.
4. Quando (finire) _____ la lezione?
5. Perché (tu - aprire) _____ la finestra?
6. Voi (capire) _____ bene l'italiano?
7. Voi (preferire) _____ la carne o il pesce?
8. Quando le vacanze (finire) _____, sono sempre triste...
9. (Noi - Partire) _____ questa notte e (dormire) _____ in treno.
10. Ssst! I bambini (dormire) _____!

4 Completa le frasi con i verbi della lista.

facciamo | finiscono | posso | vuoi deve | andiamo | preferisci | può

1. Domani Claudio _____ studiare tutta la sera. Non _____ venire con noi.
2. Patrizia e Sonia _____ di lavorare tardi.
3. Katia, _____ prendere un caffè o _____ un tè?
4. Scusa, ma oggi io non _____ venire a cena con te.
5. Quest'anno noi non _____ in vacanza, ma _____ qualche gita nei weekend.

5 Completa il dialogo con il presente dei verbi.

- Pronto?
- Ciao Sabrina, Come (stare) _____? Sono Azzurra!
- Azzurra, ciao! Io tutto bene, e tu?
- Bene, bene! Senti, che cosa (fare) _____ stasera? (Venire) _____ al cinema con noi?
- Ah, ma io (essere) _____ in spiaggia, io e Guido (essere) _____ in vacanza in Sardegna!
- Ah, davvero? Che bello!
- Sì, ma tu e Giada non (andare) _____ in vacanza?
- No, io (dovere) _____ rimanere in ufficio e Giada (preferire) _____ partire quando i prezzi sono bassi e c'è meno caos.
- Beh, è giusto! Io e Guido (potere) _____ prendere le ferie solo questo mese e allora...
- Certo, certo, (io - capire) _____ ... beh, allora buone vacanze! Un abbraccio!
- Ciao, a presto!

6 Completa i testi con i verbi.

a. Io (*essere*) _____ un'architetta, (*abitare*) _____ in una
grande città e (*vivere*) _____ con mia sorella Sonia.
Lei (*essere*) _____ infermiera in un grande ospedale e (*andare*)
_____ al lavoro in macchina, io invece (*potere*) _____
lavorare a casa. Sonia (*amare*) _____ gli animali e (*volere*)
_____ prendere un cane. Io (*preferire*) _____ i gatti,
ma l'appartamento dove (*vivere – noi*) _____ è molto piccolo e non
(*potere – noi*) _____ tenere animali in casa.

b. Giada e Azzurra sono amiche. (*Abitare*) _____ a Ferrara, in centro e
(*lavorare*) _____ in una libreria. (*Andare*) _____ al lavoro
in bicicletta e quando (*finire*) _____ di lavorare, (*fare*) _____
una passeggiata o (*andare*) _____ in palestra.
(*Mangiare*) _____ a casa perché (*amare*) _____ cucinare:
Giada (*preferire*) _____ la cucina italiana, Azzurra (*amare*) _____
la cucina internazionale.

c. Lui (*essere*) _____ Hakim, un mio amico. (*Essere*) _____
egiziano e (*fare*) _____ il programmatore in un'agenzia web. Questo
fine settimana (*partire*) _____ per l'Egitto e (*tornare*) _____
per un po' dalla sua famiglia ad Alessandria. Non (*potere*) _____
restare molto tempo perché (*dovere*) _____ finire un lavoro importante.

7 Completa le frasi e poi fai gli abbinamenti in modo logico, come nell'esempio.

1. Io (*amare*) _____ dormire in hotel... [c]
2. Carlo (*volere*) _____ viaggiare in treno... [ ]
3. In vacanza noi (*volere*) _____ una sistemazione economica... [ ]
4. Ivo e Ada (*dormire*) _____ con le finestre aperte... [ ]
5. Voi (*volete*) _____ ordinare vino rosso? [ ]

a. Io invece (*volere*) _____ dormire con le finestre chiuse.
b. Sara invece (*preferire*) _____ hotel costosi.
c. Giada e Mara invece (*preferire*) _____ il campeggio.
d. Io non (*potere*) _____ bere alcolici.
e. Sofia e Marco (*volere*) _____ prendere l'aereo.

MOLTO E POCO

8 *Completa le frasi con* molto *o* poco.

1. Chiara parla tedesco _____ bene.

2. Valentina e Manuela vanno _____ al cinema, preferiscono guardare i film in streaming.

3. In questo periodo sono _____ stanco, forse perché dormo _____.

4. Non amo giocare a tennis, anche perché gioco _____ male.

5. I gatti non amano _____ l'acqua.

6. Non dobbiamo mangiare _____ prima di fare sport.

AGGETTIVI PLURALI

9 *Scrivi le frasi al plurale.*

1. Il bagno è piccolo.

   _____

2. La camera è sporca.

   _____

3. L'hotel è caro.

   _____

4. L'appartamento è grande.

   _____

5. La villa è antica.

   _____

6. La strada è rumorosa.

   _____

7. Il divano è vecchio.

   _____

8. Il ristorante è caro?

   _____

9. La finestra è rotta.

   _____

10. Il letto è matrimoniale?

   _____

AGGETTIVI PLURALI - AGGETTIVO DIMOSTRATIVO QUESTO

10 *Completa le parole con la lettera o le lettere mancanti.*

1. Quest__ sono camer__ doppi__?

2. Scusi, quest__ lett__ sono pulit__?

3. Quest__ ristorant__ sono tradizional__.

4. Quest__ alberg__ sono elegant__.

5. Quest__ camer__ sono grand__, ma sono rumoros__.

6. Quest__ città sono sporc__.

QUALCUNO, QUALCOSA, NESSUNO, NIENTE

11 *Sottolinea l'**opzione** corretta.*

1. Prendi **qualcosa / nessuno** da bere?

2. Senza occhiali non vedo **qualcuno / niente**.

3. Gaia non lavora, non studia: non fa **qualcosa / niente**.

4. In questa classe, **nessuno / qualcosa** parla spagnolo.

5. Fabio parla al telefono con **qualcuno / nessuno**.

6. Grazie, ma oggi non mangio **qualcosa / niente**.

RIPASSIAMO

12 *Completa le frasi con* molto, poco *(spazi _____)*, qualcosa, qualcuno, nessuno, niente *(spazi ......).*

1. Paola ama cucinare e a cena mangia _____, mentre Giulia non mangia ....

2. Secondo me questo film è _____ bello, un capolavoro.

3. Non c'è .... in casa: forse perché è _____ presto e sono tutti a lavorare.

4. A Londra voglio comprare .... per Sara, ma è tutto _____ costoso.

5. Ragazzi, ... in questa classe parla troppo: quando spiego le regole, dovete ascoltare _____ e parlare _____!

L'ANGOLO DI ALDO

Vediamo altri verbi irregolari che possono esserti utili!

dare | spegnere | salire | scegliere | rimanere

ESERCIZIO

a) Che verbo è? Abbina le voci verbali a sinistra con i **verbi** all'infinito a destra.

scelgo   **dare**

salgo   **spegnere**

rimangono   **salire**

spegne   **scegliere**

dai   **rimanere**

b) Completa le tabelle.

SPEGNERE	DARE	RIMANERE
spengo	do	
		rimani
spegne	dà	rimane
spegniamo	diamo	rimaniamo
	danno	

SALIRE	SCEGLIERE
sali	scegli
sale	
	scegliamo
salite	
	scelgono

13 Completa con i verbi al presente e il plurale degli **aggettivi**.

Queste sono Sophie, Marie e Amina, tre ragazze molto (**simpatico**) _____. Sophie e Marie (*essere*) _____ (*francese*) _____, Amina (*venire*) _____ dal Libano. (*Loro - Vivere*) _____ a Bologna in un appartamento in centro. Sophie (*lavorare*) _____ in un centro culturale e per andare in ufficio (*dovere*) _____ prendere due autobus sempre molto (**affollato**) _____ ; Marie (*fare*) _____ la cameriera in un ristorante e la sera (*finire*) _____ di lavorare molto tardi; Amina (*insegnare*) _____ lingue in due università (**privato**) _____. Amina è poliglotta: (*conoscere*) _____ l'italiano, l'inglese, il francese, lo spagnolo e l'arabo. La mattina Marie (*dormire*) _____ molto, invece Sophie e Amina (*dovere*) _____ andare a lavorare presto, ma prima (*andare*) _____ insieme al bar a fare colazione. Quando la sera le due amiche (*finire*) _____ di lavorare, Marie è ancora al ristorante e non (*potere*) _____ cenare con loro. Ma il fine settimana non (*lavorare*) _____ e (*preparare*) _____ molti piatti (**tipico**) _____ del suo Paese. Nel tempo libero (*loro - fare*) _____ sport: Sophie (*giocare*) _____ a tennis, Marie (*andare*) _____ a correre e Amina (*fare*) _____ yoga.

LA GRAMMATICA DEL BARBIERE

episodio 04

1 Guarda il video e poi completa il dialogo con l'ultima lettera degli aggettivi.

Christoph Maurizio, tu sei un barbiere molto brav__.

Maurizio Grazie, Christoph! Sei un cliente molto

simpatic__!

(...)

Christoph Questo è molto difficil__, per me...

Maurizio Cosa?

Christoph Tu sei un barbiere brav__. Io sono un

client__ simpatic__.

Maurizio Eh, sì, l'italiano è così!

Christoph Ma è anche possibile, per esempio: ragazza

intelligent__.

Maurizio Certo!

Christoph E al plurale: barbier__ brav__, client__

simpatic__... ragazz__... intelligent__!

Maurizio Sì, è così!

Christoph Che confusione, per me! Quando la casa

è bell__, ok, non c'è problema. Le cas__

sono bell__. Quando una casa è grand__...

Maurizio ... Le cas__ sono grand__! E questo per uno

straniero è difficil__, vero?

Aldo Benvenuto nella lingua italiana, amico mio!

2 Abbina nomi e aggettivi.

barbiere	simpatico
cliente	bravi
ragazza	bravo
barbieri	intelligente
ragazze	intelligenti

3 Completa il testo con i verbi della lista e sottolinea l'espressione corretta tra quelle evidenziate.

fa | legge | parlano | è | capisce | studia | risponde

Christoph _____ nel locale di Maurizio. Maurizio e Christoph _____. Aldo _____ il giornale e non parla **molto / niente / poco**. Christoph _____ la lingua italiana, e quando non _____ **nessuno / qualcosa / qualcuno**, _____ domande a Maurizio. Maurizio è **molto / poco / niente** simpatico: _____ e aiuta Christoph con la grammatica italiana.

QUALCOSA in PIÙ +

Che cosa succede quando abbiamo due parole o nomi di genere diverso e un unico aggettivo che si riferisce a tutti e due?

In questo caso, l'aggettivo mantiene il genere maschile (guarda anche la lezione 7). Esempi:

Elena è simpatica. Clara è simpatica.
→ Elena e Clara sono simpatic<u>he</u>.

Mauro è simpatico. **Carlo** è simpatico.
→ **Mauro** e **Carlo** sono simpati<u>ci</u>.

Elena è simpatica. **Carlo** è simpatico.
→ Elena e **Carlo** sono simpati<u>ci</u>.

C'È / CI SONO

Per indicare la presenza di qualcosa o di qualcuno, usiamo il verbo *esserci*.

c'è + nome singolare   *A Milano* **c'è** *un teatro famoso.*
ci sono + nome plurale   *A Venezia non* **ci sono** *macchine.*

AGGETTIVI: MOLTO E POCO

Gli aggettivi *molto* e *poco* concordano in genere e numero con il nome a cui si riferiscono:

A Roma ci sono **molti** *motorini.*
A Ferrara ci sono **poche** *macchine.*

	singolare	plurale
maschile	molto / poco	molti / pochi
femminile	molta / poca	molte / poche

ESPRESSIONI DI LUOGO

Inserisci sotto le immagini le espressioni della lista.

sopra | **dentro** | **dietro (a)** | **sotto**

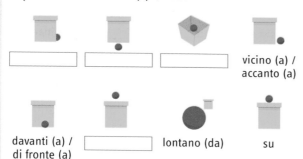

vicino (a) / accanto (a)

davanti (a) / di fronte (a)   lontano (da)   su

CI VUOLE / CI VOGLIONO

Per indicare il tempo necessario per un percorso possiamo usare il verbo *volerci*.

ci vuole + nome singolare
● *Con il tram quanto* <u>tempo</u> **ci vuole**?
▶ **Ci vuole** *un'ora.*

ci vogliono + nome plurale
Per andare in centro **ci vogliono** <u>10 minuti</u>.

L'INTERROGATIVO QUANTO

Completa l'interrogativo *quanto* con l'ultima lettera.
Usiamo *quanto* per avere informazioni sulla quantità.

	singolare	plurale
maschile	quant☐	quant☐
femminile	quant☐	quant☐

● **Quanti** <u>anni</u> hai?
▶ *43.*

● **Quante** <u>macchine</u> hai?
▶ *Due.*

VERBI: PRESENTE

Completa la coniugazione di *dire* e *sapere*.
Verbi irregolari: *dire, sapere*

	DIRE	SAPERE
io		so
tu	dici	
lui / lei / Lei		sa
noi	dic<u>ia</u>mo	
voi		sap<u>e</u>te
loro	d<u>i</u>cono	

I NUMERI ORDINALI

Completa con i numeri ordinali della lista.

settimo | **quarto** | **decimo** | **sesto**
ottavo | **quinto** | **nono** | **secondo**

1° **primo**   2° ☐   3° **terzo**   4° ☐   5° ☐

6° ☐   7° ☐   8° ☐   9° ☐   10° ☐

I numeri ordinali funzionano come aggettivi normali:
La prima via a destra è Corso Vittorio Emanuele.

PREPOSIZIONI

Preposizioni semplici
Con i mesi dell'anno usiamo *a* o *in*:
A *maggio c'è la Biennale.* | **In** *febbraio c'è il Carnevale.*

Con i mezzi di trasporto usiamo *con* + articolo o *in*:
Vado **con** *l'autobus.* | *Vieni* **in** *tram?*

Attenzione: *andare* **a** *piedi.*

Completa con le preposizioni articolate della lista.

dei | sui | nello | all' | dalla | sull'
agli | dello | dal | negli

Preposizioni articolate

	IL	LO	L'	LA	I	GLI	LE
DI	del		dell'	della		degli	delle
A	al	allo		alla	ai		alle
DA		dallo	dall'		dai	dagli	dalle
IN	nel		nell'	nella	nei		nelle
SU	sul	sullo		sulla		sugli	sulle

Sul *treno ci sono molti turisti.*
La biglietteria **della** *stazione è accanto* **al** *bar.*

L'ORA

Scrivi gli orari al posto giusto, come nell'esempio.

12:00 | 06:30 | 00:00 | 06:40 | 06:15
06:00 | 01:00 | 06:45 | 06:05

Che ora è? | Che ore sono?

☐ È mezzanotte. ☐ È l'una.

☐ È mezzogiorno. / Sono le dodici. `06:00` Sono le sei.

☐ Sono le sei e cinque.

☐ Sono le sei e un quarto. / Sono le sei e quindici.

☐ Sono le sei e mezza. / Sono le sei e trenta.

☐ Sono le sei e quaranta. / Sono le sette meno venti.

☐ Sono le sei e quarantacinque. / Sono le sette meno un quarto.

QUALCOSA in PIÚ ➕

Nota la differenza tra essere e esserci:

essere
Fabio è <u>simpatico</u>
- Fabio è <u>in casa</u>?
- ▸ Sì, Fabio è. ✗
  Sì, (Fabio) c'è. ✓

esserci
- C'è Fabio in casa?
- ▸ No, Fabio non c'è.

Dopo il verbo essere *dobbiamo avere un altro elemento, per dare senso alla frase.* Esserci *invece significa* essere in un luogo, essere presente.

C'È / CI SONO

1 Completa con c'è / ci sono. *Poi abbina le frasi alle foto a destra.*

1. A Venezia non _____ automobili. ☐
2. A Como _____ un famoso lago. ☐
3. A Pisa _____ la torre pendente. ☐
4. A Torino _____ il museo egizio. ☐
5. A Roma _____ molti monumenti antichi. ☐
6. A Napoli _____ il vulcano Vesuvio. ☐

2 *Sottolinea l'***opzione** *corretta.*

1. Il computer **c'è / è** sul tavolo.
2. A Roma **è / c'è** il Colosseo.
3. Quanti parchi **sono / ci sono** a Roma?
4. Nell'albergo non **c'è / è** una camera libera.
5. Il Cenacolo di Leonardo **è / c'è** a Milano.
6. A luglio in Italia **sono / ci sono** molti turisti.
7. Gli italiani **sono / ci sono** 60 milioni.
8. A Roma **ci sono / sono** 3 milioni di abitanti.

AGGETTIVI: MOLTO E POCO

3 *Completa con l'ultima lettera degli aggettivi* molto e poco. *Attenzione: in due casi devi aggiungere 2 lettere!*

1. A Roma ci sono molt____ chiese barocche.

2. In questo museo c'è poc____ gente.

3. In questa via ci sono molt____ negozi eleganti.

4. In questo quartiere c'è molt____ traffico.

5. In questo parcheggio ci sono poc____ macchine.

6. Molt____ persone vanno a Roma perché ci sono molt____ monumenti famosi.

7. A Venezia ci sono molt____ ponti storici.

8. In questa scuola ci sono poc____ studenti americani.

ESPRESSIONI DI LUOGO

4 *Abbina le immagini alle espressioni di luogo, come negli esempi.*

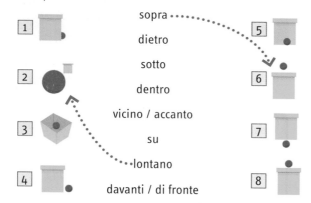

sopra
dietro
sotto
dentro
vicino / accanto
su
lontano
davanti / di fronte

5 *Sottolinea* le **espressioni** *corrette.*

1. Da casa di Paolo all'aeroporto ci vogliono solo 10 minuti: Paolo abita **vicino / lontano** all'aeroporto.

2. Dalla finestra della sua camera Carla vede il ristorante: Carla abita **dentro il / di fronte al** ristorante.

3. Dall'hotel alla stazione ci vuole un'ora e mezza: l'hotel è **davanti alla / lontano dalla** stazione.

4. Guarda, c'è un gatto **lontano alla / sopra la** macchina.

5. Scusi, cameriere: c'è un insetto **dietro al / dentro il** mio piatto.

6. Marta arriva a lezione sempre in orario perché abita dietro **alla / sulla** scuola.

6 *Osserva la foto e poi completa le frasi con le espressioni della lista*

accanto al | dietro al | dentro il | sulla | sul

Il cane è _____ sedia. Il piatto è _____ tavolo. La forchetta e il coltello sono _____ piatto. Il cibo è _____ piatto. _____ cane c'è un fiore.

CI VUOLE / CI VOGLIONO

7 *Completa le frasi con* ci vuole *o* ci vogliono.

1. ● Quanto tempo _____ per andare in treno da Roma a Milano?
   ▶ _____ tre ore.

2. Per arrivare alla stazione con l'autobus _____ solo cinque minuti.

3. ● Quante ore _____ per arrivare a Bologna?
   ▶ Ore? Ma da qui _____ meno di un quarto d'ora!

4. ● Mamma, quanto _____ per fare una crostata?
   ▶ _____ 20 minuti.

5. Di solito per tornare a casa _____ pochi minuti, ma oggi con questo traffico _____ almeno mezz'ora.

8 *Completa le frasi con il verbo* volere *o* volerci.

1. Per cucinare gli spaghetti _____ 10 minuti.

2. Stefano _____ un piatto di pasta.

3. Quanto tempo _____ per andare a Palermo in aereo?

4. Gli amici di Paola _____ mangiare in un ristorante tradizionale.

5. Per andare al ristorante a piedi _____ dieci minuti.

6. Valerio dice che non _____ andare al lavoro in macchina perché l'ufficio è vicino a casa sua.

7. Perché voi non _____ andare in spiaggia in Vespa? A piedi _____ molto tempo!

8. Noi non _____ sapere come finisce il film!

ESPRESSIONI DI LUOGO - CI VUOLE / CI VOGLIONO - L'INTERROGATIVO QUANTO

9 *Sottolinea* l'opzione *corretta.*

1. Oggi nel porto ci sono **pochi / poche** navi.

2. Serena abita lontano **alla / dalla** stazione.

3. **Quante / Quanto** ore ci **vuole / ci vogliono** per andare a Roma?

4. Vicino **a / da** Napoli **c'è / ci vuole** il Vesuvio.

5. **Quante / Quanto** foto **c'è / ci sono** accanto **al / del** letto?

VERBI: PRESENTE

10 *Completa il dialogo a destra con i verbi della lista.*

**finisce | deve | sapete | preferisce | dicono
vuole | vince | sanno | comincia | sai
sa | possiamo | puliscono | sappiamo
vengono | riceve | trovano | posso**

FONTANA DI TREVI (ROMA)

Il barbiere Maurizio è con un cliente, Giorgio. Aldo, come sempre, legge il giornale.

Maurizio Aldo, _____ che Giorgio è una guida turistica?

Aldo Ah! _____ fare una domanda? Qual è il monumento di Roma più curioso, secondo te?

Giorgio Uhm... forse Fontana di Trevi: tutti _____ che è uno dei monumenti più famosi di Roma, insieme al Colosseo, ma forse voi non _____ quando inizia la sua storia. Nel 1731 Papa Clemente XIII chiama i più grandi architetti del tempo per fare questa fontana: _____ il concorso un architetto francese, ma il Papa, così _____ gli storici, _____ dare il lavoro a un architetto italiano, Nicola Salvi. Salvi _____ i lavori nel 1732. Dopo la sua morte l'architetto Pietro Bracci _____ l'opera nel 1762.

Maurizio E adesso i turisti _____ da tutto il mondo per vedere questa fontana, famosa anche per il film di Fellini, *La dolce vita.*

Aldo Una curiosità: noi _____ bene che secondo la tradizione, chi _____ tornare a Roma, _____ gettare una moneta nell'acqua della fontana. Ma qualcuno _____ quanti soldi ci sono nella fontana?

Giorgio Tutti i giorni gli uomini del Comune di Roma _____ la fontana e _____ circa 3000 euro.

Aldo Incredibile! Un anno ha 365 giorni, quindi...

Maurizio ...Quindi _____ dire che in un anno la città di Roma _____ più di un milione di euro!

11 *Completa il cruciverba con le forme verbali.*

ORIZZONTALI →
2. voi – dire
3. tu – sapere
4. io – dire
5. voi – sapere
6. loro – sapere
7. lui/lei – sapere
8. loro – dire

VERTICALI ↓
1. tu – dire
2. noi – dire
3. noi – sapere
5. io – sapere

12 *Completa la chat con il presente dei verbi.*

Anna Ciao, Mara, scusa ma oggi io e Teo non (*potere*) _____ venire...

Mara Anna, ma come: non (*voi - venire*) _____? Qui è tutto pronto!

Anna Sì, scusa... Ma tu (*sapere*) _____ che la mamma di Teo è in ospedale, vero? Da qualche giorno non (*stare*) _____ bene e stasera Teo (*preferire*) _____ stare con lei.

Mara Certo, (*io - capire*) _____... Mi dispiace tanto. Ma i dottori cosa (*dire*) _____?

Anna La dottoressa (*dire*) _____ che non è un problema serio, per fortuna...
Ma lì come va? (*Voi - Essere*) _____ tutti a tavola?

Mara No, (*noi - aspettare*) _____ Lorenzo e Simona! Non (*io - sapere*) _____ perché, ma non (*loro – rispondere*) _____ al telefono e ai messaggi.

Anna Ma come...? Strano! Di solito (*loro - arrivare*) _____ sempre puntuali...

Mara Sì, infatti! Ah, ecco, qualcuno (*suonare*) _____ alla porta, (*dovere*) _____ essere loro! A presto, Anna!

I NUMERI ORDINALI

13 *Completa le frasi con i numeri ordinali.*

1. Mercoledì è il _____ giorno della settimana.

2. Io abito al terzo piano. Sopra, al _____ piano, abitano i miei genitori. Mia sorella e suo marito abitano sotto il mio appartamento, al _____ piano.

3. Questo palazzo ha nove piani e all'ultimo, al _____, c'è un ristorante molto elegante. Il mio ufficio è all' _____ piano, proprio sotto il ristorante.

4. ● Cosa c'è dopo "sesto"?
   ▶ C'è _____.

5. Ottobre è il _____ mese dell'anno.

6. Questa è la _____ frase di questo esercizio!

> **QUALCOSA in PIÚ** +
>
> *Il contrario di* primo è ultimo. *Esempio:*
> il 31 dicembre è l'**ultimo** giorno dell'anno.
>
> *Cosa c'è prima di* ultimo? Penultimo.
>
> *Esempio:*
> Il 30 dicembre è il **penultimo** giorno dell'anno.

PREPOSIZIONI

14 _Sottolinea_ le **opzioni** corrette.

1. Di solito vado a lavorare **con / in** l'autobus.
2. Andiamo **al /alla** cinema **con i / a** piedi o **in / a** macchina?
3. Quanto ci vuole per andare a Milano **sull' / in** aereo?
4. Dove andate in vacanza **nell' / in** agosto?
5. Dove sono le chiavi **del / dello** studio?
6. Viviana vive da molto tempo **negli / nei** Stati Uniti.

15 _Completa le frasi con le preposizioni della lista. Attenzione: prima di completare le frasi devi formare la preposizione articolata, come nell'esempio._

a + lo | da + l' | su + gli | su + il | a + il
a + la | a + i | di + gli | di + le

1. Quando andiamo ___al___ mare?
2. Giorgio abita lontano _____ università.
3. Per andare alla stazione devi girare _____ prima a sinistra.
4. Non so dov'è il quaderno: forse è _____ tavolo, vicino _____ libri.
5. Non devi mettere il ketchup _____ spaghetti!
6. Sai che abito di fronte _____ stadio?
7. Per leggere ho bisogno _____ occhiali.
8. Sandro, non puoi entrare, questo è il bagno _____ donne!

L'ORA

16 _Sottolinea l'ora giusta. Attenzione: in alcuni casi sono giuste tutte e due le frasi._

01:00 È l'una. / È mezzanotte e un minuto.

06:30 Sono le sei e mezza. / Sono le sei e trenta.

10:45 Sono le undici e quarantacinque. / Sono le undici meno un quarto.

12:00 Sono le dodici. / È mezzogiorno.

06:15 Sono le sei e un quarto. / Sono le sette meno un quarto.

01:40 È l'una e quaranta. / Sono le due meno venti.

17 _Scrivi l'ora in numeri, come nell'esempio._

1. Sono le sette e mezza = 07:30
2. Sono le quattro meno un quarto = ___:___
3. È mezzanotte = ___:___
4. Sono le due meno dieci = ___:___
5. È l'una e venti = ___:___
6. Sono le nove meno venti = ___:___

18 _Scrivi l'ora nei modi possibili._

08:35 _____ .

04:40 _____ /

_____ .

07:30 _____ /

_____ .

03:55 _____ /

_____ .

01:15 _____ /

_____ .

QUALCOSA in PIÚ

Attenzione: le preposizioni con, per, fra / tra + articoli determinativi non formano preposizioni articolate.

L'unica eccezione è **con** + **il** che può diventare **col**.

Esempio:
Simona fa una passeggiata **con il** cane. / **col** cane.

Che ore sono?

RIPASSIAMO

19 *Coniuga i verbi al presente e sottolinea le espressioni corrette.*

Maurizio, **Aldo** e Christoph (*volere*) _____ andare in vacanza insieme, ma non sono d'accordo su dove andare.

M Allora, la situazione è questa: io (*volere*) _____

andare in montagna, ma Aldo (*preferire*) _____

andare **al / in** mare, Christoph (*volere*) _____ fare

L'ANGOLO DI ALDO

Oggi vediamo usi differenti di due preposizioni italiane:

1. **Tra** *(o:* **fra***) significa: in mezzo.*
La televisione è **tra** la libreria e la finestra.

Può anche essere un'indicazione di tempo:
Arrivo **fra** 20 minuti. (= arrivo dopo 20 minuti)

Possiamo usare tra / fra *anche per dire l'ora:*
Arrivo **fra** le 10 e le 11 (= non prima delle 10, non dopo le 11)

2. La preposizione **da** *è usata anche in espressioni come:*
da bere | **da** mangiare (vedi Lezione 3 di DIECI A1)
da fare | **da** dire
Cosa volete **da** bere?
Non ho niente **da** dire.

ESERCIZIO

Completa il dialogo con le preposizioni fra / tra *e* da.

▶ Anna, stasera hai qualcosa ____ fare? Voglio dire, hai impegni?

● No, ma devo fare la spesa perché in casa non ho niente ____ mangiare!

▶ Allora perché non ceniamo insieme in trattoria?

● Buona idea! Quando? Io ____ un'ora ho lezione di spagnolo, ma dopo sono libera.

▶ Bene, allora posso venire a casa tua ____ le otto e le nove e poi andiamo in trattoria.

● Perfetto! Ci vediamo dopo!

una vacanza in una città d'arte. (*Noi - Dovere*) _____ trovare una soluzione buona per tutti.

A Ragazzi, voi (*sapere*) _____ che io amo il mare, ma per me va bene anche andare in una città d'arte… se è **vicino / lontano** al mare!

C (*Potere*) _____ dire la verità? Quest'anno io (*andare*) _____ al mare due volte: **a / in** Sardegna con un amico e **seconda / la seconda** volta **dalla / in** Grecia con i colleghi **del / dell'**università, quindi (*noi - potere*) _____ anche andare in montagna. Per esempio in una città d'arte non **lontana / vicina** dalla montagna.

M Bene! Allora andiamo **a / in** Torino. Che (*voi - dire*) _____?

A Torino? Ma in macchina **ci vogliono / ci vuole** sei o sette ore!

M Ma non in macchina. **In / Nel** luglio il traffico è terribile!

C Maurizio ha ragione. Aldo: perché non (*andare*) _____ in treno? O in pullman, costa molto poco.

A Allora, non (*voi - volere*) _____ andare **al / in** mare, ok, accetto la montagna; ma in treno no, per favore!

M Perché no? È ecologico, e (*noi - potere*) _____ riposare durante il viaggio…

C Giusto! Aldo, noi (*sapere*) _____ che tu (*preferire*) _____ viaggiare in macchina, però in treno è comodo, no?

A Come comodo? E secondo voi come (*noi - andare*) _____ in montagna, da Torino? In treno?

M Certo, perché no? **Ci sono / C'è** treni o pullman che da Torino (*andare*) _____ nei piccoli paesi di montagna.

A (*Voi - sapere*) _____ cosa (*io - pensare*) _____? Voi (*andare*) _____ in montagna insieme, io (*cercare*) _____ altri amici che (*preferire*) _____ il mare, come me!

LA GRAMMATICA DEL BARBIERE

episodio 05

1 Prima di guardare il video, osserva le immagini e abbinale con le espressioni della lista come nell'esempio. Attenzione: c'è un'espressione in più. Poi guarda il video e verifica.

lontano | dietro | sotto | ~~vicino~~ | di fronte

1
_____

3
_____

2
_____

4
___*vicino*___

2 Ordina le parole e forma le frasi.

1. Adesso | sedia | sono | dalla | lontano

   _____.

2. specchio | davanti | Lo | alla | è | sedia

   _____.

3. sulla | lampada | sei | sopra | sedia | è | sedia

   Sì. Tu _____. La _____.

3 Completa il dialogo.

Maurizio   Ciao, Christoph!

Christoph   Ciao, Maurizio!

Maurizio   Come stai? Come va _____ l'italiano?

Christoph   Ah, oggi ho nuove parole!

Maurizio   Ah sì?

Christoph   Sì. Allora... Davanti! O: di _____... Dietro. Vicino. Lontano.

Maurizio   Bravo, Christoph!

Christoph   Grazie! Ma non è facile ricordare le preposizioni. Adesso sono... lontano _____ sedia.

Maurizio   Sì.

Christoph   Adesso sono vicino _____ sedia.

Maurizio   Esatto!

Christoph   Lo specchio è davanti...

Maurizio   Alla...?

Christoph   Giusto... Davanti _____ sedia.

Maurizio   Sì! Ma con "sopra" e "sotto", non c'è preposizione. E anche con "dentro".

Aldo   Sì. Tu sei _____ sedia. La lampada è sopra _____ sedia.

Maurizio   È vero, Aldo, ma adesso basta, sono cose difficili _____ uno studente straniero. Vero?

QUALCOSA in PIÚ ➕

Hai visto? Aldo parla della differenza tra **su** *e* **sopra**.

Cosa significano queste due espressioni?

Christoph è <u>sulla</u> sedia. =
Christoph è a contatto con la sedia.

La lampada è <u>sopra</u> la sedia. =
La lampada è in alto, non ha contatto con la sedia.

VERBI: PRESENTE

Completa la coniugazione dei verbi *svegliarsi* e *uscire*.

Verbi riflessivi

Alcuni verbi riflessivi: *svegliarsi, alzarsi, vestirsi, farsi (la doccia), lavarsi (i denti), arrabbiarsi, chiamarsi.*

Con i verbi riflessivi c'è un pronome prima del verbo.

SVEGLIARSI		
io	mi	sveglio
tu	ti	svegli
lui / lei / Lei		
noi	ci	svegliamo
voi		
loro		

*Io **mi sveglio** presto.*

*Noi **ci svegliamo** alle 9.*

Verbo irregolare:

USCIRE	
io	esco
tu	esci
lui / lei / Lei	
noi	
voi	uscite
loro	

*Io **esco** solo il weekend.*

***Esci** con Emiliano oggi?*

AVVERBI DI FREQUENZA

Completa la tabella con le espressioni della lista.

raramente | spesso | ogni tanto | qualche volta

100%	sempre
	/
0%	mai

*Faccio **sempre** colazione con tè e biscotti.*
*Guardiamo la TV **raramente**.*

Con *mai*, mettiamo *non* prima del verbo:
*Non faccio **mai** sport.*
*Enrico non si arrabbia **mai**.*

IL VERBO PIACERE E I PRONOMI INDIRETTI

Al presente con il verbo *piacere* usiamo le forme *piace* o *piacciono*:

	piace	la pasta.	(nome singolare)
Mi	piacciono +	i gatti.	(nome plurale)
	piace	leggere.	(verbo all'infinito)

Completa la tabella con i pronomi atoni e tonici della lista.

A lui | A me | Gli | Ti | A lei

Prima del verbo *piacere* usiamo i pronomi indiretti.

ATONI	TONICI
Mi piace il jazz.	___ piace il jazz.
___ piace ballare?	**A te** piace ballare?
___ piace Roma.	___ piace Roma.
Le piace la vela.	___ piace la vela.

Usiamo i pronomi tonici per mettere in evidenza la persona o per rilanciare una domanda:
***A lui** piace viaggiare.*
***A me** non piace il pesce. E **a te**?*

ANCHE / NEANCHE

- *Mi piacciono gli animali.* ☺
▶ **Anche** a me. ☺ / ▶ A me no. ☹

- *Non mi piace fare sport.* ☹
▶ **Neanche** a me. ☹ / ▶ A me sì. ☺

PREPOSIZIONI

Completa la tabella con le preposizioni.

A che ora?
▶ **A** che ora ti svegli? ● ___ otto e mezza.

Attenzione: **a** mezzanotte, **a** mezzogiorno, **all'**una.

Da... a...
*Il museo è aperto ___ lunedì **alla** domenica.*
*Studio ___ 6 **alle** 7.*
*Pranzo **da** mezzogiorno **all'**una.*
*Faccio la cameriera **da** maggio ___ settembre.*

ARTICOLO E GIORNI DELLA SETTIMANA

Con l'articolo:
***Il** giovedì ho lezione di italiano.* = tutti i giovedì

Senza l'articolo:
Giovedì esco con Dora. = solo questo giovedì

VERBI RIFLESSIVI

1 *Sottolinea* l'**opzione** *corretta.*

1. Perché **vi / si** arrabbiate? Non c'è motivo.
2. A che ora **ti / si** svegli la mattina?
3. Fabio e Monica **si / ci** alzano sempre tardi, la domenica.
4. Come **ti / vi** chiamate?
5. **Ti / Si** fai la doccia prima o dopo colazione?
6. Dopo pranzo **vi / ci** laviamo i denti.

2 *Sottolinea l'opzione corretta.*

1. Iacopo **chiama / si chiama** il cane a voce alta.
   Il cane di Iacopo **chiama / si chiama** Rufus.
2. La mamma **sveglia / si sveglia** Anna alle sette perché deve andare a scuola.
3. Pietro **lava / si lava** la macchina tutte le settimane.
4. Ragazzi, quante volte **lavate / vi lavate** i denti?
5. Teresa **alza / si alza**, prende il telecomando e **alza / si alza** il volume della tv.
6. Domani voi come **vestite / vi vestite** per il matrimonio di Claudia?

VERBI RIFLESSIVI – VERBO USCIRE

3 *Completa le frasi con il presente dei verbi.*

ARRABBIARSI

Io _____ spesso; Ada, invece _____ raramente.

SVEGLIARSI

Maria e Adele _____ sempre presto, Laura invece _____ spesso tardi.

VESTIRSI

Francesco _____ sempre in modo elegante, Marco, invece _____ sempre casual.

SVEGLIARSI

A che ora (*voi*) _____ domani mattina?

Noi _____ molto presto!

USCIRE

Mara e Chiara la sera _____ sempre, invece io e Antonio _____ raramente.

FARSI

Mentre tu _____ la doccia, io _____ la barba.

4 *Coniuga i verbi al presente e completa il testo.*

Io e Marcella (*vivere*) _____ insieme da 7 anni. (*Stare*) _____ bene insieme, ma la vita non è facile, a causa degli orari che abbiamo: Marcella (*lavorare*) _____ in uno studio di design e (*svegliarsi*) _____ presto, io sono medico e (*fare*) _____ spesso i turni di notte, quindi (*tornare*) _____ a casa la mattina presto, (*andare*) _____ subito a dormire e (*svegliarsi*) _____ di pomeriggio. Quindi durante la settimana (*noi - uscire*) _____ raramente dopo cena: qualche volta Marcella (*uscire*) _____ con le sue amiche e ogni tanto (*venire*) _____ a pranzo a casa, per stare un po' con me.

Nel weekend (*svegliarsi*) _____ insieme, stiamo un po' a letto e poi (*alzarsi*) _____ per fare colazione. Per fortuna lunedì ho il giorno libero, perciò qualche volta (*noi - fare*) _____ un piccolo viaggio: (*partire*) _____ sabato mattina e (*passare*) _____ due notti in qualche città in Italia o all'estero.

AVVERBI DI FREQUENZA

5 *Osserva i giorni della settimana* **colorati** *e indica la frase corretta.*

| L | M | M | G | V | S | D |

1. ☐ a. Sandra mangia sempre la pasta.
   ☐ b. Sandra mangia la pasta qualche volta.

| L | M | M | G | V | S | D |

2. ☐ a. Paolo va spesso in palestra.
   ☐ b. Paolo va in palestra raramente.

| L | M | M | G | V | S | D |

3. ☐ a. Emanuela non gioca mai a tennis.
   ☐ b. Emanuela gioca a tennis ogni tanto.

| L | M | M | G | V | S | D |

4. ☐ a. Federico si fa sempre la doccia.
   ☐ b. Federico non si fa mai la doccia.

| L | M | M | G | V | S | D |

5. ☐ a. Sara e Rita si svegliano sempre presto.
   ☐ b. Sara e Rita si svegliano presto qualche volta.

| L | M | M | G | V | S | D |

6. ☐ a. Pietro non mangia mai al ristorante.
   ☐ b. Pietro mangia sempre al ristorante.

QUALCOSA in PIÚ

> Con l'avverbio mai è necessario usare non *prima del verbo.*
>
> **Non** mangio <u>mai</u> carne.
>
> *Ma attenzione: nelle domande non è necessario usare* non.
>
> ▶ (Non) Prendi **mai** l'auto per andare al lavoro?
>
> ● No, **non** prendo **mai** l'auto, vado sempre a piedi.

IL VERBO PIACERE – PRONOMI INDIRETTI

6 *Sottolinea l'opzione corretta.*

1. Ti **piace / piacciono** i gatti?
2. Non ci **piace / piacciono** fare sport.
3. Ragazze, vi **piace / piacciono** la pizza?
4. Signor Righi, Le **piace / piacciono** questo caffè?
5. Non mi **piace / piacciono** viaggiare in treno.
6. Gli **piace / piacciono** le persone gentili.

Ti piace andare a teatro?

7 *Completa le frasi con i pronomi indiretti atoni o tonici.*

1. Signora, _____ piace Roma?
2. Fabio, a _____ piace ballare?
3. Io conosco bene Mauro, e so che a _____ non piace svegliarsi presto.
4. Serena dice che non _____ piace il caldo, però va sempre in vacanza in Grecia!
5. Non voglio uscire con Ada e Angela, lo sai che non _____ piacciono!
6. Ragazzi, a _____ piace la pasta al dente?

IL VERBO PIACERE – ANCHE / NEANCHE

8 *Completa le frasi e scrivi le risposte, a seconda della reazione, come nell'esempio.*

1.
   ► Ti _____piace_____ fare sport?
   ● Sì, molto. A te?
   ► Sì, _anche_ _a_ _me_.

2.
   ► Rosa, ti _____ le canzoni italiane?
   ● No, a te?
   ► _____ _____ sì, molto!

3.
   ► A me non _____ i film horror. A te?
   ● _____ a me!

4.
   ► A me _____ andare al mare. A voi?
   ● Sì, _____ _____ _____!

5.
   ► A Serena non _____ le feste con tanta gente.
   ● _____ _____ _____.
   In questo io e lei siamo simili.

6.
   ► A noi _____ la cucina vegana. A te?
   ● _____ _____ no!

9 *Ordina le parole e forma frasi. Poi scegli la reazione giusta.*

1. mangiare | mi | non | al | piace
   ► _____ ristorante.
   ● **Anche / Neanche** a me!

2. i | siciliani | piacciono | me | dolci
   ► A _____ e napoletani.
   ● **A me no. / Neanche a me.**

3. con | me | il | piace | caffè | poco
   ► A _____ zucchero.
   ● **Anche / Neanche** a me!

4. non | noi | fare | piace
   ► A _____ sport.
   ● A noi **no / sì**.

5. ascoltare | non | me | la | piace | musica
   ► A _____ jazz.
   ● **Anche / Neanche** a noi!

PREPOSIZIONI

10 *Completa le frasi con le preposizioni.*

1. Tiziana si sveglia sempre _____ sette e mezza, io invece mi sveglio tardi perché la notte mi addormento _____ una.

2. Il ristorante è aperto _____ sette _____ mezzanotte.

3. _____ che ora apre il museo?

4. La scuola in Italia è chiusa _____ giugno _____ settembre.

5. Matteo lavora tutti i giorni _____ lunedì _____ venerdì, _____ nove _____ sei di pomeriggio.

6. Di solito inizio a lavorare _____ otto, poi faccio una pausa _____ una _____ due.

QUALCOSA in PIÚ ➕

Ricorda: dispiacere *NON è il contrario di* piacere*! Nota bene:*

Mi piace la pizza.
ma
~~Mi dispiace la pizza.~~ → Non mi piace la pizza.

Il verbo dispiacere *si usa per esprimere tristezza, rammarico.*

Mi dispiace, domani non posso venire al cinema.

A che ora ti svegli la mattina?

PREPOSIZIONI / ARTICOLO / GIORNI DELLA SETTIMANA

11 *Completa con gli elementi della lista. Attenzione: in un caso non devi scrivere niente.*

al | alle | da | il | dalle | a | il | dal | il

1. Ho lavorato in questo bar ____ luglio ____ dicembre.

2. Quest'anno le lezioni del corso di inglese avanzato sono ____ martedì e ____ giovedì.

L'ANGOLO DI ALDO

In italiano, ci sono altri verbi molto frequenti che hanno la stessa costruzione di piacere:
interessare | mancare | sembrare | servire

<u>Mi</u> **interessa** la musica classica.
<u>Mi</u> **interessano** le lingue.
Mia figlia è a New York, <u>mi</u> **manca**!
Come <u>vi</u> **sembra** questo ristorante?
<u>Ti</u> **serve** un aiuto?

Anche il verbo **andare** + *di può avere la stessa costruzione di* piacere, *ma in questo caso significa:* ho voglia di...

<u>Ti</u> **va** <u>di</u> guardare un film?
Non mi **va** <u>di</u> uscire, stasera.

ESERCIZIO

Completa le frasi con i verbi al presente e i pronomi indiretti.

1. ▶ Paolo, questo film (*sembrare*) _____ interessante: (*andare*) _____ di andare al cinema stasera?

   • Ma... è un film horror? Sai bene che i film horror non (*piacere*) _____!

2. Mamma, vado al supermercato, (*servire*) _____ qualcosa?

3. Elena è una persona attiva: (*interessare*) _____ molto la politica.

4. Claudio è un ragazzo allegro: (*andare*) _____ sempre di scherzare.

5. ■ Ragazzi, (*andare*) _____ di uscire stasera?

   • A me sì.

   ▶ No, io oggi non posso, (*dispiacere*) _____.

6. Perché sei triste? (*mancare*) _____ i tuoi amici?

3. Di solito ____ martedì ho lezione di inglese, ma questa settimana il professore è assente.

4. C'è un film interessante; andiamo al cinema ____ sabato?

5. Di solito dormo 9 ore: ____ dieci di sera ____ sette di mattina.

6. Matteo lavora ____ lunedì ____ sabato.

RIPASSIAMO

12 <u>Sottolinea</u> *l'*opzione *corretta.*

Maurizio, Christoph e Aldo parlano di pizza.

Maurizio Sentite ragazzi, perché una sera non mangiamo una pizza insieme? Non facciamo **mai / sempre** qualcosa insieme, la sera.

Christoph Buona idea! Dove?

Maurizio A casa mia, no? Forse non sai che **a mi / mi** piace molto fare la pizza e sono anche bravo, vero Aldo?

Aldo Sì, sì... E quando vogliamo fare questa serata? Così quel giorno **mi vesto / mi veste** elegante...

Christoph E perché? A me **piace / piacciono** come **ti vesti / si vesti**.

Maurizio Christoph, **a / lui** Aldo piace scherzare, non parla seriamente. Possiamo fare domani sera? Mia moglie e mia figlia sono fuori **da / dalle** sette **alle / all'** undici, quindi siamo soli...

Christoph Per me va bene!

Aldo Anche per me. Però poi **a / alle** mezzanotte devo tornare a casa.

Maurizio Certo certo, la mattina **ci / si** svegliamo tutti presto... Christoph, che pizza ti **piace / piacciono** in particolare?

Christoph Allora, **mi / a me** non piace la carne, quindi non prendo **mai / raramente** la pizza con il prosciutto, per esempio. E poi non mi **piace / piacciono** le pizze "strane", per esempio la pizza con l'ananas.

Maurizio Tranquillo. **Anche / Neanche** a noi piace la pizza con l'ananas, vero Aldo?

Aldo Pizza con l'ananas? Mamma mia! Che orrore!

LA GRAMMATICA DEL BARBIERE

episodio 06

1 *Prima di guardare il video, completa le frasi con i verbi e poi abbinale alle immagini, come nell'esempio. Poi guarda il video per la verifica.*

si addormenta | **si fa** | ~~si guarda~~ | **fa**

1. Christoph *si guarda* allo specchio. ☐ *D*
2. Maurizio _____ la barba. ☐
3. Aldo _____ mentre legge il giornale. ☐
4. Maurizio _____ la barba a Christoph. ☐

2 *Completa il dialogo con i verbi della lista.*

sveglio | **ti fai** | **mi faccio** | **si sveglia** | **fai**

Maurizio	Bene, un momento: che cosa sto facendo?
Christoph	Tu _____ la barba.
Maurizio	E adesso? _____ la barba?
Christoph	No. Adesso... _____ la barba a me.
Aldo	Eh? Che c'è? Che ore sono?
Maurizio	Capisci, Christoph? Io _____ Aldo.
	Aldo _____.

3 *Completa le frasi con i verbi della lista. Quando necessario usa la forma riflessiva.*

1. Maurizio **sveglia / si sveglia** Aldo per fare un esempio.
2. Aldo **sveglia / si sveglia** e **chiede / si chiede** a Maurizio: "Che ore sono?"
3. Christoph **guarda / si guarda** allo specchio.
4. Maurizio **fa / si fa** degli esempi per spiegare la regola a Christoph.
5. Maurizio la mattina sicuramente non **fa / si fa** la barba.

QUALCOSA in PIÚ

Sai che molti verbi possono avere anche la forma riflessiva?

guardo – mi guardo
chiedo – mi chiedo
dico – mi dico
amo – mi amo

Naturalmente, si tratta solo di verbi <u>transitivi</u> (che prevedono un soggetto e un oggetto); quindi mai verbi di movimento!

Verbo transitivo: chiedere
Io chiedo a Paolo una cosa.
(= Io faccio una domanda a Paolo)
Io <u>mi</u> chiedo una cosa.
(= Io faccio una domanda a me)

Verbo intransitivo: andare
Io vado a scuola. ✓
(Io mi vado a scuola ✗)

Completa la GRAMMATICA ATTIVA

IL CI LOCATIVO

Usiamo *ci* per non ripetere un luogo nominato prima:

● *Ti piace <u>Roma</u>?* ▶ *Sì, **ci** vado tutti gli anni.*
ci = a Roma

*Conosco bene <u>Torino</u>, **ci** abito!*
ci = a Torino

ESPRESSIONI DI TEMPO

Completa la tabella.

ogni **+ nome singolare**	***tutti / tutte*** **+ articolo + nome**
*Va allo stadio **ogni** <u>domenica</u>.*	*Va allo stadio* ____ *<u>domeniche</u>.*
*Passo le vacanze in Sicilia **ogni** <u>anno</u>.*	*Passo le vacanze in Sicilia* ____ *<u>anni</u>.*

VERBI: PASSATO PROSSIMO

Per descrivere le azioni del passato usiamo il passato prossimo:

ausiliare *essere* o *avere* al presente + participio passato

Sono andata *a Barcellona in primavera.*
*Che cosa **hai mangiato** a colazione?*

Il participio passato

verbi in -*are*	-ato	and**ato**
verbi in -*ere*	-uto	av**uto**
verbi in -*ire*	-ito	dorm**ito**

Per formare la frase negativa mettiamo *non* prima dell'ausiliare: ***Non** ho fatto colazione.*

Verbi con ausiliare *avere*
La maggioranza dei verbi italiani vuole l'ausiliare *avere*.
Con questi verbi il participio passato è sempre in *-o:*
*Ilenia ha mangiat**o** il tiramisù.*
*Fabrizio ha avut**o** problemi con il camper.*
*Carolina e Bianca hanno preparat**o** la cena.*

Tutti i verbi che possono rispondere alla domanda "Chi? / Che cosa?" prendono l'ausiliare *avere*.
Il gatto mangia (che cosa?) *il pesce.*
➥ *Il gatto **ha** mangiato il pesce.*
Gli studenti ascoltano (chi?) *l'insegnante.*
➥ *Gli studenti **hanno** ascoltato l'insegnante.*

Completa le frasi con il verbo *essere* e l'ultima lettera del participio passato.

Verbi con ausiliare *essere*
Con questi verbi il participio passato concorda in genere e numero con il soggetto:
*<u>Il treno</u> è arrivat**o** tardi.*
*<u>Anita</u> è uscit**a** con le amiche.*
<u>Alfredo</u> e <u>Silvio</u> ____ *andat*__ *al mare.*
<u>Ada</u> e <u>Giulia</u> ____ *arrivat*__ *a Roma.*

Se il plurale include soggetti maschili e femminili, il participio passato è al maschile plurale:
*<u>Amedeo</u> e <u>Veronica</u> sono partit*__ *con il camper.*

Verbi molto comuni che vogliono l'ausiliare *essere*: *andare, arrivare, entrare, essere, nascere, partire, rimanere, stare, tornare, uscire, venire.*

PARTICIPI PASSATI IRREGOLARI

Completa la tabella con i participi passati.

aprire	aperto	mettere	messo
bere	bevuto	nascere	nato
chiedere	chiesto	perdere	perso
chiudere	chiuso	prendere	____
dire	____	rimanere	rimasto
essere	stato	scrivere	____
fare	____	vedere	visto
leggere	____	venire	____

LA DATA

articolo / giorno della settimana → numero → mese

*È nata **il 19 luglio**.* | *Vado in vacanza **mercoledì 19 luglio**.*

Attenzione: 1 marzo = ***primo** marzo* ✓ (*uno marzo* ✗)

CI LOCATIVO

1 *Sottolinea le frasi con il ci locativo.*

1. In piazza Navona ci sono tre fontane.
2. Di solito vado a scuola a piedi, ma oggi ci vado con il tram.
3. In vacanza ci svegliamo sempre tardi.
4. Per andare a Milano in treno ci vogliono tre ore.
5. Il teatro non è lontano da qui, ci potete arrivare in cinque minuti.
6. Ci piace andare al cinema ogni settimana.

ESPRESSIONI DI TEMPO

2 *Trasforma le frasi con* tutti / tutte + articolo + nome.

1. Gioco a tennis ogni giovedì.
   Gioco a tennis _____.
2. Mi sveglio alle 7 ogni giorno.
   Mi sveglio alle 7 _____.
3. Ogni estate andiamo in vacanza a Capri.
   _____ andiamo in vacanza a Capri.
4. Dobbiamo pagare le tasse ogni anno.
   Dobbiamo pagare le tasse _____.
5. Ogni domenica Fabio pranza con la madre.
   _____ Fabio pranza con la madre.
6. Dario lava la macchina ogni mese.
   Dario lava la macchina _____.

CAPRI – I FARAGLIONI

PASSATO PROSSIMO

3 *Completa le frasi con il passato prossimo dei verbi.*

1. Ieri al ristorante vegano (*noi - mangiare*) _____ molto bene.
2. Puoi ripetere, per favore? Non (*io - capire*) _____ bene.
3. Sandra (*sapere*) _____ la notizia solo oggi.
4. Valerio e Pietro non (*dormire*) _____ bene questa notte.
5. Sono molto stanco, (*avere*) _____ una settimana molto difficile.
6. Ieri (*io - incontrare*) _____ Francesco e (*noi - parlare*) _____ per un'ora.

PASSATO PROSSIMO – CI LOCATIVO

4 *Completa i dialoghi con gli ausiliari* essere *e* avere *(spazi _____) e il* ci *locativo (spazi ___). Attenzione: in alcune frasi il* ci *locativo non è necessario.*

1. ▶ Conoscete questo ristorante?
   ● Sì, noi ___ _____ mangiato molte volte.

2. ▶ Ti piace Parigi?
   ● Sì, ___ _____ andato per imparare il francese.

3. ▶ Siete da molto a Milano?
   ● No, ___ _____ arrivate alla stazione due ore fa.

4. ▶ Vai spesso a Bari?
   ● Sì, ___ _____ nati i miei genitori e ho molti parenti lì.

5. ▶ Perché non sei venuta con noi?
   ● Perché ___ _____ lavorato tutta la sera.

6. ▶ Conosci questa scuola?
   ● Sì, ___ _____ studiato per cinque anni.

PASSATO PROSSIMO – PARTICIPI PASSATI IRREGOLARI

5 Abbina i verbi all'infinito con il participio passato.

1. aprire	a. messo
2. leggere	b. fatto
3. mettere	c. perso
4. prendere	d. detto
5. rimanere	e. preso
6. vedere	f. aperto
7. dire	g. scritto
8. perdere	h. rimasto
9. nascere	i. letto
10. scrivere	l. visto
11. fare	m. nato

6 Completa la tabella con i verbi all'infinito dell'esercizio precedente.

AUSILIARE *ESSERE*	AUSILIARE *AVERE*

QUALCOSA in PIÚ

Il verbo essere e il verbo stare *hanno lo stesso participio passato:*

essere → stato
stare → stato

Anche il passato prossimo è uguale:

Io **sono stato.**

7 Utilizza i verbi dell'esercizio precedente e completa le frasi al passato prossimo.

1. Marta, perché _____ tutte le finestre?
2. Ieri (*noi*) _____ colazione al bar: _____ un cappuccino e un cornetto.
3. Domani Sara ha un esame importante; _____ a casa tutto il weekend per studiare.
4. Aldo _____ 5 messaggi a Giulia ma lei non risponde perché _____ lo smartphone!
5. Ragazze, _____ questo film? È molto bello!
6. Noi non _____ niente a Carlo, deve essere una sorpresa!
7. Ragazzi, dove _____ i bicchieri? Non trovo mai niente in questa casa!
8. Io _____ questo libro tre volte: mi piace molto!
9. Dante Alighieri _____ nel 1265 a Firenze.

8 Abbina le colonne e forma frasi.

1. Anna	hai visto	otto ore.
2. Tu	hanno perso	la regola?
3. Voi	ho dormito	a casa a piedi.
4. Io e Lia	abbiamo avuto	il treno.
5. Tina e Mara	avete capito	il film?
6. Io	è andata	un problema.

9 Completa le frasi con l'ausiliare essere o avere e l'ultima lettera del participio passato.

1. Ragazzi, _____ comprat_ il regalo per Rosaria?
2. Ada e Sonia _____ pers_ l'aereo e _____ tornat_ a Roma in treno.
3. Ma voi _____ lett_ la mail della direttrice? Non è molto contenta del lavoro che (*noi*) _____ fatt_.
4. Nicó e Teo _____ andat_ al concerto e noi ragazze _____ rimast_ a casa e _____ vist_ un film.
5. Le amiche di Diana ____ passat_ le vacanze nella città dove _____ nat_ mia madre.

10 *Completa il dialogo con il passato prossimo dei verbi.*

▶ Allora, Caterina, (*tu - tornare*) _____
dalle vacanze?

● Sì, io e Pietro (*arrivare*) _____ ieri sera...

▶ Bene! (*Voi - Andare*) _____ in montagna
con Sara e Lia, vero?

● Sì, ma loro (*andare*) _____ via due giorni
prima, perché (*avere*) _____
un problema...

▶ Oh, mi dispiace...

● Sì, peccato. Però anche per me e Pietro il viaggio di
ritorno (*essere*) _____ abbastanza
complicato.

▶ Ah, e perché?

● La macchina (*avere*) _____ un problema
a Bologna. Allora (*noi - prendere*) _____
il treno. Però Pietro (*dimenticare*) _____
una valigia alla stazione di Bologna...

▶ Come "dimenticato"?

● Eh sì... Ma la storia non finisce qui...
A Firenze il treno non (*partire*) _____ più
perché (*iniziare*) _____ uno sciopero...

▶ Ah, sì, è vero, lo sciopero... E come
(*voi - fare*) _____ a tornare a Napoli?

● Eh, (*noleggiare*) _____ una macchina a
Firenze. Ma subito dopo la partenza (*noi - trovare*)
_____ molto traffico. (*Noi - Arrivare*)
_____ a casa alle due di notte!

▶ Accidenti! (*Essere*) _____ davvero
un'avventura!

● Sì, e non (*lei - finire*) _____: domani
Pietro deve tornare a Bologna per prendere la
macchina dal meccanico e per prendere la valigia
alla stazione...

LA DATA

11 *Scrivi le date in modo corretto, come nell'esempio.*

1. **06/03/1475**

   Michelangelo è nato

   _____*il 6 marzo 1475*_____ .

2. **18/10**

   Francesca è nata

   _____ .

3. **22/5**

   Comincio il nuovo lavoro

   _____ .

4. **01/07/2015**

   Mio figlio è nato

   _____ .

5. **04/11**

   Ho appuntamento con il dottore

   _____ .

6. **08/09/2022**

   La regina Elisabetta II è morta

   _____ .

L'ANGOLO DI ALDO

Ecco una lista di participi passati di verbi che possono essere sempre utili:

acceso | vinto | spento | morto
pianto | riso | perso | nato

ESERCIZIO

a) *Questi sono i verbi all'infinito: abbinali ai participi passati sopra.*

piangere _____

spegnere _____

vincere _____

morire _____

ridere _____

accendere _____

perdere _____

nascere _____

b) *Alcuni verbi sono contrari di altri: completa.*

spegnere ≠ accendere

nascere ≠ _____

_____ ≠ perdere

ridere ≠ _____

c) *Completa le frasi con il passato prossimo di alcuni dei verbi precedenti.*

1. Io e Ilaria abbiamo visto un film molto divertente e _____ tutto il tempo.

2. Siamo campioni, _____ la finale!

3. Perché (*tu*) _____ la luce? Ora non vedo niente!

4. Silvia oggi è molto triste perché ieri _____ il suo gatto.

5. Gaia ha giocato bene, ma alla fine _____.

RIPASSIAMO

12 *Sottolinea l'opzione corretta.*

Christoph legge una lettera al direttore di un giornale.

Gentile Direttore,
mi chiamo Angela Ciampi e voglio parlare della nostra capitale: Roma.
Io amo molto questa città e **ci / - / la** vado sempre con piacere **tutti gli / ogni / sempre gli** anni.
Ma **il / l'/ -** 8 marzo di quest'anno **ci ho tornato / sono tornato / ci sono tornata** e **ho trovato / ho trovata / sono trovata** una città sporca, caotica, nervosa, dove non è facile vivere.
Mi piace viaggiare e nella mia vita **ho visto / ho visito / ho viste** molte città. Negli ultimi mesi **ho andato / sono andata / sono andato** in molte capitali europee: **sono stata / ci sono stata / sono stato** a Praga, Vienna, Berlino, tutte città molto belle, e **ogni / tutta la / tutta** volta che **ci / - / la** torno a Roma, faccio il confronto con gli altri Paesi. Non guardo solo i monumenti o le bellezze, ma anche l'ordine, i mezzi pubblici, la pulizia. E non tutto **me piace / mi piacciono / mi piace**.
Roma è una città unica al mondo, ma il problema, secondo me, è il turismo di massa: a Roma, ma anche a Fienze e a Venezia **ogni / tutte le / tutti i** giorni arrivano migliaia di turisti; questo porta tante opportunità, ma anche molti problemi. Infatti queste città non **è nata / sono nata / sono nate** per ricevere tante persone.
Qual è la Sua opinione, direttore? **Ho stato / Sono stata / Sono state** troppo severa? E esiste un modo per difendere le nostre belle città?
Angela

ROMA – TURISTI ALLA FONTANA DI TREVI

LA GRAMMATICA DEL BARBIERE

episodio 07

1 *Prima di guardare il video, completa la tabella con i verbi. Poi guarda il video per la verifica.*

andare | **arrivare** | **mangiare** | **partire** | **camminare**
rimanere | **viaggiare** | **vedere** | **visitare**

AUSILIARE *ESSERE*	AUSILIARE *AVERE*

2 *Completa il dialogo con il passato prossimo dei verbi. Poi riguarda il video e verifica.*

Maurizio Allora, Christoph, che cosa

(*fare*) _____ di bello, nel fine

settimana?

Christoph Ah, sabato (*andare*) _____ a

Firenze! Ho un amico, lavora all'università.

Maurizio Bella Firenze, eh?

Christoph Molto, molto bella! (*Io - Vedere*)

_____ il Ponte Vecchio e

(*noi - visitare*) _____ gli Uffizi.

3 *Completa il dialogo con i verbi della lista.*

camminare | **ho viaggiato** | **andare**
sono rimasto | **vedere**

Maurizio Allora, con i verbi "di movimento" uso il

verbo *essere*: sono andato, sono partito,

sono arrivato, eccetera, eccetera, eccetera.

Christoph Ma allora "_____"? Non è di

movimento...

Aldo È vero. "_____": *viaggiare* è

movimento. Questa regola non è una regola

sempre valida.

Christoph E allora?

Maurizio Allora puoi pensare: questo verbo risponde

alla domanda: chi? Che cosa? Per esempio,

_____: chi, che cosa? Firenze.

Quindi verbo *avere*. _____: non

puoi chiedere "chi, che cosa". Uso il verbo

essere.

Aldo Sì, ma diciamo anche "ho camminato" e

_____ non risponde alla

domanda "chi, che cosa".

QUALCOSA in PIÚ

Altri verbi "non di movimento" che hanno l'ausiliare essere *sono:*

diventare	sono diventata/o
riuscire	sono riuscita/o
succedere	(*solo alla terza persona*: è successa/o, sono successe/i)

Alcuni verbi posso avere sia l'ausiliare essere *sia* avere:

salire	ho salito (le scale)
	sono salita/o (sul treno)
scendere	ho sceso (le scale)
	sono scesa/o (dal treno)
piovere	ha piovuto / è piovuto

PREPOSIZIONI

- *Quando sei andato in Russia?* ▶ **Nel** *2003.*
- *In che anno sei nato?* ▶ **Nel** *1998.*

PRIMA E DOPO

prima di	+ nome *Vado a Palermo* **prima di** *ferragosto.*
dopo	+ nome **Dopo** *la gita a Siena che cosa fai?*

Usiamo *prima* e *dopo* anche senza nome:
Prima *andiamo a Firenze e* **dopo** *a Pisa.*

UNA VOLTA A

Completa le frasi.

Mangio al ristorante **una volta** ☐ *mese.*
(= in un mese, vado al ristorante una volta)
Vedo Mariangela **una volta all'anno.**
Faccio sport **due volte** ☐ *settimana.*

GLI AGGETTIVI POSSESSIVI

Completa la tabella.

SINGOLARE		PLURALE	
maschile	femminile	maschile	femminile
il mio	la ☐	i ☐	le mie
il ☐	la tua	i tuoi	le ☐
il suo	la sua	i ☐	le sue
il nostro	la ☐	i nostri	le nostre
il ☐	la vostra	i ☐	le vostre
il loro	la ☐	i loro	le ☐

Gli aggettivi possessivi *mio, tuo, suo, nostro* e *vostro* hanno quattro forme (come gli aggettivi in -o).
Concordano in genere e numero con il nome che c'è dopo:
Il mio <u>divano</u> non è comodo.
Andiamo a Milano con **la mia** <u>macchina</u>?
Hai letto **i miei** <u>libri</u>?
Le mie <u>vacanze</u> sono finite.

Attenzione! Il genere e il numero <u>non</u> dipendono dalla persona che ha la cosa:
La signora Dini ha un gatto.
➥ **Il suo** gatto è piccolo. ✓ *(la sua gatto* ✗ *)*
Il signor Redi ha una casa.
➥ **La sua** casa è grande. ✓ *(il suo casa* ✗ *)*

L'aggettivo *loro* non cambia mai:
Il loro <u>telefono</u> non funziona.
Molte persone vanno alla **loro** <u>festa</u>.
I loro <u>biglietti</u> sono ridotti.
Le loro <u>camere</u> sono matrimoniali.

GLI AGGETTIVI POSSESSIVI CON I NOMI DI FAMIGLIA

Completa le frasi con gli articoli determinativi.

Con i nomi di famiglia <u>singolari</u> non mettiamo l'articolo prima dei possessivi:
Mia *sorella si chiama Maria.*
Quanti anni ha **tuo** *zio?*
Come sta **vostra** *nonna?*
Suo *marito ha 44 anni.*

Attenzione! Con il possessivo *loro* usiamo l'articolo anche con i nomi di famiglia singolari:
La loro *cugina studia a New York.*
☐ **loro** *nonno domani festeggia 90 anni.*

Con i nomi di famiglia <u>plurali</u> usiamo sempre l'articolo prima dei possessivi:
☐ **miei** *nonni vivono in campagna.*
Come si chiamano ☐ **tue** *sorelle?*
I suoi *zii abitano in Sardegna.*

Mettiamo l'articolo anche prima di *ragazzo/a* e *fidanzato/a*:
Il mio *ragazzo lavora in banca.*
☐ **sua** *fidanzata studia economia.*

PREPOSIZIONI – PRIMA E DOPO

1 *Sottolinea l'opzione corretta.*

1. Parto per Londra **prima di / prima** Natale.

2. Mia figlia è nata **in / nel** 2018.

3. Cosa fai **prima di / dopo** il lavoro?

4. La Gran Bretagna è uscita dall'Unione Europea **nel / dopo** 2020.

5. Mi lavo sempre le mani **prima di / prima** pranzo.

6. **Prima di / Prima** ho telefonato a Giorgio e **dopo / prima** sono andato a casa sua.

QUALCOSA in PIÙ

*L'espressione **una volta a...** è seguita dalla preposizione **a** e dalle parole giorno, settimana, mese, anno.*

Con le parole settimana e anno, però, è possibile anche NON usare la preposizione. Quindi:

Una volta all'anno = Una volta l'anno.

Tre volte alla settimana = Tre volte la settimana.

UNA VOLTA A

2 *Scrivi le frasi come nell'esempio.*

1. (in un anno, faccio le vacanze due volte)

   Faccio le vacanze due volte all'anno .

2. (in una settimana, vado al cinema una volta)

   _____ .

3. (in un mese, mangio il pesce tre volte)

   _____ .

4. (in un giorno, mi lavo i denti quattro volte)

   _____ .

5. (in un anno, torno nel mio Paese due volte)

   _____ .

6. (in una settimana, faccio sport tre volte)

   _____ .

GLI AGGETTIVI POSSESSIVI

3 *Completa le frasi con il possessivo indicato dal pronome tra parentesi, come nell'esempio.*

1. (*Noi*) cane si chiama Freud.

   Il *nostro* cane si chiama Freud.

2. Posso vedere (*tu*) libri?

   Posso vedere i _____ libri?

3. In casa c'è mia sorella con (*lei*) amiche.

   In casa c'è mia sorella con le _____ amiche.

4. Domani arriva Michele con (*lui*) amici.

   Domani arriva Michele con i _____ amici.

5. Ragazzi, avete preso (*voi*) zaini?

   Ragazzi, avete preso i _____ zaini?

6. (*io*) colleghi sono molto simpatici.

   I _____ colleghi sono molto simpatici.

7. Scusa, hai visto (*io*) occhiali?

   Scusa, hai visto i _____ occhiali?

4 *Trasforma come nell'esempio.*

1. Il libro di Anna. → _____ *Il suo libro* _____ .

2. La macchina di Antonio.

   _____ .

3. La macchina di Laura.

   _____ .

4. I documenti di Luigi.

   _____ .

5. Le scarpe di Roberto.

   _____ .

6. Le vacanze di Monica e Paolo.

   _____ .

7. I biglietti di Piero.

   _____ .

8. L'insegnante dei ragazzi.

   _____ .

9. Gli amici di Giulia.

   _____ .

10. Le amiche di Giulia e Rita.

    _____ .

GLI AGGETTIVI POSSESSIVI CON I NOMI DI FAMIGLIA

5 _Sottolinea_ l'**opzione** _corretta._

1. **Miei / I miei** nonni abitano vicino a casa mia.

2. Stasera **mia / la mia** sorella va in pizzeria con **le sue / sue** amiche.

3. Ieri ho visto Vera con **sua / la sua** zia e **suo / il suo** cane Birillo.

4. Sono andato in vacanza con **miei / i miei** amici e **loro / le loro** fidanzate.

5. Sonia e **suo / il suo** ragazzo stanno insieme da sei mesi.

6. Dov'è **tua / la tua** madre? Vorrei parlare con lei.

7. Quanti anni ha **vostro / il vostro** cugino?

8. Domani sera viene a cena Fabrizio con **sua / la sua** moglie.

9. Gloria e Saverio hanno detto che **loro / il loro** figlio ha trovato lavoro all'estero.

10. Ma quella nel bar non è **vostra / la vostra** zia?

QUALCOSA in PIÚ

Quando si parla di genitori, è possibile usare solo i possessivi:

Come stanno **i tuoi** (= i tuoi genitori)?
Sono stato in vacanza con **i miei** (= i miei genitori).

6 _Osserva l'albero genealogico di Martina: completa le frasi con i possessivi e scrivi il nome della persona a cui si riferiscono, come nell'esempio._

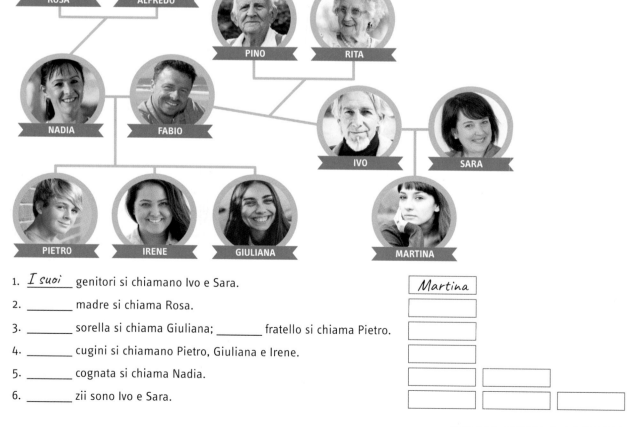

1. _I suoi_ genitori si chiamano Ivo e Sara. [Martina]

2. _____ madre si chiama Rosa. [ ]

3. _____ sorella si chiama Giuliana; _____ fratello si chiama Pietro. [ ]

4. _____ cugini si chiamano Pietro, Giuliana e Irene. [ ]

5. _____ cognata si chiama Nadia. [ ] [ ]

6. _____ zii sono Ivo e Sara. [ ] [ ] [ ]

7 Completa le frasi con l'articolo determinativo solo dove necessario.

1. Sono andata a fare la spesa con ___ mia madre. Abbiamo usato ___ sua macchina, perché quella di ___ mio padre è dal meccanico.
2. Scusate, avete visto ___ mie scarpe?
3. Domani ___ mia amica Stefania fa una festa: perché non venite anche tu e ___ tuo ragazzo?
4. Da molto tempo non vedo ___ tuoi nonni: stanno bene?
5. Facciamo sempre le vacanze con ___ nostri amici Flavio e Vincenza: spesso viene anche ___ loro figlio Antonio.
6. Da due anni, ___ miei zii abitano in un'altra città.

8 Completa le frasi con gli aggettivi possessivi della lista. Attenzione: ci sono due aggettivi in più.

vostro | sua | mio | il tuo | loro
la nostra | tuo | i loro

1. Scusi, professore, dov'è _____ aula?
2. Ti presento _____ fratello Francesco.
3. Scusa, posso prendere _____ libro?
4. Vieni al cinema da sola o viene anche _____ fratello?
5. Ho visto Sara con _____ sorella e ho invitato anche loro alla cena di domani.
6. I ragazzi hanno messo _____ zaini in camera da letto.

RIPASSIAMO

9 Completa le frasi con le preposizioni semplici o articolate e i possessivi.

1. Oggi è l'anniversario di matrimonio (io)_____ genitori.
2. Hai fatto gli auguri a Chiara e (lei)_____ sorelle?
3. Domani è il compleanno (io)_____ nonna.
4. Sara e Ivo festeggiano la laurea _____ figlia Martina.
5. Perché hai fatto gli auguri (io) _____ fratello? Oggi non è il suo compleanno!
6. Irene ha passato il Natale a casa (lei) _____ nonni.

10 Completa il testo con i possessivi con o senza articolo (spazi ____) e con le preposizioni (spazi ____).

Christoph parla con Maurizio di un personaggio storico italiano.

Christoph Maurizio, oggi a lezione l'insegnante ha parlato di Caterina de' Medici: che personaggio interessante!

Maurizio Davvero? Devo dire che non conosco _____ vita...

Christoph Ora ti dico: _____ padre è il famoso Lorenzo de' Medici, il Magnifico! Poco dopo _____ nascita, ___ 1519, muoiono tutti e due _____ genitori e lei cresce con _____ nonna Alfonsina Orsini e con _____ zie.
___ 1523 diventa Papa Clemente V, cugino di _____ nonno e grazie a lui Caterina conosce _____ marito, Enrico II re di Francia. Si sposano dieci anni dopo, ___ 1533.
Caterina è una regina molto importante nella politica di quel periodo: in un'epoca di guerre tra cattolici e protestanti, ha sempre cercato la tolleranza religiosa e la pace. Ma è famosa anche perché tutti _____ figli diventano re di Francia: Francesco II, Carlo IX e Enrico III.

Maurizio Grazie Christoph! Grazie a te, imparo sempre qualcosa anche io!

L'ANGOLO DI ALDO

AGGETTIVI POSSESSIVI

Altre cose utili da sapere sui possessivi e i nomi di famiglia:

1. Con le parole mamma e papà si usa l'articolo:

La mia mamma non sta bene.
Come si chiama **il** tuo papà?

2. L'articolo si usa anche quando insieme al nome c'è un aggettivo o un elemento che aggiunge informazioni:

La mia <u>povera</u> nonna...
Il mio zio <u>di Parigi</u>...

3. A volte con i nomi legati alla famiglia si usano i nomi alterati (che troverai in dettaglio in DIECI A2, lezione 8). Vediamo qui quelli più diffusi:

mammina | nonnina/o | fratellino - sorellina | zietto/a | cuginetto/a

Anche in questi casi, si usa l'articolo:

Amo molto **la** mia <u>nonnina</u>.
Ieri è nato **il** mio <u>fratellino</u>!

ESERCIZIO

a) Abbina le due colonne.

i miei	sorellina
tua	cugino
mio	genitori
la mia	zie
il tuo	fratellino
le nostre	sorella

b) Completa le frasi con i possessivi con o senza articoli o le preposizioni (semplici o articolate), come nell'esempio.

1. In questa foto ci sono (*io*) ___*le mie*___ due zie: dalle loro espressioni, puoi capire che questa a destra è _____ zia simpatica e quella a sinistra è _____ zia antipatica!

2. Finalmente ho conosciuto (*tu*) _____ cugina di Milano! È molto carina!

3. Io sono molto felice della nascita _____ fratellino, ma _____ sorella non molto: lei non ama i bambini piccoli.

4. L'insegnante ha parlato con (*tu*) _____ madre e adesso anche (*io*) _____ mamma sa che ieri non siamo andate a lezione!

5. Perché piangi? Non sei contenta di rimanere con (*tu*) _____ nonnino?

6. Oggi (*io*) _____ nonnina compie 90 anni! Abbiamo organizzato una grande festa, viene anche (*io*) _____ zio francese con _____ figlio.

LA GRAMMATICA DEL BARBIERE

episodio 08

1 Prima di guardare il video, ordina le parole nei ballon e forma le frasi.

andare | mia | devo
all' | perché | aeroporto
arriva | sorella.

_____

da | sorella | non
tua | molto | vedi

Tu _____ tempo?

miei | anni | 49
fratelli | gemelli
hanno | i | sono

_____:_____.

2 Completa il dialogo con gli articoli determinativi dove necessario.

Christoph Scusa, Maurizio, ma io ho imparato che con "_____ mio fratello" non devo usare *il*. Ma tu hai detto "_____ miei fratelli". Perché?

Maurizio È vero, questa è la regola, ma vale solo per il singolare: _____ mio fratello, _____ mia sorella, _____ mia madre... Ma io ho due fratelli, quindi dico "_____ miei fratelli". E dico anche: quello è _____ mio zio Paolo, quello è _____ mio zio Fausto. E quelli sono _____ miei zii.

Christoph Capisco.

Aldo Ma anche al singolare puoi usare l'articolo. Quando usiamo *loro*, per esempio: "questi sono _____ miei zii con _____ loro figlia Anna". (...)

Christoph Ho capito, ma... Che confusione! Allora devo dire: "_____ mia sorella mi aspetta", giusto?

3 Completa le frasi con i possessivi, con o senza articolo.

1. Christoph dice che _____ sorella vive in Inghilterra.

2. Christoph chiede a Maurizio quanti anni hanno _____ fratelli.

3. Maurizio e Christoph parlano spesso con _____ amico Aldo.

4. Christoph oggi deve andare all'aeroporto perché arriva _____ sorella dall'Inghilterra.

5. Aldo legge sempre _____ giornale preferito.

QUALCOSA in PIÚ

Hai capito cosa intende Maurizio quando parla di gemelli?

Gemelli *(femminile:* gemelle*) sono fratelli o sorelle nati dallo stesso parto: spesso sono uguali anche nell'aspetto, o comunque è difficile distinguerli. Per quanto riguarda l'aggettivo possessivo, la parola* gemello / gemella *segue le stesse regole dei nomi di parentela come* fratello, sorella, padre, madre, *ecc.*

I PRONOMI DIRETTI

Completa le frasi con i pronomi diretti.

Usiamo i pronomi diretti per non ripetere un oggetto diretto:
*Mi piace questo vestito, **lo** compro per la festa.*
lo compro = <u>questo vestito</u> (oggetto diretto)

I pronomi diretti vanno prima del verbo:
Compriamo due pizze? ☐ <u>mangiamo</u> *stasera davanti al film.*
● *Conosci Paolo?* ▸ *Sì,* ☐ <u>conosco</u> *molto bene.*

FORME SINGOLARI	FORME PLURALI
mi	ci
ti	vi
lo / la	li / le

Lo, la, li e *le* possono sostituire una cosa o una persona.
Concordano in genere e numero con il nome che sostituiscono:
Bella, <u>questa gonna</u>, ☐ *posso provare?*
Non abbiamo <u>il latte</u>, domani ☐ *compro.*
<u>I miei zii</u> sono americani. Non ☐ *vedo spesso.*

Mi, ti, ci e *vi* sostituiscono sempre una persona.

Mi senti?

Sì, sì, ☐ sento molto bene!

Completa le frasi con i pronomi diretti.

Pronomi diretti e verbi modali
Quando c'è un verbo modale + infinito, il pronome diretto va <u>prima</u> del verbo modale, o <u>dopo</u> l'infinito.
Se va dopo l'infinito, la *-e* dell'infinito cade, e infinito e pronome formano una sola parola:
Se queste scarpe non vanno bene, ☐ *può cambiare. =*
Se queste scarpe non vanno bene, <u>può</u> cambiar ☐ *.*

I COLORI

Completa gli aggettivi con l'ultima lettera.

Alcuni colori sono aggettivi in *-o* (4 forme), alcuni sono aggettivi in *-e* (2 forme) e alcuni sono invariabili (una forma).

AGGETTIVI IN -O	bianco, giallo, rosso, grigio, nero	*il vestito* ne**ro** *la borsa* ner☐ *le gonne* ne**re** *i pantaloni* ner☐
AGGETTIVI IN -E	arancione, verde, marrone	*il vestito* verd**e** *la borsa* verd☐ *le gonne* verd☐ *i pantaloni* verd☐
INVARIABILI	rosa, viola, blu	*il vestito blu la borsa blu le gonne blu i pantaloni blu*

VOLEVO

Per chiedere qualcosa in modo gentile, usiamo *volevo* o *vorrei*:
***Vorrei** un etto di prosciutto. = **Volevo** un etto di prosciutto.*

IL DIMOSTRATIVO QUELLO

Completa la tabella con le forme corrette di *quello*.
Quello funziona come l'articolo determinativo.

	singolare	plurale
maschile	quel formaggio ☐ olio ☐ yogurt	quei dolci ☐ affettati que**gli** spaghetti
femminile	quella pizza ☐ acqua	quelle bistecche ☐ olive

Usiamo *quello* per parlare di persone o oggetti lontani, usiamo *questo* per parlare di persone o oggetti vicini.

L'INTERROGATIVO QUALE

quale + nome singolare (maschile o femminile)

quali + nome plurale (maschile o femminile)

*In **quale** negozio posso comprare un cappello?*
*In **quale** macelleria compri la carne?*
***Quali** formaggi sono in offerta?*
***Quali** scarpe sono in saldo?*

I PRONOMI DIRETTI

1 *Abbina le domande e le risposte. Poi completa le risposte con il pronome diretto.*

1. Amore mio, mi ami? ☐
2. Mangi spesso la carne? ☐
3. Ragazze, ci vedete? Siamo qui! ☐
4. Hai preso i biglietti del treno? ☐
5. Ti piacciono le mie scarpe nuove? ☐
6. Da quanto studi il francese? ☐

a. No, non __ mangio mai.

b. Sì, __ amo tanto!

c. Sono molto eleganti! __ voglio anch'io!

d. __ studio da due anni.

e. No, __ compro stasera online.

f. No, non __ vediamo... Dove siete?

2 *Completa il testo con i pronomi diretti.*

Christoph chiede a Maurizio una ricetta veloce per la pasta.

Maurizio Allora, Christoph, a me piace molto l'insalata di pasta: in estate, per esempio, è perfetta e _____ preparo in poco tempo. Prendo dei pomodori e _____ taglio a pezzi piccoli, molto piccoli. Poi aggiungo un peperone (rosso o giallo) e _____ taglio a strisce sottili. A me piacciono anche molto le olive e _____ aggiungo spesso al condimento. Prendi tutti questi ingredienti e _____ metti in una ciotola.

Christoph E l'olio? Non _____ metti?

Maurizio Certo, ma prima devi preparare la pasta: quando la pasta è cotta, _____ condisci con l'olio di oliva. Poi prendi il condimento, _____ aggiungi alla pasta e mescoli tutto. Se rimane un po' di pasta, _____ puoi mettere in un contenitore e poi in frigo, sempre pronta!

Christoph Benissimo, grazie! Per questa insalata di pasta vanno bene anche gli spaghetti?

Maurizio Di solito, noi italiani usiamo la pasta corta: gli spaghetti _____ mangiamo caldi, con un buon sugo!

3 *Trasforma le frasi, come nell'esempio. Attenzione: in alcuni casi il pronome va prima del verbo modale e in altri casi dopo l'infinito.*

1. Mi piace il formaggio, ma non posso mangiarlo.
   Mi piace il formaggio, *ma non lo posso mangiare* .

2. Le mele sono finite, le devo comprare.
   Le mele sono finite, _____.

3. Il video non funziona: posso sentirti, ma non posso vederti.
   Il video non funziona: _____ _____.

4. Papà, i compiti sono difficili: mi puoi aiutare?
   Papà, i compiti sono difficili: _____?

5. Il mio cane è malato: devo portarlo dal veterinario.
   Il mio cane è malato: _____ dal veterinario.

6. Professore, ci può interrogare domani?
   Professore _____ domani?

7. Questo libro è molto bello, lo devi leggere!
   Questo libro è molto bello. _____!

8. Posso chiamarti domani?
   _____?

4 *Completa le frasi come nell'esempio.*

1. Hai comprato la marmellata? (*dovere*)

   No, *devo comprarla / la devo comprare* .

2. Hai prenotato il tavolo al ristorante? (*dovere*)

   No, _____ .

3. Hai visto l'ultimo film di Sorrentino? (*volere*)

   No, ma _____ .

4. Mangi un po' di prosciutto? (*potere*)

   No, non _____ .

5. Queste scarpe mi piacciono. Le compro. Tu? (*volere*)

   Sì, anche io _____ .

6. Ho scritto una canzone. La vuoi ascoltare? (*volere*)

   Sì, _____ .

5 *Completa il testo con i pronomi diretti.*

Ciao Sergio,

come stai? ____ scrivo solo oggi perché prima non ho avuto tempo. Come sai, vivo in Italia da qualche mese e devo dire che sto molto bene. Mi piace Roma, anche se ancora non ____ conosco bene, ma è una città molto bella. Io amo molto le piazze, come per esempio piazza di Spagna: ____ attraverso ogni giorno per andare a lezione di italiano. E poi mi piacciono le chiese, i monumenti antichi e soprattutto i musei, ma sono tantissimi ed è impossibile veder____ tutti!
Tu stai bene? E Olivia? Quando venite a trovar____? La mia casa non è grande, ma ____ posso invitare a cena, ho anche imparato una ricetta interessante dal mio barbiere! Sì, un barbiere molto speciale, ____ conosco da un po' e parliamo spesso, soprattutto della grammatica italiana: quando ho qualche dubbio lui ____ spiega bene le regole, ____ conosce tutte molto bene! È davvero un amico prezioso!

ROMA – PIAZZA DI SPAGNA

I COLORI

6 *Completa le frasi con i colori alla forma giusta.*

1. Puoi comprare le mele (*verde*) _____?

2. Preferisci le scarpe (*grigio*) _____ o (*viola*) _____?

3. Non puoi comprare una Ferrari (*nero*) _____.

   Una Ferrari deve essere (*rosso*) _____!

4. Hai visto i capelli di Nadia? Sono (*viola*)_____!

5. Questo abito (*blu*) _____ è molto elegante, ma io

   preferisco i colori chiari...

6. Conosci l'espressione "guardare il mondo con gli

   occhiali (*rosa*) _____"? Significa: affrontare la vita

   con ottimismo.

IL DIMOSTRATIVO QUELLO

7 *Completa le frasi con la forma corretta di* quello.

1. _____ città è molto lontana.

2. Vorrei provare _____ stivali in vetrina.

3. Quanto costa _____ libro?

4. Vorrei vivere su _____ isola!

5. Ti piacciono _____ pantaloni rossi?

6. Forse _____ yogurt è scaduto.

7. _____ animali sono pericolosi.

QUALCOSA in PIÚ

*L'aggettivo **marrone** può essere sia variabile sia invariabile:*

Voglio queste scarpe <u>marroni</u>. = Voglio queste scarpe <u>marrone</u>.

I COLORI – IL DIMOSTRATIVO QUELLO

8 Completa i dialoghi con la forma corretta di quello e l'ultima lettera dei colori.

1. ▶ Ti piace _____ vestito arancion_?
   - No, non mi piace molto. Preferisco _____ giacca viol_.

2. ▶ Buongiorno. Posso provare _____ abito grigi_?
   - Certo, signore. Perché non prova anche _____ camicia bianc_? È in offerta speciale!

3. ▶ Sono entrata in _____ stupendo negozio di via del Babuino per comprare una borsa ner_, ma poi ho visto _____ scarpe verd_ e non ho resistito!
   - Sì, ti capisco! Io ci ho comprato _____ stivali arancion_.

4. ▶ Dove hai comprato _____ vino ross_ che abbiamo bevuto ieri sera a casa tua?
   - Non lo so: mio fratello mi ha regalato _____ bottiglia due mesi fa.

5. ▶ Chi ti ha regalato _____ fiori giall_?
   - Sono un regalo di Hans, _____ studente tedesco con i capelli ross_.

L'INTERROGATIVO QUALE

9 Completa le frasi con la forma corretta dell'interrogativo quale.

1. _____ Paesi stranieri hai visitato?
2. _____ lingue parli?
3. In _____ città sei nato?
4. _____ libro di Elena Ferrante preferisci?
5. In _____ ristorante hai prenotato il tavolo?
6. _____ sport di squadra ti piace?
7. Con _____ amici sei uscito ieri sera?
8. _____ piatto italiano preferisci?

I PRONOMI DIRETTI – L'INTERROGATIVO QUALE

10 Completa gli spazi ___ con i pronomi diretti (quando necessario) e gli spazi ▨▨▨ con le forme dell'interrogativo quale.

Il colore preferito dagli italiani? Non è il rosso

Tutti amano il blu

▨▨▨ colore preferiscono gli italiani? Secondo l'antropologo Michel Pastoureau, il colore preferito dagli italiani, e dagli europei in generale, è il blu. Il mare, il cielo, la serenità: il blu ricorda a tutti queste tre cose, e per questo piace molto.

Bianco per la casa

Una ricerca inglese ha provato a capire anche ▨▨▨ colori preferiscono gli italiani per le pareti della casa. Otto italiani su dieci ___ preferiscono bianche, forse perché il bianco ricorda l'aria che respiriamo, o la tranquillità e il benessere. Ad ogni modo non ci sono dubbi sul bianco: quasi tutti ___ vogliono per l'interno delle loro case.

Grigio per la macchina

Per quanto riguarda la macchina? Quasi tutti gli italiani ___ comprano

grigia. Questo colore è anche un colore pratico, perché se ci sono graffi sull'automobile, il colore grigio ___ copre molto bene.

I colori della moda

In ▨▨▨ stagione gli italiani si vestono di nero? Di solito, è l'inverno, quando indossiamo abiti pesanti e, secondo una ricerca danese, ___ scegliamo scuri: marrone, nero, blu. Sempre secondo questa ricerca, gli italiani preferiscono il nero e il blu, mentre i popoli del Nord Europa amano i colori caldi: il rosso, il giallo, l'arancione.

In estate, però, indossiamo magliette e camicie leggere e spesso ___ vogliamo di colori vivaci. Continuiamo però a preferire i colori freddi anche... con il caldo!

L'ANGOLO DI ALDO

Abbiamo visto che con i verbi potere, volere *e* dovere *i pronomi diretti possono andare prima o dopo l'infinito.*

È un libro interessante, <u>devi</u> leggere**lo**. / **lo** <u>devi</u> leggere.

La stessa cosa succede anche con i verbi sapere, cominciare a, finire di, riuscire a.

Questo esercizio è troppo difficile, non **lo** <u>so</u> fare / non <u>so</u> far**lo**.

ESERCIZIO

Completa le frasi con i pronomi diretti e trasformale nella forma alternativa.

1. ▸ Hai letto l'ultimo libro di Elena Ferrante?
   • No, comincio a legger___ domani. /
     No, _____.

2. ▸ Riesci a vedere Carla? Dev'essere in questa piazza.
   • No, non ___ riesco a vedere. /
     No, non _____.

3. Hai visto il film che ti ho consigliato?
   • No, finisco di veder___ stasera. /
     No, _____.

4. Scusa, non capisco questa frase in tedesco. Mi puoi aiutare?
   • Mi dispiace, non ___ so tradurre. /
     Mi dispiace, _____.

5. Hai trovato il portafoglio?
   • No, non riesco a trovar___. /
     No, non _____.

RIPASSIAMO

11 <u>Sottolinea</u> l'**opzione** *corretta.*

1. ▸ Posso vedere **quegli / quei** occhiali **verde / verdi** in vetrina?
   • **Qual / Quale** preferisce, il modello sportivo o classico?

2. ▸ Kevin, hai letto questo libro?
   • No, però **la / lo** voglio leggere. È bello, vero?
   ▸ Sì, è molto interessante. E **gli / ti** consiglio anche questo: è un romanzo **gialli / giallo**.
   • Cosa significa, scusa?
   ▸ In italiano, i libri e i film **gialli / giallo** sono i thriller.
   • Ah, interessante. E c'è un colore anche per i romanzi d'amore?
   ▸ Certo! **Li / Le** chiamiamo romanzi **rosa / rose**.
   • Che cosa curiosa! Avete anche i libri **verde / verdi**?
   ▸ Ahahah, no, quelli non esistono. Ma **lo / li** possiamo inventare noi!

3. ▸ Che belle **quelle / quel** scarpe **rosse / viole**!
   • Io preferisco **quei / quegli** stivali **blu / nero**.

4. ▸ Volevo due etti di **quel / quello** prosciutto crudo in offerta, grazie.
   • Certo, signore lo abbiamo dolce o stagionato: **qual / quale** preferisce?

5. ▸ Ciao Paolo, dove vai con questo bel mazzo di rose **rossa / rosse**?
   • Ho un appuntamento con una persona.
   ▸ Ah! **Lo / La** conosco?
   • No, non credo.
   ▸ Ah, ok. Beh, non **ti / la** chiedo altro.
   • Ma no, figurati. Si chiama Laura, **le / la** conosco dai tempi dell'università, e ora lavoriamo nello stesso ufficio. Ah, arriva: vedi? È quella donna con i pantaloni **grigi / grigio**.
   ▸ Sì, **le / la** vedo: ha un bel sorriso ed è molto carina. Buona fortuna!

LA GRAMMATICA DEL BARBIERE

episodio 09

1 *Prima di guardare il video, completa la tabella. Poi guarda il video e verifica.*

nome	pronome diretto
il giornale	_____ leggo
la sedia	_____ vedo
Maurizio e Aldo	_____ vedo
Maurizio e sua moglie	_____ conosco

2 *Rimetti in ordine il dialogo tra Maurizio e Christoph e completalo con i pronomi diretti.*

CHRISTOPH		MAURIZIO	
1	Ieri ho imparato i pronomi diretti: il giornale... __ leggo; la sedia... __ vedo, __ prendo.	Sì.	**4**
	Esatto! Una lingua maschilista.	Maschilista?	
3	Non capisco: Io posso dire: Maurizio e Aldo? Io __ vedo tutti i giorni...	Rispondi: Sì, __ conosco.	
	Sì, ma __ è maschile, e tua moglie è una donna.	Sì, certo.	**2**
	Capisco. L'italiano è una lingua un po'... maschi...	Sì, è vero. Hai ragione!	
	Ma se tu sei con tua moglie, come rispondo alla domanda: Conosci Maurizio e sua moglie?	Quando c'è un uomo e una donna, o una parola maschile e una femminile, usiamo sempre il pronome __.	

QUALCOSA in PIÚ ➕

Usiamo il pronome diretto **lo** *quando ci riferiamo a un'intera frase:*

▸ Sai <u>a che ora viene Francesca</u>?

• No, non <u>lo</u> so.

3 *Completa i dialoghi con i pronomi diretti.*

1. ▸ Christoph incontra spesso Aldo e Maurizio?
   • Sì, ___ vede tutti i giorni.
2. ▸ Quando apre il suo negozio Maurizio?
   • ___ apre ogni giorno alle nove.
3. ▸ Perché Maurizio ha comprato un giornale e una rivista?
   • Per legger___ dopo il lavoro.
4. ▸ Maurizio fa la barba a Christoph o ad Aldo?
   • ___ fa solo a Christoph.
5. ▸ Dove mette Maurizio le forbici e il suo pennello da barba?
   • ___ mette sempre vicino al lavandino.

4 *Nelle due frasi ci sono degli errori. Trovali e scrivi la forma corretta.*

Ciao Christoph, come vai?

_____

Ciao Maurizio! Oggi non ho molto tempo, sono venuto di fare una domanda di grammatica.

_____

Bene, sono finito le mie domande... Ci vediamo domani?

_____

PROFESSIONI

Completa i nomi con la lettera finale.
Nomi in -o: commesso, impiegato, operaio, segretario, gelataio, artigiano, cuoco.

	singolare	plurale
maschile	commesso	commess☐
femminile	commess☐	commess☐

Nomi in -ista: musicista, tassista, barista, giornalista, farmacista, dentista.

	singolare	plurale
maschile	farmacista	farmacisti
femminile	farmacista	farmacist☐

Nomi in -tore: traduttore, scrittore, attore, imprenditore, programmatore.

	singolare	plurale
maschile	programmatore	programma☐
femminile	programmatrice	programma☐

Nomi in -iere: cameriere, giardiniere, infermiere.

	singolare	plurale
maschile	giardinier☐	giardinieri
femminile	giardiniera	giardinier☐

Nomi in -ante: cantante, insegnante.

	singolare	plurale
maschile	insegnante	insegnanti
femminile	insegnante	insegnant☐

Nomi irregolari
Il femminile di studente è studentessa.
Il femminile di dottore è dottoressa;
usiamo il sinonimo medico quasi sempre al maschile, anche con una donna:
Il mio **medico** di famiglia è Lorella Rialti.

L'IMPERFETTO DEL VERBO ESSERE

Completa l'imperfetto del verbo essere.

io	ero
tu	☐
lui / lei / Lei	era
noi	☐
voi	☐
loro	erano

Usiamo l'imperfetto per fare descrizioni al passato:

Mio nonno **era** sempre stanco dopo il lavoro.

Anni fa **ero** molto timida con i colleghi.

PLURALI IRREGOLARI

Alcune parti del corpo hanno il plurale irregolare.
Il nome al plurale a volte cambia anche genere.

singolare	plurale
la mano (f.)	le mani (f.)
il ginocchio (m.)	le ginocchia (f.)
l'orecchio (m.)	le orecchie (f.)
il braccio (m.)	le braccia (f.)

L'IMPERATIVO INFORMALE (TU)

Completa l'imperativo informale con le forme mancanti.
Usiamo l'imperativo per dare ordini, istruzioni o consigli:
Per stare bene, **dormi** sette o otto ore a notte.
Torna a casa presto!

guardare	rimanere	aprire	finire
guarda	☐	☐	finisci

Verbi irregolari

essere	avere	dire
sii	abbi	di'

Alcuni verbi hanno due forme:

andare	dare	stare	fare
☐ / vai	da' / dai	sta' / stai	☐ / fai

L'imperativo negativo (tu)
Formiamo l'imperativo negativo (tu) con non + infinito:
Non guardare sempre il cellulare.
Non essere timido!
Non aprire la finestra, per favore.

PREPOSIZIONI

cominciare + a, continuare + a, finire + di
Lucilla ha cominciato **a** lavorare molto giovane.
Ho preso un farmaco, ma continuo **a** avere mal di stomaco.
Finisci **di** lavorare tardi?

da
• per esprimere la durata:
Ho mal di stomaco **da** lunedì. (= lunedì ho cominciato a avere mal di stomaco e sto ancora male)
Conosco Laurent **da** tre anni. (= ho incontrato Laurent tre anni fa e siamo ancora amici)
• per indicare dove vado, se è una persona:
Devi andare **dal** medico.
Ceni **da** Matteo stasera?

PROFESSIONI

1 *Completa la tabella con le forme mancanti.*

	singolare	plurale
maschile	barist_	barist_
femminile	barista	barist_
maschile	attore	att___
femminile	att__	att___
maschile	infermier_	infermier_
femminile	infermiera	infermier_
maschile	dottore	dott____
femminile	dott___	dott____
maschile	segretario	segretar_
femminile	segretari_	segretari_
maschile	cantante	cantant_
femminile	cantant_	cantant_
maschile	camerier_	camerier_
femminile	camerier_	camerier_
maschile	dentist_	dentist_
femminile	dentist_	dentist_

2 *Completa i nomi delle professioni con le lettere mancanti. Attenzione: in alcuni casi devi aggiungere più di una lettera!*

1. Da qualche tempo, i grandi tornei di tennis femminili hanno lo stesso premio in denaro di quelli maschili: i tennist____ e le tennist____ guadagnano la stessa cifra.

2. Mia madre è la dirett____ della scuola dove un tempo è stata student____.

3. Il professor Binetti è un insegnant____ molto preparato. Anche sua moglie è una profess____, insegna a Padova.

4. La prima tassist____ donna d'Italia è stata Albertina Corleoni. Ha cominciato a guidare il taxi nel 1936.

5. Nella famiglia di Antonio sono tutti inferm____: il padre è inferm____, la madre è inferm____, e anche la sorella fa lo stesso lavoro!

6. I sindacati hanno riunito gli opera____ e le opera____ della fabbrica per discutere questioni molto urgenti.

L'IMPERFETTO DEL VERBO ESSERE

3 *Completa il dialogo con le forme del verbo essere all'imperfetto (11 volte) o al presente (1 volta).*

Maurizio e Christoph parlano della loro infanzia.

Christoph Maurizio, tu da bambino _____ timido?

Maurizio Io? No, Christoph, al contrario: _____ molto socievole! E tu?

Christoph Io sì, _____ timido e sempre un po' insicuro. Mia sorella invece _____ come te: socievole e vivace.

Maurizio Giusto, hai una sorella. Quando _____ piccoli, avete avuto mai problemi?

Christoph Beh, mia sorella ha sei anni più di me, quindi quando io _____ un bambino, lei _____ una ragazza... Poi noi _____ persone molto diverse e anche quando _____ piccoli non abbiamo mai avuto molte cose in comune... E tu? Come _____ i tuoi fratelli con te, da bambini?

Maurizio Loro? Ah, _____ terribili! Una volta mi hanno chiuso dentro l'armadio e poi sono usciti di casa! Sono rimasto dentro l'armadio per tutto il pomeriggio!

PLURALI IRREGOLARI

4 *Completa il cruciverba con i nomi delle parti del corpo.*

ORIZZONTALI →
4. Plurale di ginocchio: le...
5. Plurale di mano: le...
6. Un dente, molti...
7. Un piede, due...

VERTICALI ↓
1. Un occhio, due...
2. Plurale di orecchio: le...
3. Un braccio, due...
4. Una gamba, due...

L'IMPERATIVO INFORMALE (TU)

5 <u>*Sottolinea*</u> *l'**opzione** corretta.*

Vacanze e relax: la guida per viaggiare senza stress

Vuoi passare una vacanza di vero relax?
Prepari / Prepara le valigie e **vai / va** nella località che più preferisci, ma **segui / segue** questi consigli:

- una volta al giorno, **ascolti / ascolta** musica rilassante
- **spegne / spegni** lo smartphone almeno qualche ora al giorno e non **leggi / leggere** mai la posta di lavoro!
- **vivi / viva** ogni momento della vacanza con consapevolezza e curiosità: **dimentichi / dimentica** la città, i ritmi di lavoro, l'ufficio!
- **fa'/ fare** passeggiate la mattina presto o nel tardo pomeriggio, quando l'aria è fresca e c'è più tranquillità.
- **usa / usi** il tempo che hai a disposizione per parlare di più con la tua compagna o il tuo compagno, moglie o marito, i tuoi figli: **dedichi / dedica** più tempo alla famiglia!
- se non puoi viaggiare, non **essere / sii** triste! **Guarda / Guardi** con nuovi occhi il posto dove vivi: **cerca / cerchi** vie o luoghi che non conosci e **visita / visiti** la tua città come un turista! Sicuramente ci sono musei, monumenti, palazzi che non hai mai visitato!

6 Abbina le frasi per formare dialoghi. Poi completa i consigli con i verbi della lista, come nell'esempio.

telefona | va' | non leggere | sta' | prendi
chiama | non stare | parla | non mangiare
~~rimani~~ | prendi

1. Mi fa male la schiena! [e]

2. Ho problemi agli occhi. [ ]

3. Ho sonno. [ ]

4. Ho la febbre e mal di gola. [ ]

5. Ho mal di denti! [ ]

6. Mi fanno male le orecchie! [ ]

a. _____ a dormire!

b. _____ un'aspirina e _____ a casa per qualche giorno.

c. _____ all'otorino e _____ un appuntamento!

d. _____ davanti a uno schermo e _____ per un po'.

e. *Rimani* a riposo e _____ con l'ortopedico!

f. _____ cibo solido e _____ il tuo dentista!

7 Completa le frasi con l'imperativo dei verbi.

1. Mauro, (*dire - a me*) _____ la verità: hai usato tu l'auto nuova di mamma!

2. Allora, Stefano, (*stare*) _____ attento: (*osservare*) _____ bene e (*fare*) _____ come me!

3. Arianna, prima di uscire, (*finire*) _____ gli esercizi!

4. Per favore, (*tu - leggere*) _____ cosa c'è scritto in questo foglio, senza occhiali non vedo niente.

5. Carlo, (*stare*) _____ tranquillo un minuto e non (*fare*) _____ rumore!

QUALCOSA in PIÚ

Quando vogliamo dare un ordine o un'istruzione generica, cioè rivolta a tutti, al posto dell'imperativo possiamo usare il semplice infinito. Questo succede soprattutto negli avvisi pubblici, nelle istruzioni o nelle etichette dei prodotti.

Esempio:
Telefonare al numero xxxxxx dalle 16 alle 18.
Lavare a 40 gradi.

PREPOSIZIONI

8 Completa le frasi con le preposizioni.

1. Di solito Teresa inizia __ studiare alle 8, dopo la colazione.

2. Oggi finisco __ lavorare presto, ho un appuntamento con il dentista alle quattro.

3. Signora, deve continuare __ prendere queste medicine ancora una settimana.

4. Ho cominciato __ soffrire di mal di testa quando ero al liceo.

5. Ragazzi, avete finito __ mangiare? Bene, allora cominciate __ fare i compiti!

6. I miei vicini hanno continuato __ fare rumore fino a mezzanotte.

9 Sottolinea le **preposizioni** corrette.

1. Quando finisco **di / a** lavorare, vado a cena **dai / da** Luisa e Marcello.

2. Non mangio carne **da / fa** dieci anni.

3. Mia madre ha iniziato **di / a** sentirsi sola **da / a** quando è morto il suo gatto.

4. Ho conosciuto Dario **a / da** 15 anni, eravamo al liceo...!

5. Se continui **a / di** avere questi sintomi, perché non vai **dal / al** dottore?

L'ANGOLO DI ALDO

In italiano ci sono nomi di professioni in -a che al singolare maschile e femminile sono uguali e cambiano solo l'articolo. Invece al plurale hanno le due forme.

	maschile	femminile
singolare	il pilota	la pilota
plurale	i piloti	le pilote
singolare	l'atleta	l'atleta
plurale	gli atleti	le atlete
singolare	il pediatra*	la pediatra
plurale	i pediatri	le pediatre

* è così per tutte le parole in -iatra (cioè professioni legate alla medicina)

ESERCIZIO

a) Completa con l'articolo determinativo singolare o plurale e le ultime lettere delle parole.

___ atlet___.

___ pediatr___.

___ pilot___.

b) *Completa le frasi con gli articoli e le ultime lettere dei nomi di professione.*

1. Il padre di Katia fa _ pilot_ di aereo.
2. Durante la cerimonia, il Presidente della Repubblica ha premiato __ atlet_ Marta Bassino e Benedetta Pilato.
3. _ nostro pediatr_ è molto bravo, vuoi il suo numero di telefono?
4. Maria Teresa De Filippis è stata _ prima pilot_ italiana di Formula 1, nel 1958.
5. Monica si laurea in medicina domani, ma la sua è una famiglia di medici: suo padre è psichiatr_ e sua madre è pediatr_.

RIPASSIAMO

10 Completa le frasi con la lettera finale dei nomi di professione, con l'imperativo dei verbi e con i plurali irregolari (spazi _____) delle parole nella lista.

mano | ginocchio | braccio | orecchio

1. Enrica, (*essere*) _____ gentile con tua nonna! Oggi le fanno male le _____. Quando puoi, (*andare*) _____ in farmacia e chiedi al farmacist_ un antidolorifico.
2. Mamma, non (*andare*) _____ via! Voglio restare tra le tue _____.
3. Non (*dire*) _____ che non senti quando parlo! Se non togli le cuffie dalle _____, come puoi ascoltare le mie parole?
4. Perché resti in silenzio? (*Dire*) _____ qualcosa!
5. Non (*avere*) _____ paura del dentist_: è molto bravo!
6. Piero, (*avere*) _____ pazienza, ho solo due _____, non posso fare tre cose in una volta!

LA GRAMMATICA DEL BARBIERE

episodio 10

1 Prima di guardare il video, completa la tabella con i verbi della lista.

ascoltare | partire | prendere | scrivere | mangiare dormire | scusare | leggere | guardare

IMPERATIVO IN -*a*	IMPERATIVO IN -*i*

2 Completa il dialogo con i verbi della lista.

guarda | ascolti | scrivi | guardare | sii ascolta | devi | abbi | scrivi | avere | ascolto

Christoph   Buongiorno!

Maurizio   Ciao, Christoph! Come va?

Christoph   Bene! Maurizio, ascolta!

Maurizio   Sì, ti _____ ...

Christoph   Ieri ho imparato l'imperativo! Allora, tu adesso _____ ... Ma io dico: _____! Perché tu _____ ascoltare!

Maurizio   Sì, certo.

Christoph   E anche: guarda! Ma: scrivi! Prendi! Dormi! È come quando dici: "Tu _____ una mail; tu dormi molto".

Maurizio   Sì, è vero! Guardare, _____; mangiare: mangia. Scusare: scusa! Tutti verbi in -*are*. Ma scrivere: _____! Leggere: leggi! Dormire: dormi! Partire: parti! Tutti i verbi in -*ere* e in -*ire* non cambiano...

Christoph   Che strano, vero? Ma se voglio usare *non*, come funziona?

Maurizio   Ah, facile: usi il *non* più l'infinito!

Christoph   Che cosa? Non _____ ...? Non scrivere? Non partire?

Maurizio   Esatto!

Christoph   È facile, questo! Bene!

Aldo   E l'imperativo di *essere* e _____? Sai qual è?

Maurizio   Aldo, _____ buono, Christoph ha imparato l'imperativo solo oggi!

Christoph   Sì, per favore: _____ pazienza, devo ancora imparare bene la vostra grammatica!

QUALCOSA in PIÚ

In italiano ci sono imperativi che non hanno un significato letterale (= devi fare questa cosa). Qualche esempio?

Guarda, se vuoi la mia opinione...
Senti, hai visto i miei occhiali?
Ascolta, ho mal di testa...

In questo caso, l'uso di guarda / senti / ascolta *è un modo per attirare l'attenzione su quanto stiamo dicendo.*

Un altro imperativo molto frequente nella lingua parlata è dai, *usato per incoraggiare, incitare.*

Dai, non essere triste! È solo un momento difficile!
Dai! Dai! Così! Sì! Abbiamo vinto!

A1 TEST

1 *Completa le frasi del dialogo.*

▶ Come ti chiami?

● Fabio.

▶ _____ dove sei?

● Sono _____ Matera.

▶ _____ anni _____?

● 27.

▶ _____ lavoro _____?

● _____ il cameriere e studio.

▶ Ah, e cosa _____?

● Architettura.

> **OGNI OPZIONE CORRETTA: ½ PUNTO** ___ / 4

2 *Sottolinea l'opzione corretta.*

1. **Gli amici / I amici / L'amiche** di Franz oggi non sono in classe perché non **sta / stanno / stiamo** bene.

2. **Gli / L' / Le** amiche di Marta **bevete / bevono / beviamo** solo acqua naturale.

3. Sara non mangia **il carne rosse / la carne rosso / la carne rossa**.

4. Io prendo **i / l' / lo** hamburgher con **gli uovi / la uova / le uova**.

5. Andrea, tu che cosa **voglio / vuoi / vuole** a colazione: **il / l' / lo** yogurt o **la / il / lo** latte?

> **OGNI OPZIONE CORRETTA: 1 PUNTO** ___ / 10

3 *Completa le frasi con il presente dei verbi tra parentesi (spazi _____) e con la lettera finale delle parole (spazi ___).*

1. Noi (*venire*) _____ in questo albergo ogni anno: le camer___ sono grand___ e i lett___ sono comod___.

2. Tu (*preferire*) _____ la cucin___ italian___ o internazional___?

3. Quest'estate Sandro e Mara (*andare*) _____ in vacanza nelle isol___ grech___.

4. Io (*scegliere*) _____ solo ristoranti con le recension___ eccellent___.

> **OGNI OPZIONE CORRETTA: 1 PUNTO** ___ / 15

4 *Sottolinea l'opzione corretta.*

1. **Dentro / In** la scatola **c'è / è** un regalo.

2. **In / Di** fronte all'università **c'è / ci sono** sempre **molto / molte** biciclette.

3. Lucia abita **lontano / accanto** dall'ufficio e deve andare al lavoro **con / in** macchina, perché vicino a casa sua non **ci sono / c'è** fermate dell'autobus o della metro.

4. Cosa **c'è / è** al **nonno / nono** piano di questo palazzo?

> **OGNI OPZIONE CORRETTA: 1 PUNTO** ___ / 10

5 *Completa le frasi con il presente di dire e sapere (spazi ____) e i numeri ordinali (spazi ___)*

1. (*Voi - Sapere*) _____ che questa è la [1ª] _____ volta che vado a sciare?

2. Perché (*tu - dire*) _____ che sabato è il [5°] _____ giorno della settimana? È il [6°] _____!

3. Loro (*dire*) _____ di sapere tutto, ma in realtà non (*sapere*) _____ niente.

> **OGNI OPZIONE CORRETTA: 1 PUNTO** ___ / 7

ALMA Edizioni | DIECI lezioni di GRAMMATICA

6 *Completa le frasi con i **verbi** al presente.*

1. Lucio **si sveglia** sempre alle 7; io _____ alle 9.

2. Io **mi metto** sempre il cappello, loro _____ solo la sciarpa.

3. A voi **piace** il risotto, a noi _____ le tagliatelle.

4. Io **mi vesto** in modo sportivo, tu _____ elegante.

5. A loro **piace** la spiaggia, ma non vogliono mai fare il bagno: invece a me _____ nuotare.

OGNI OPZIONE CORRETTA: 2 PUNTI	__ / 10

7 *Completa le parti mancanti delle frasi.*

1. _____ mercoledì Luca esc__ dall'ufficio _____ quattro di pomeriggio.

2. La settimana prima di un esame, io _____ esc__ mai la sera.

3. Simona è una persona calma, _____ arrabbi__ molto rar_____.

4. Pietro vive da sei mesi a New York e _____ manc__ molto i suoi amici in Italia.

OGNI COMPLETAMENTO CORRETTO: 1 PUNTO	__ / 10

8 *Completa il testo con i verbi della lista al passato prossimo. I verbi non sono in ordine.*

partecipare | perdere | nascere | uscire | diventare
dimostrare | avere | cominciare | riprendere | vincere

Bebe Vio, una vita da campionessa

Bebe Vio (1) _____ a Venezia il 4 marzo 1997 e (2) _____ a praticare sport (soprattutto scherma) all'età di cinque anni. A 11 anni, a causa di una meningite, Bebe (3) _____ braccia e gambe. Dopo 104 giorni di ricovero (4) _____ dall'ospedale. Grazie alla sua forza di volontà (5) _____ la sua attività sportiva e (6) _____ un esempio per tanti giovani che, come lei, (7) _____ incidenti molto seri. (8) _____ a campionati del mondo di scherma, ai campionati europei e alle Paralimpiadi e (9) _____ numerose medaglie, individuali e a squadre.
Bebe è un grande esempio per tutti, non solo per gli sportivi: (10) _____ e dimostra ogni giorno che con la volontà, lo spirito positivo e la voglia di vivere possiamo diventare tutti dei campioni!

OGNI OPZIONE CORRETTA: 1 PUNTO	__ / 10

9 _Sottolinea l'**opzione** corretta._

Maurizio riceve una mail dal suo amico Pietro, che ha un B&B in campagna.

> Caro Maurizio, come va?
>
> Qui tutto bene: ieri è arrivata nel **nostri / nostro / nostra** B&B la famiglia Pani: il signor Pani è un web designer e ha 48 anni, **sua / suo / la sua** moglie si chiama Pamela ed è **un giornalista / una giornalista / giornaliste**. Hanno tre figli ma solo due sono venuti in vacanza con loro: Iacopo e Silvia. Iacopo ha 21 anni e studia all'università, **sua / la sua / loro** sorella ha 18 anni e deve finire il liceo. **Il loro / Loro / Un loro** fratello Vincenzo ha 12 anni ed è rimasto a casa con i nonni.
>
> Un'ultima cosa: i signori Pani hanno portato anche **loro / il loro / il suo** cane Amadeus, un grosso cane nero molto rumoroso: l'appartamento della famiglia Pani è davanti **alla / nella / sulla** nostra casa, e sentiamo **a noi / mai / spesso** il cane abbaiare e piangere...

OGNI OPZIONE CORRETTA: 1 PUNTO	___ / 8

10 _Completa le parti mancanti del dialogo._

Al negozio di abbigliamento

▶ Buongiorno, Signore, _____ posso aiutare?

• Sì, cerco una camicia. Taglia 42.

▶ Certo, di che colore?

• Mah, _____ vorrei o bianc__ o bl__.

▶ Benissimo. Ha bisogno anche di un paio di pantaloni? Que_____ pantaloni in vetrina sono in offerta.

• Sì, perché no... Però _____ voglio sportivi, non classici.

▶ Bene. Qual__ colore preferisce, per i pantaloni?

• Se ci sono, _____ prendo ner__ o viol__.

OGNI OPZIONE CORRETTA: 1 PUNTO	___ / 10

11 _Completa le frasi con l'imperativo INFORMALE (TU) dei verbi della lista._

mangiare | andare | scegliere
essere | sprecare | fare

6 consigli per salvare il pianeta

▶ Quando ti devi muovere, _____ a piedi, in bicicletta o con i mezzi pubblici;

▶ Non _____ energia elettrica;

▶ _____ meno carne e pesce;

▶ _____ economia in casa (riscaldamento più basso in inverno, meno aria condizionata in estate);

▶ Quando fai la spesa, _____ prodotti biologici e naturali;

▶ _____ sempre una persona responsabile e rispettosa della natura.

OGNI OPZIONE CORRETTA: 1 PUNTO	___ / 6

TOTALE OPZIONI CORRETTE:	___ / 100

LIVELLO A2

IL SUPERLATIVO ASSOLUTO

Completa la tabella con i superlativi della lista.

pessimo | minimo | ottimo | massimo

Per aumentare il valore di un aggettivo, possiamo usare *molto* prima dell'aggettivo o *-issimo/a* alla fine dell'aggettivo.
*un cantante **molto bravo** → brav**issimo***
*una donna **molto felice** → felic**issima***

Agli aggettivi che finiscono in *-co/-go* di solito dobbiamo aggiungere anche la lettera *h*:
*stanca → stan**ch**issima, lungo → lun**gh**issimo*
Eccezioni: *simpaticissimo, antipaticissimo*.

Forme irregolari
Alcuni aggettivi hanno due forme di superlativo assoluto, una regolare e una irregolare.

AGGETTIVO	SUPERLATIVO REGOLARE	SUPERLATIVO IRREGOLARE
buono	buonissimo	
cattivo	cattivissimo	
grande	grandissimo	
piccolo	piccolissimo	

*Questo gelato è **ottimo**! = Questo gelato è **buonissimo**! = Questo gelato è **molto buono**!*

PREPOSIZIONI

Prima + di + verbo all'infinito:
Prima di *studiare l'italiano, ho imparato l'inglese.*

Per indicare la durata:
per   *Ho studiato arabo **per** 6 mesi.*
da   *Suono il violino **da** 10 anni.*

PASSATO PROSSIMO: CASI PARTICOLARI

Cominciare e finire
Con il passato prossimo di *cominciare* e *finire* possiamo usare due ausiliari diversi.

	AVERE	ESSERE
quando	dopo il verbo c'è un oggetto o un verbo all'infinito	dopo il verbo non c'è un oggetto o un verbo
esempi	**Hai** cominciato <u>il corso di russo</u>? **Ho** finito di <u>lavorare</u> un'ora fa.	Il concerto **è** cominciato tardi. La lezione **è** finita alle 11.

Completa il passato prossimo dei verbi riflessivi con le forme del verbo *essere* e l'ultima lettera del participio.

Il passato prossimo dei verbi riflessivi
Con i verbi riflessivi usiamo sempre l'ausiliare *essere*:
(divertirsi) Federica, ti ☐ *divertit*☐ *alla festa?*
(iscriversi) Igor e Vera si ☐ *iscritt*☐ *a un corso di tango.*

Completa gli esempi con gli ausiliari e l'ultima lettera del participio.

Il passato prossimo dei verbi modali
Al passato prossimo i verbi modali (*potere, dovere, volere*) prendono l'ausiliare del verbo che c'è dopo:
(tornare → essere)
Mariangela, perché ☐ *dovut*☐ <u>*tornare*</u> *in ufficio?*
(comprare → avere)
Flavio non ☐ *volut*☐ <u>*comprare*</u> *quei jeans.*

SAPERE + INFINITO

Per indicare che siamo o non siamo capaci di fare qualcosa, usiamo la forma: (*non*) *sapere* + verbo all'infinito:
Non so nuotare, *ma* **so sciare** *molto bene.*

SEMPRE, MAI, ANCORA CON IL PASSATO PROSSIMO

Di solito gli avverbi *sempre*, *mai* e *ancora* con il passato prossimo vanno tra l'ausiliare e il participio passato:
*Hai **sempre** <u>abitato</u> a Palermo?*
*Non <u>abbiamo</u> **mai** <u>visto</u> questo film.*
*Non <u>ho</u> **ancora** <u>imparato</u> a guidare.*

IL SUPERLATIVO ASSOLUTO

1 Completa le frasi con i superlativi assoluti degli aggettivi **evidenziati**, *come nell'esempio.*

1. Mio fratello non è solo **bravo**, è *bravissimo*.

2. Questo ristorante non è **caro**, è _____.

3. La fila per il concerto non è **lunga**, è _____.

4. Claudio e Sandro da ragazzi erano **belli**, ora sono

   _____.

5. Ieri ero **stanco**, oggi sono _____.

6. Imparare il tedesco è **difficile**, ma studiare il cinese

   è _____.

2 Sottolinea l'opzione corretta, come nell'esempio.

1. Saverio è molto abile a ottenere il **buonissimo /** **massimo** risultato con il **minimo / pochissimo** sforzo.

2. In questo lavoro dobbiamo essere molto **precisi /** **bravissimi**: anche il **piccolissimo / minimo** errore può rovinare tutto.

3. Ho una **minima / pessima** notizia: Danilo non ha superato l'esame.

4. Bevi un po' di questo vino: è **benissimo / ottimo**!

5. Questa canzone è molto **tristissima / triste**, ma **bellissima / massima**, la so tutta a memoria!

6. Mio padre ha 85 anni, ma il dottore ha detto che la sua salute è **ottima / massima**.

7. Questo appartamento è molto **caro / carissimo**, perché ha una terrazza **grandissima / massima**.

8. Dante Alighieri è un **grandissimo / massimo** poeta: la sua Divina Commedia è molto **famosissima /** **famosa**.

DANTE ALIGHIERI

PREPOSIZIONI

3 Completa con le preposizioni di, per, da.

1. Ho abitato in questa via _____ molti anni, prima _____ andare a vivere a Torino.

2. Non vedo Sonia _____ quando ha cambiato lavoro.

3. Il volo _____ Berlino è partito _____ dieci minuti.

4. Bambini, lo sapete: dovete lavarvi i denti prima _____ andare a dormire!

5. Oggi sono fuori ufficio _____ mezzogiorno alle tre.

6. ▶ _____ quanto tempo studi pianoforte?

   ● Lo suono _____ otto mesi. Ma prima ho studiato violino _____ quattro anni.

PASSATO PROSSIMO: CASI PARTICOLARI

4 Completa con i verbi della lista. Attenzione: ci sono tre verbi in più.

è finita | hai cominciato | abbiamo dovuto
ha finito | ho potuto | siamo dovute
si sono sposati | sono potuta | vi siete divertite

1. Sara, quando _____ a studiare francese?

2. La festa _____ molto tardi, ieri?

3. So che ieri siete andate alla festa di Carla:

   _____?

4. Scusi, professoressa, ma io non _____ fare i compiti, ieri.

5. Io e Marta _____ restare a casa tutto il giorno.

6. I miei genitori _____ a 20 anni.

5 *Completa con l'ausiliare e l'ultima lettera del participio passato.*

1. Paolo, a che ora ti _____ svegliat__ stamattina?

2. La riunione _____ cominciat__ alle dieci, ma Piera _____ dovut__ uscire subito dopo per andare a prendere sua figlia a scuola.

3. I miei genitori si _____ conosciut__ quando erano studenti all'università.

4. Daniela e Mara non _____ potut__ finire di mangiare perché _____ dovut__ tornare in ufficio per un problema urgente.

5. Ma veramente voi _____ cominciat__ a pensare alle vacanze estive? Non _____ ancora finit__ gennaio!

6. Katia _____ dovut__ studiare tutto il weekend e non _____ potut__ uscire con noi.

6 *Riscrivi le frasi della colonna sinistra al passato prossimo, come nell'esempio.*

Conosciamo meglio Christoph:

1991 Nasce in una piccola città vicino ad Amburgo.	*È nato nel 1991 in una piccola città vicino ad Amburgo.*
1993 Si trasferisce con la famiglia ad Amburgo.	
2008 Finisce gli studi superiori e si iscrive alla facoltà di Letteratura.	
2012 Si laurea in letteratura tedesca.	
2014 Comincia a lavorare come insegnante in una scuola elementare.	
2016 Frequenta un master all'università di Lubecca.	
2019 Si diploma al Master e passa sei mesi a viaggiare per l'Europa.	
2021 Viene a Roma e inizia a lavorare come lettore di tedesco all'università.	

7 *Completa con il passato prossimo dei verbi della lista (non sono in ordine).*

fare | **riuscire** | **sposarsi** | **volere** | **trasferirsi**
cominciare | **dovere** | **potere** | **conoscersi**
conoscere | **essere** | **iscriversi**

Christoph scrive una mail a un suo amico.

> Caro Franco,
>
> come sai, un anno fa _____ in Italia e ora vivo a Roma, dove insegno tedesco e frequento un corso di italiano. In questi mesi _____ molti italiani e _____ tante amicizie.
>
> Dopo poche settimane dal mio arrivo _____ a un corso d'italiano in una scuola privata e _____ a frequentare le lezioni: l'insegnante è molto simpatica e ci sono altri due studenti tedeschi. Qui a Roma trovare casa non è facile e nei primi mesi _____ chiedere ospitalità a due amiche tedesche che vivono qui; poi finalmente _____ a trovare un piccolo appartamento in una zona tranquilla, anche se non molto centrale, ma va bene così. Come sai, mi piace mangiare e da quando sono qui _____ provare a cucinare qualche piatto italiano... Per ora i risultati non sono molto buoni, ma ho tempo per imparare meglio!
>
> E tu, come stai? Ho saputo che tu e Simona _____ un mese fa! Congratulazioni! Come sai, purtroppo non _____ venire al vostro matrimonio, perché ero occupato con le mie lezioni, ma sono sicuro che _____ una bellissima festa!
>
> Mi ricordo bene che voi _____ grazie a me!
> Spero di vederti presto, magari qui a Roma!
>
> Un abbraccio
> Christoph

SAPERE + INFINITO

8 *Scrivi le frasi con il verbo* sapere *al presente + l'infinito, come nell'esempio.*

1. Mio padre è un bravo sciatore. (*sciare*) →

   → Mio padre ___*sa sciare*___ molto bene.

2. Mi hanno detto che voi siete dei bravissimi ballerini.

   (*ballare*) → Mi hanno detto che voi _____

   molto bene.

3. Non ho mai cucinato in vita mia. (*cucinare*)

   → Non _____.

4. Non abbiamo mai studiato francese. (*parlare*)

   → Non _____ francese.

QUALCOSA in PIÚ ➕

Non dobbiamo confondere la forma sapere + infinito *con* potere + infinito.

La prima significa "essere capaci di fare qualcosa"; il verbo potere *indica invece "la possibilità di fare qualcosa in un determinato momento".*

Esempio:
So giocare bene a golf, ma in questa città non **posso farlo**, non ci sono campi.

9 *Completa le frasi con il presente dei verbi* potere *o* sapere.

1. Senza occhiali mio nonno non _____

   leggere.

2. Mi piace andare in spiaggia, ma non

   _____ nuotare, devo ancora imparare.

3. Mia sorella _____ suonare la chitarra

   e il pianoforte.

4. Sì, io e mia sorella _____ guidare, ma

   non _____ usare l'auto di nostra madre:

   lei non vuole assolutamente.

5. Ragazzi, _____ aiutare vostro padre a

   portare la spesa?

6. Mia madre e mio padre _____ cucinare

   molto bene.

7. Tommaso non _____ sciare con noi:

   si è svegliato con un forte mal di schiena.

8. Ragazzi, ma voi _____ cantare

   benissimo!

SEMPRE, MAI, ANCORA CON IL PASSATO PROSSIMO

10 *Inserisci al posto giusto le parole* **evidenziate**.

1. [**sempre**] Tu e Lorenza _____ avete _____

   fatto le vacanze insieme _____?

2. [**ancora**] ▶ Stasera andiamo al cinema con Paolo

   e Simone, vero?

   ● Sì, ma non _____ abbiamo _____ deciso

   che film _____ vedere.

3. [**mai**] Non _____ ho _____ letto un libro

   _____ di Elena Ferrante.

4. [**sempre – mai**] Martina _____ ha _____

   voluto studiare il tedesco _____, ma non

   _____ ha _____ avuto tempo _____

   di farlo.

QUALCOSA in PIÚ ➕

Di solito gli avverbi sempre, mai, ancora *con il passato prossimo vanno tra l'ausiliare e il participio passato. A volte però possono anche andare dopo il passato prossimo.*

Esempio:
Ho **sempre** viaggiato in treno. = Ho viaggiato **sempre** in treno.

A2 LEZIONE 1

QUALCOSA in PIÚ ➕

Con il verbo iniziare si usano due
ausiliari diversi come con il verbo cominciare.

Esempi:
Ieri **ho** iniziato il corso di tennis.
La lezione **è** iniziata alle 9:30.

L'ANGOLO DI ALDO

Nell'esercizio 8 hai imparato a usare il verbo **sapere**,
ora è bene distinguerlo dal verbo **conoscere**.

Conoscere è seguito da:
nomi comuni o nomi propri;
i pronomi indefiniti qualcuno e nessuno.

Sapere è seguito da:
una frase (introdotta da un interrogativo: che, come,
quando, ecc.);
un verbo all'infinito;
i pronomi indefiniti qualcosa e niente.

ESERCIZIO

Completa le frasi con il presente indicativo dei verbi sapere
e conoscere.

1. Flavia, _____ questa canzone? È bellissima,
   vero?

2. Scusate, ragazzi, _____ come si chiama il nostro
   insegnante di matematica?

3. Noi _____ bene che le lezioni iniziano sempre
   alle 9, ma vogliamo arrivare 15 minuti prima.

4. Sara e Maddalena non _____ ancora nessuno
   dei nuovi compagni di scuola.

5. Scusi, _____ a che ora inizia il concerto?

6. Silvano non _____ cucinare, però è molto bravo
   a fare la pizza!

RIPASSIAMO

11 <u>Sottolinea</u> l'*opzione* corretta.

Christoph chiede a Maurizio qualcosa sulla sua vita.

Christoph Maurizio **hai mai pensato / mai hai pensato**
di fare un altro lavoro?

Maurizio Mah, sai, mio nonno era barbiere,
mio padre era barbiere, e quindi
**sempre ho immaginato / ho sempre
immaginato** di fare il barbiere **anche io /
neanche io**. A 18 anni, quando **ho / sono**
finito le scuole superiori, **ho / sono** fatto un
corso all'Accademia Barbieri: ho studiato
per / da 15 mesi e alla fine ho **perso / preso**
il diploma con **molto ottimi / ottimi** voti.

Christoph Ah, bravo! Congratulazioni! Infatti sei un
barbiere **bravissimo / massimo**!

Maurizio Grazie! Ma in questo mestiere c'è sempre
qualcuno / qualcosa di nuovo: faccio il
barbiere **da / per** 30 anni, ma non
ancora ho imparato / ho ancora imparato
bene le nuove mode, e quando arriva un
ragazzo **giovanissimo / minimo** e mi chiede
un taglio moderno, sono un po' in
difficoltà... Tu invece? **Hai / Sei** sempre
voluto insegnare?

Christoph No, **sono / ho** cominciato a insegnare per
caso. Prima **che / di** diventare insegnante,
il lavoro dei miei sogni era il musicista.
Pensa che **ho / sono** deciso **a / di** studiare
il violino prestissimo, **a / da** 4 anni. Ma
non ero così bravo... Ma la musica rimane
una mia grande passione. **Posso / So**
suonare anche il piano e la chitarra.

Maurizio Davvero? **Non mai finisci / Non finisci mai**
di sorprendermi!

76

ALMA Edizioni | DIECI lezioni di GRAMMATICA

LA GRAMMATICA DEL BARBIERE

episodio 01

1 Ordina le parole e completa le frasi.

ho | oggi | strana | italiano | altra | un'
imparato | dell' | cosa

_____

_____:
i verbi "cominciare" e "finire"
al passato prossimo.

hanno | che | e | di | cosa | strano

Ah sì? _____

_____?

me | questo | e | non | facile | è | molto | per

Come, non lo sai? Hanno il
passato prossimo a volte con
avere e a volte con *essere*...

_____

_____.

esempio | i | pensare | per | a
qualche | dobbiamo | verbi

Allora... Aldo, mi aiuti?

_____

_____ "cominciare"
e "finire" al passato prossimo
con "essere" e "avere".

2 <u>Sottolinea</u> l'**opzione** corretta.

Aldo	Io non ho finito **a / di** leggere il giornale. Per esempio.
Maurizio	Certo! E possiamo anche dire: "Io ho cominciato **di / a** lavorare a 19 anni.
Christoph	... Ok, capito. Aldo non **ha / è** finito di leggere. Tu **hai / sei** cominciato... a lavorare.
Maurizio	Certo! In questi casi è possibile usare il verbo "avere" perché è possibile la domanda "che cosa?".
Christoph	Giusto, sì. Che cosa hai cominciato? Che cosa non ha finito? Ok.
Aldo	Sì. Bravo. Un altro esempio: Christoph, quando **hai / sei** cominciato a studiare l'italiano?
Christoph	Io **ho / sono** cominciato sei mesi fa.
Maurizio	Bravissimo! Perché **hai / sei** cominciato... che cosa? A studiare l'italiano. Però attento: la schiuma da barba **è finita / ha finito**.
Christoph	Ok, ho capito! Allora, aspetta... Il mio corso di italiano **è / ha** cominciato ad ottobre. Ieri la lezione **ha finito / è finita** alle sette di sera!
Maurizio	**Bravissimo / Pessimo**, Christoph!

QUALCOSA in PIÚ

Maurizio usa il superlativo di bravo *e dice:* Bravissimo, Christoph!

Ma in italiano ci sono anche alcuni aggettivi che non hanno il superlativo (e il comparativo). Sono aggettivi che esprimono già una qualità al livello più alto.

Esempi: enorme, infinito, eccezionale, unico, meraviglioso, perfetto

Completa la **GRAMMATICA ATTIVA**

L'IMPERFETTO

Completa le tabelle con le forme dell'imperfetto.

Usiamo l'imperfetto per
- fare descrizioni nel passato:
  *Da bambina Olivia **era** molto timida.*
- descrivere azioni abituali o ripetitive nel passato:
  *Mia madre mi **accompagnava** a scuola tutti i giorni.*

Verbi regolari

	VERBI IN -ARE	VERBI IN -ERE	VERBI IN -IRE
io	us**avo**		dorm**ivo**
tu		av**evi**	
lui / lei / Lei	us**ava**		dorm**iva**
noi		av**evamo**	dorm**ivamo**
voi	us**avate**		
loro		av**evano**	

Verbi irregolari

	ESSERE	FARE
io	ero	
tu		fac**evi**
lui / lei / Lei	era	
noi		fac**evamo**
voi	erav**ate**	
loro		fac**evano**

	DIRE	BERE
io		bev**evo**
tu	dic**evi**	
lui / lei / Lei		
noi	dic**evamo**	
voi		bevev**ate**
loro	dic**evano**	

IL COMPARATIVO

Completa l'esempio sul comparativo di maggioranza.

di maggioranza	+	*Clarissa è* [ ] *magra di Monica.*
di minoranza	–	*Fulvio è **meno bello di** Luca.*
di uguaglianza	=	*Luigi è **alto come** Linda.*

Completa la tabella con i comparativi della lista.

maggiore | migliore | minore | peggiore

Forme irregolari
Alcuni aggettivi hanno un comparativo regolare e uno irregolare.

AGGETTIVO	COMPARATIVO REGOLARE	COMPARATIVO IRREGOLARE
buono	più buono	
cattivo	più cattivo	
grande	più grande	
piccolo	più piccolo	

IL PRESENTE STORICO

Per parlare di eventi o personaggi storici, è possibile usare il presente invece del passato:
*Giulio Cesare **nasce** nel 100 e **muore** nel 44 avanti Cristo.*
*La Seconda guerra mondiale **inizia** nel 1939 e **finisce** nel 1945.*

CONGIUNZIONI

sia... che...
*Ilaria è **sia** simpatica **che** intelligente.*
(= è simpatica e intelligente)
*Quest'estate vado **sia** al mare **che** in montagna.*
(= vado al mare e in montagna)

o... o...
*Stasera andiamo a mangiare **o** cinese **o** vietnamita.*
(= cibo cinese, in alternativa cibo vietnamita)

né... né...
Usiamo queste congiunzioni dopo una negazione:
*Oggi il tempo è perfetto. Non fa **né** caldo **né** freddo.*
(= non fa caldo e non fa freddo)
*Non mangio **né** la carne **né** il pesce.*
(= non mangio la carne e non mangio il pesce)

L'IMPERFETTO

1 Abbina la colonna di sinistra con quella di destra.

1. Un tempo, in questo palazzo
2. Le mie sorelle
3. Ora capisco perché voi
4. Tu da bambino
5. Noi abbiamo sempre detto che
6. Quando ero piccolo

a. non volevate mangiare in questo ristorante.
b. dormivi pochissimo.
c. c'era un cinema.
d. giocavo spesso con mio nonno.
e. mi facevano sempre molti scherzi.
f. non volevamo venire alla festa.

2 Completa il cruciverba con l'imperfetto dei verbi.

ORIZZONTALI →
2. dormire – loro
4. leggere – tu
8. dire – lui/lei/Lei
10. essere – lui/lei/Lei
11. potere – noi

VERTICALI ↓
1. piangere – tu
3. avere – io
5. studiare – io
6. essere – voi
7. fare – lui/lei/Lei
9. essere - loro

3 Completa le frasi con l'imperfetto dei verbi.

1. Quando mio figlio (*essere*) _____ piccolo,
   (*dire*) _____ sempre che (*volere*)
   _____ diventare un astronauta.

2. Davvero tu non (*avere*) _____ paura del buio
   quando (*essere*) _____ bambina?

3. In estate io e i miei genitori (*andare*) _____
   sempre in vacanza nella nostra casa al mare.

4. Ricordi? Tu e tua sorella (*dormire*) _____ su
   questo letto, da piccole.

5. I miei nonni (*avere*) _____ due gatti e un
   cane: i gatti (*chiamarsi*) _____ Mina e Lamù,
   il cane (*chiamarsi*) _____ Neve.

6. Qui un tempo (*esserci*) _____ un albergo
   famoso... Ci (*venire*) _____ persone del
   mondo dello spettacolo.

4 Completa il testo con l'imperfetto dei verbi.

Com' (*essere*) _____ la giornata di un antico Romano?

MATTINA Gli antichi Romani normalmente, (*alzarsi*)
_____ molto presto, soprattutto se (*dovere*)
_____ lavorare per il resto del giorno.
Ogni mattina (*loro - lavarsi*) _____ in casa con
l'acqua – non (*loro - conoscere*) _____ ancora
il sapone!
Gli uomini (*farsi*) _____ la barba ogni mattina
e (*usare*) _____ anche profumi e creme per il
corpo: anche le donne (*curare*) _____ molto
il corpo e (*pettinarsi*) _____ i capelli come
(*richiedere*) _____ le mode del momento.
Il mattino, i Romani e le Romane non (*fare*) _____
una vera colazione, (*mangiare*) _____ solo pane,
formaggio o frutta e (*bere*) _____ acqua.
POMERIGGIO Le terme (*essere*) _____ uno
dei posti preferiti dagli antichi Romani: ci (*andare*)
_____ soprattutto i ricchi, ma (*esserci*)
_____ terme anche per i più poveri. Nelle
terme (*essere*) _____ possibile fare molte
cose: fare sport, leggere, ascoltare musica, parlare di
politica...
Anche il circo (*essere*) _____ un luogo amato
dai Romani, tutti ci (*andare*) _____ e (*divertirsi*)
_____ a vedere le lotte dei gladiatori o le gare
di cavalli.

SERA La giornata di un antico Romano (*finire*) _____ presto. (*Cenare*) _____ nel pomeriggio e poi (*andare*) _____ a teatro o (*passare*) _____ la serata a casa di amici, a bere vino e fare conversazione. Ma solo gli uomini (*potere*) _____ farlo.

PIAZZA ARMERINA – MOSAICO ROMANO

5 *Riscrivi le frasi all'imperfetto.*

1. Di solito passiamo il Natale con tutta la famiglia.

   _____ .

2. In estate vado sempre in montagna.

   _____ .

3. Perché non ti piace quell'insegnante?

   _____ .

4. I miei fanno sempre la spesa in quel supermercato.

   _____ .

5. Mio nonno beve ogni giorno due bottiglie d'acqua.

   _____ .

6. Luigi non vuole usare mai la macchina, prende sempre i mezzi pubblici.

   _____ .

IL COMPARATIVO

6 *Leggi i dati e poi completa le frasi.*

1

Paolo: 178 cm; Marta: 168 cm; Sara: 178 cm

a. Paolo è _____ alto _____ Marta.

b. Marta è _____ alta _____ Sara.

c. Sara è _____ alta _____ Paolo.

2

Zia Mirella: 75 anni; nonna Ada: 82 anni; zio Ugo: 68 anni.

a. Zia Mirella è _____ anziana _____ nonna Ada.

b. Zio Ugo è _____ anziano _____ zia Mirella.

c. Nonna Ada è _____ anziana _____ zio Ugo.

3

Smartphone di Eva: 350 €; smartphone di Enrico: 670 €; smartphone di Claudia: 550 €.

a. Lo smartphone di Enrico è _____ costoso _____ smartphone di Eva.

b. Lo smartphone di Eva è _____ costoso _____ smartphone di Claudia.

c. Lo smartphone di Claudia è _____ economico _____ smartphone di Enrico.

4

Auto di Cristina: 2019; auto di Simone: 2023; auto di Sofia: 2023

a. L'auto di Sofia è _____ vecchia _____ auto di Cristina.

b. L'auto di Cristina è _____ vecchia _____ auto di Simone.

c. L'auto di Simone è _____ vecchia _____ l'auto di Sofia.

5

Casa di Pietro: 70 mq; casa di Ettore: 95 mq; casa di Elisa: 110 mq.

a. La casa di Elisa è _____ grande _____ casa di Pietro.

b. La casa di Pietro è _____ piccola _____ casa di Ettore.

c. La casa di Ettore è _____ grande _____ casa di Elisa.

6

Film giallo: 90 minuti; film horror: 130 minuti; film storico: 90 minuti.

a. Il film giallo è _____ lungo _____ film horror.

b. Il film storico è _____ lungo _____ il film giallo.

c. Il film horror è _____ lungo _____ film storico.

7 *Sottolinea l'opzione corretta. Attenzione: in due casi sono corrette tutte e due le opzioni.*

1. Ti presento Saverio, il mio fratello **più grande / maggiore**. Ha tre anni più di me.

2. In questo bar il caffè non mi piace: nel bar qui vicino lo fanno molto più **buono / migliore**!

3. La tua casa è più **piccola / minore** della mia, ma a me piace di più!

4. Perché hai comprato questi stivali su internet? Conosco un negozio dove trovi scarpe di qualità **maggiore / più maggiore** a prezzi **minori / piccoli**.

5. Io e Silvia eravamo nella stessa classe, ma lei era una studentessa **migliore / minore** di me, anche perché le piaceva molto studiare.

6. In questo ristorante i prezzi sono più bassi, ma il cibo è più **cattivo / peggiore**.

QUALCOSA in PIÚ

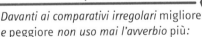

Davanti ai comparativi irregolari migliore *e* peggiore *non uso mai l'avverbio* più:

Questo bar è ~~più~~ **migliore** di quello.
Questo bar è ~~più~~ **peggiore** di quello.

Ma posso usare l'avverbio molto.

Questo bar è <u>molto</u> **migliore** di quello.
Questo bar è <u>molto</u> **peggiore** di quello.

IL PRESENTE STORICO

8 *Riscrivi il testo al presente storico.*

Enzo Ferrari **è nato** nel 1898 a Modena. La sua passione per le automobili **è iniziata** da bambino, quando nel 1908 **ha assistito** con il padre e il fratello a una gara di auto sportive a Bologna.
Da giovane **ha iniziato** a lavorare come pilota in una piccola azienda di auto sportive e nel 1919 **ha corso** la sua prima gara. L'anno successivo **ha cominciato** la sua collaborazione con Alfa Romeo, prima come pilota ufficiale, poi come dirigente.
Nel 1932 **ha deciso** di abbandonare la carriera di pilota e pochi anni dopo **ha fondato** Auto Avio Costruzioni, che poi nel 1939 **è diventata** Ferrari.

La Ferrari **ha partecipato** alle prime gare dopo la Seconda Guerra Mondiale e nel corso di più di 70 anni di storia **ha vinto** 16 campionati del mondo per costruttori e 15 per piloti.
Enzo Ferrari **è morto** il 14 agosto 1988, all'età di 90 anni.

CONGIUNZIONI

9 *Scegli l'opzione corretta per completare le frasi.*

1. Dopo quello che ha fatto, posso dire che Pietro non è _____ simpatico, _____ generoso.
   a. sia... che... **b.** né... né...

2. Signora, se vuole un'auto _____ elegante _____ economica, questa Lancia è perfetta!
   a. sia... che... **b.** o... o...

3. Non so che cosa fare stasera: _____ vado al cinema con Lorenza, _____ a cena con Patrizio.
   a. o... o... **b.** né... né...

4. Flavia è davvero brava: suona benissimo _____ la chitarra, _____ il pianoforte!
   a. o... o... **b.** sia... che...

10 *Completa le frasi con le congiunzioni* o, sia, né, che.

1. Dobbiamo scegliere: _____ vediamo un film giallo _____ un film d'amore.

2. Non mi piace _____ il mare _____ la montagna.

3. Sai bene che non ho problemi con il cibo, mangio _____ carne _____ pesce.

4. Voglio provare _____ questi stivali _____ quelle scarpe sportive, poi decido quali mi stanno meglio.

5. Devi decidere: _____ inviti Paolo, _____ Federico. Lo sai che si odiano.

6. Il medico mi ha detto che non posso mangiare _____ i dolci _____ la frutta secca.

L'ANGOLO DI ALDO

Anche gli aggettivi *alto* e *basso* possono avere forme irregolari di comparativo. Vediamo quali:

AGGETTIVO	COMPARATIVO REGOLARE	COMPARATIVO IRREGOLARE
alto	più alto	superiore
basso	più basso	inferiore

Con la forma irregolare usiamo la preposizione *a*:

Quest'anno ho voti **inferiori** / **superiori** a quelli di un anno fa.

Ma attenzione: quando si riferisce a persone, il significato della forma irregolare è differente da quello della forma regolare. Per esempio:

Mia sorella è **più alta** di me. (= *considero l'aspetto fisico*)
Mia sorella crede di essere **superiore** agli altri.
(= *considero l'intelligenza, il carattere e le altre qualità*)
Nessuno è **più basso** di me nella scuola. (= *considero l'aspetto fisico*)
Nessuno deve pensare di essere **inferiore** agli altri.
(= *considero l'intelligenza, il carattere e altre qualità*)

ESERCIZIO

Completa le frasi con le forme regolari o irregolari degli aggettivi alto *e* basso.

1. Sei molto intelligente, ma non devi pensare di essere _____ agli altri tuoi amici.

2. Io non sono alto, ma conosco molte persone _____ di me.

3. Sofia è sempre stata _____ di sua sorella: a 16 anni già giocava a basket in una squadra importante.

4. Sara è delusa perché quest'anno a scuola ha risultati _____ a quelli che si aspettava.

5. Il prezzo di queste scarpe è _____ al loro valore: non comprarle.

RIPASSIAMO

11 *Completa il testo con l'imperfetto dei verbi negli spazi* _____ *, i comparativi (regolari e irregolari) degli aggettivi della lista negli spazi* _____ *e le congiunzioni (o, né, sia, che) negli spazi* ____ *, come nell'esempio.*

ricc | ~~semplice~~ | piccolo | buono

L'insegnante di italiano ha chiesto a Christoph di scrivere un breve testo con i verbi all'imperfetto. Ecco cosa ha scritto Cristoph:

Com'(*essere*) _____ la vita quando i nostri nonni (*essere*) _____ giovani? Fino agli anni Sessanta, la vita (*essere*) _____ *più semplice*: molte famiglie non (*avere*) _____ in casa ____ il televisore ____ il telefono: per guardare un programma o una partita di calcio, per esempio, i miei nonni (*andare*) _____ ____ nei bar ____ a casa di amici _____ che (*potere*) _____ comprare cose costose come un televisore!

Anche il modo di mangiare era diverso: i miei nonni (*fare*) _____ la spesa in piccoli negozi di quartiere che (*vendere*) _____ di tutto. Quando (*io - passare*) _____ le vacanze nel piccolo paese dei miei nonni, mi (*piacere*) _____ andare con loro in questi negozi dove (*noi - potere*) _____ trovare ____ il cibo per il pranzo ____ piccoli giocattoli per me!

Mia nonna (*dire*) _____ che la vita ai suoi tempi (*essere*) _____ _____ : non so se è vero, ma sicuramente lo stress (*essere*) _____ _____ ! Ora facciamo tutto molto in fretta, ed è diventato normale litigare ____ nella vita reale ____ in quella virtuale! Quando (*io - andare*) _____ dai nonni, (*giocare*) _____ spesso sulla strada con altri bambini, perché ancora non (*esserci*) _____ molte macchine: (*io - divertirsi*) _____ sempre moltissimo e non (*volere*) _____ mai tornare in città dai miei genitori!

LA GRAMMATICA DEL BARBIERE

episodio 02

1 *Prima di guardare l'episodio, riordina le frasi del dialogo. Poi guarda il video e verifica.*

1.

Christoph   Maurizio, chi è quel bambino nella foto?

Maurizio   Quello?
piccolo | **mio** | **era** | **è** | **padre** | **quando**

_____ .

2.

Maurizio   Christoph, anche tu hai foto di quando eri bambino?

Christoph   Sì! In vacanza facevamo molte foto!
I miei genitori **estate** | **una** | **roulotte**
e | **avevano** | **ogni** | **un** | **viaggio**
facevamo | **diverso**

_____ .

3.

Maurizio   Già, tua sorella! Come si chiama?

Christoph   Lei si chiama Sonia!
da | **litigavamo spesso** | **molto** | **ma** | **ci**
piccoli | **vogliamo** | **adesso** | **bene**

_____

_____

e non litighiamo mai!

2 *Indica se le frasi sono vere (V) o false (F).*

	V	F
1. Christoph vede una foto di Maurizio.	☐	☐
2. Il padre di Maurizio è stato il primo barbiere in famiglia.	☐	☐
3. La nonna di Maurizio vestiva alla moda.	☐	☐
4. L'imperfetto si usa per fare descrizioni nel passato.	☐	☐
5. Da piccolo Maurizio non litigava mai con i suoi fratelli.	☐	☐

3 *Modifica le parole **evidenziate** e trasforma il testo alla terza persona, come nell'esempio.*

In vacanza **facevamo** molte foto! I **miei** genitori avevano una roulotte e ogni estate **facevamo** un viaggio diverso! **Andavamo** spesso al mare nei Paesi mediterranei: Grecia, Italia, Spagna... Io e **mia** sorella **ci divertivamo** sempre molto! Lei si chiama Sonia. Da piccoli **litigavamo** spesso, ma adesso **ci vogliamo** molto bene e non **litighiamo** mai!

In vacanza ___*facevano*___ molte foto! I _____ genitori avevano una roulotte e ogni estate _____ un viaggio diverso! _____ spesso al mare nei Paesi mediterranei: Grecia, Italia, Spagna... Christoph e _____ sorella _____ sempre molto.

La sorella di Christoph si chiama Sonia. Da piccoli _____ spesso, ma adesso _____ molto bene e non _____ mai.

QUALCOSA in PIÙ +

Hai notato? L'espressione da piccolo/a *sostituisce la frase* quando ero (eri, era) piccolo/a. *Sono possibili anche altre espressioni:*

da bambino/a
da ragazzo/a
da giovane
da adulto/a

PREPOSIZIONI E PRONOMI

Completa gli esempi con i pronomi.

a / con / per... + me | te | lui | lei | Lei | noi | voi | loro

*Questo regalo è **per** ☐. (per ti ✗ / per tu ✗)*
*Vuoi venire al cinema **con** ☐? (con mi ✗ / con io ✗)*

USO DEL PASSATO PROSSIMO E DELL'IMPERFETTO

Usiamo il passato prossimo per indicare
• eventi avvenuti <u>in un momento preciso</u>:
*Ieri sera **abbiamo cenato** al ristorante messicano.*
• azioni <u>finite</u> nel passato:
***Ho studiato** a Madrid <u>dal 2008 al 2012</u>.*

Usiamo l'imperfetto
• per fare descrizioni nel passato:
*Da giovane Pino **era** innamorato di Amanda.*
• parlare di azioni abituali o ripetitive:
*Negli anni Novanta **andavate** spesso a ballare?*

Possiamo alternare le due forme:
*Quando **avevo** 18 anni, **sono partita** per la prima volta senza i miei genitori.*
***Ho messo** un maglione perché **faceva** freddo.*

Mentre / Durante
Nelle frasi al passato, dopo *mentre* va l'imperfetto:
*Ho conosciuto Gherardo **mentre** <u>facevo</u> l'università.*

Dopo *mentre* usiamo sempre un verbo.
Invece dopo *durante* usiamo un nome.

Mentre <u>cenavamo</u>	ha telefonato Leon dalla Germania.
Durante <u>la cena</u>	

I PRONOMI INDIRETTI

Completa gli esempi con i pronomi indiretti.

SINGOLARI	PLURALI
a me = mi	a noi = ci
a te = ti	a voi = vi
a lui = gli	a loro (m. + f.) = gli
a lei = le	

☐ *devo dire una cosa importante.*
(= devo dire a voi una cosa importante)
Ieri ho incontrato Annalisa e Manuela. ☐ *ho offerto un caffè. (= ho offerto a loro un caffè)*

L'ACCORDO TRA IL PRONOME DIRETTO E IL PARTICIPIO PASSATO

Completa gli esempi con i pronomi diretti e la lettera finale del participio passato.

Se prima di un verbo al passato prossimo c'è un pronome diretto (*lo, la, li, le*), il participio passato concorda con l'oggetto diretto:
▸ *Hai conosciuto <u>i tuoi nuovi colleghi</u>?*
● *Sì,* ☐ *ho conosciut*☐ *lunedì. Sono molto simpatici!*

▸ *Ieri avete visto <u>la partita</u> di calcio?*
● *Sì,* ☐ *abbiamo vist*☐ *a casa di Leonardo.*

Attenzione: davanti alla lettera *h*, i pronomi diretti singolari (*lo, la*) prendono l'apostrofo:
▸ *Hai fatto la spesa?*
● *Sì, **l'**ho fatta ieri. (l'ho = la ho)*

I pronomi diretti plurali invece non prendono l'apostrofo:
▸ *Avete mangiato le lasagne?*
● *Sì, ma non **le** abbiamo finite. (l'abbiamo finite ✗)*

ECCO

Per attirare l'attenzione su una persona o una cosa, possiamo usare l'avverbio *ecco*.

Ecco il Suo resto.

I pronomi diretti vanno dopo *ecco* (*ecco* e il pronome formano un'unica parola):
***Ecco** il treno! → **Ecco**lo!*
***Ecco**mi, mi cercavi?*

PREPOSIZIONI E PRONOMI

1 *Sottolinea* l'**opzione** *corretta.*

1. Ragazzi, domani venite da **me / mi / io** a vedere la partita?

2. Vorrei parlare con **ti / tu / te** di una cosa importante.

3. Carla **mi / me / io** ha detto che a **tu / ti / te** non piacciono i dolci, ma è vero?

4. Ma sai che i colleghi parlano molto bene di **tu / te / ti**?

5. A **mi / me / io** questo libro è piaciuto molto; a **tu / ti / te** no?

6. Perché non **ti / te / tu** siedi e **mi / me / io** parli un po' di **ti / te / tu**?

USO DEL PASSATO PROSSIMO E DELL'IMPERFETTO

2 *Completa il testo con il passato prossimo o l'imperfetto dei verbi (spazi _____) e con* mentre *o* durante *(spazi ____).*

1. Tuo padre telefona sempre quando siamo a tavola: ieri (*telefonare*) _____ tre volte _____ il pranzo.

2. Una settimana fa (*io - incontrare*) _____ Marta e Giada _____ (*io - fare*) _____ la spesa.

3. Ieri sera, _____ Aldo e Aurora (*essere*) _____ al ristorante, (*loro - vedere*) _____ tuo fratello.

4. _____ le vacanze (*io - leggere*) _____ questo libro, è veramente bello!

5. Quando io e mia sorella (*essere*) _____ piccoli, _____ il pranzo non (*potere*) _____ mai alzarci: i nostri genitori (*essere*) _____ molto severi.

6. (*Noi - Ricevere*) _____ la notizia della nascita di nostro nipote _____ (*noi - essere*) _____ in viaggio per New York.

3 *Indica le frasi corrette. Le lettere corrispondenti formano il nome di un grande fisico italiano.*

1. Ieri incontravo tuo padre al bar.   B

2. I miei genitori si sono innamorati mentre studiavano all'università.   F

3. Perché ieri non mi hai telefonato?   E

4. Stefano lavorava per due anni in Francia.   T

5. Sabrina ha studiato violino per sette anni.   R

6. Mentre ha mangiato, guardava la tv.   S

7. Da bambino ero sempre allegro.   M

8. Noi visitavamo Firenze solo una volta.   L

9. Sara non è mai stata a Roma.   I

Il nome del fisico è: ☐ ☐ ☐ ☐ ☐ ☐

4 *Sottolinea* l'**opzione** *corretta.*

Christoph (**C**) e Maurizio (**M**) parlano della loro vita privata.

C   Maurizio, come hai conosciuto tua moglie?

M   Ah, la nostra è una storia strana! Quando **sono andato / andavo** al liceo, lei **era / è stata** la ragazza di un mio compagno di classe. **Avevamo / Abbiamo avuto** tutti e due 17 anni. Io in quel periodo **avevo / ho avuto** una ragazza e **siamo usciti / uscivamo** spesso tutti e quattro insieme. Lei e la mia ragazza **sono diventate / diventavano** anche amiche. Poi, dopo quasi un anno, lei – si chiama Sabrina – **ha lasciato / lasciava** il mio amico e **abbiamo iniziato / iniziavamo** a vederci io e lei.

C   Ma come? Tu non **stavi / sei stato** con la tua ragazza?

M   No, no, non **stavamo / siamo stati** più insieme: pensa, ci **siamo lasciati / lasciavamo** quasi nello stesso periodo...!

C   Ah! Quindi quando **avete iniziato / iniziavate** a incontrarvi da soli, tu e Sabrina, **eravate / siete stati** liberi!

M   Esatto! **Siamo usciti / Uscivamo** da soli due o tre volte e ci **siamo innamorati / innamoravamo**.

C   Che bella storia! Ma... il tuo amico? Non **ha detto / diceva** mai niente di questa vostra relazione?

M   Ah, anche questa è una cosa curiosa! Pensa, **iniziava / ha iniziato** una relazione con la mia ex e dopo un anno si **sono sposati / sposavano**! E ora continuiamo a vederci, tutti e quattro!

5   *Completa la biografia di Enrico Fermi con i verbi al passato prossimo o all'imperfetto.*

Enrico Fermi (Roma 1901 – Chicago 1954) (*essere*) _____ un fisico italiano, premio Nobel nel 1938. Dopo studi in Italia e in Olanda, nel 1924 (*iniziare*) _____ la sua carriera universitaria a Firenze e poi dal 1926 (*trasferirsi*) _____ a Roma.
I laboratori di Fisica, a Roma in quel periodo (*essere*) _____ in via Panisperna. Qui Fermi (*creare*) _____ un gruppo di lavoro che (*diventare*) _____ famoso come "i ragazzi di Via Panisperna", perché tutti gli scienziati (*essere*) _____ molto giovani: tutti i giorni il gruppo (*riunirsi*) _____ e gli scienziati (*studiare*) _____ e (*fare*) _____ esperimenti di fisica nucleare. Nel 1938, Fermi (*vincere*) _____ il premio Nobel per la fisica e, in quello stesso anno, a causa della dittatura

fascista, (*lasciare*) _____ l'Italia e (*trasferirsi*) _____ negli Stati Uniti, a Chicago.
Dal 1939 (*lavorare*) _____ al Progetto *Manhattan*, che (*portare*) _____ alla realizzazione della bomba atomica.
Enrico Fermi (*morire*) _____ a soli 53 anni a Chicago, dove si trova il FermiLab, un importante laboratorio di Fisica che porta il suo nome.

I PRONOMI INDIRETTI

6   *Completa le frasi con i pronomi indiretti.*

1. Dopo telefono a Giulia perché _____ devo dire una cosa importante.

2. Domani è il compleanno di Enrico e noi _____ abbiamo fatto un regalo speciale.

3. Caterina, hai letto il libro che _____ ho prestato la scorsa settimana?

4. Ragazzi, andiamo al bar? _____ offro un caffè!

5. Una settimana fa ho incontrato Sara e Nadia e _____ ho parlato di te.

6. Signor Guidi, so che deve andare a Madrid per lavoro: _____ consiglio un ottimo ristorante in centro.

L'ACCORDO TRA IL PRONOME DIRETTO E IL PARTICIPIO PASSATO

7   *Sottolinea l'opzione corretta e completa il participio passato con l'ultima lettera.*

1. Questo film è bellissimo.
    Io **l' / li** ho già vist__ due volte.

2. Ti piacciono i miei occhiali da sole?
    L' / Li ho comprat__ due giorni fa.

3. Volevo prendere un taxi ma non **l' / li** ho trovat__.
    Per questo ho fatto tardi.

4. Non trovo più le chiavi di casa.
    Dove **le / li** avete mess__?

5. Durante la lezione hai preso molti appunti, ma non **tu / li** hai studiat__ bene.

6. Non dovete fare i biglietti: **l' / li** ho già fatt__ io.

QUALCOSA in PIÚ

Hai notato? Con i pronomi indiretti la lettera finale del participio passato non cambia.

Esempio:
▶ Hai visto Sara?
● Sì, l'ho vist**a** al bar e **le** ho offert**o** un caffè.

L'ACCORDO TRA IL PRONOME DIRETTO E IL PARTICIPIO PASSATO – I PRONOMI INDIRETTI

9 *Completa i dialoghi con i pronomi diretti e indiretti e l'ultima lettera del participio passato.*

1.

▶ Pablo, hai conosciuto la nuova insegnante di italiano?

● Sì, ____ ho conosciut__ ieri a lezione.

▶ Simpatica, no?

● Molto! ____ ho dett__ che l'italiano mi piace molto e che voglio diventare un insegnante anch'io!

▶ Ahahah! E lei cosa ____ ha rispost__?

● Ha sorriso e ____ ha augurat__ buona fortuna. Ma senti... Per oggi avevamo dei compiti?

▶ Ma certo! Non ____ hai fatt__?

● No! Nessuno ____ ha dett__ niente!

2.

▶ Stefano, hai fatto la spesa per i nonni?

● Sì, ____ ho fatt__ stamattina.

▶ Hai comprato anche il latte per tua sorella?

● Sì, ____ ho comprat__ il latte di soia.

▶ Bene. Ah, e le mele rosse per il nonno?

● No, le rosse non ____ ho trovat__: però ho telefonato al nonno dal supermercato e ____ ho chiest__ se potevo comprare quelle gialle e lui ____ ha dett__ di sì. Quindi ____ comprat__ un chilo di mele gialle.

▶ Perfetto, bravo Stefano!

8 *Completa le frasi con i pronomi diretti e l'ultima lettera del participio passato.*

1. ▶ Che buoni questi cioccolatini!

   ● Sì, ____ ho comprat__ in una pasticceria molto famosa.

2. ▶ Sonia e Viola sono molto simpatiche: dove ____ hai conosciut__?

   ● In Corsica, erano nel mio stesso campeggio.

3. ▶ Avete conosciuto la fidanzata di Vittoria?

   ● Sì, ____ abbiamo conosciut__ a una festa, lo scorso fine settimana.

4. I biglietti per il concerto sono già finiti? Per fortuna Giorgio ____ ha comprat__ due giorni fa.

5. Sì, alla festa c'erano anche Marco e Valeria, ma noi non ____ abbiamo vist__.

6. ▶ Questa canzone è molto famosa: ti piace?

   ● Veramente non ____ ho mai sentit__.

ECCO

10 *Completa con i pronomi diretti.*

1. ▶ Sara! **Ecco**____! Finalmente sei arrivata!

   ● Sì, Francesco, sono in ritardo, scusa!

2. ▶ Ma quando arrivano Miriam e Sonia?

   ● **Ecco**____! Sono scese ora dall'autobus.

3. ▶ Scusi, ha visto un cane piccolo, bianco e nero?

   ● Sì, guardi, **ecco**____ lì dietro quell'albero.

4. ▶ Pronto, Mario, ma dove sei? Non ti vedo!

   ● **Ecco**____, sono proprio davanti alla libreria, a 100 metri da te!

Qualcuno ha visto il mio cellulare nuovo?

È qui, l'ho trovato!

L'ANGOLO DI ALDO

Quando usiamo i verbi modali potere, dovere e volere all'imperfetto, possiamo indicare incertezza o intenzione:

Ieri sera **dovevo** studiare.
In questo caso la frase ha un "finale aperto", cioè non specifica se l'azione è avvenuta.

Solo quando completiamo la frase con altri elementi, non c'è più incertezza ed è possibile capire se l'azione è avvenuta realmente:

Ieri sera **dovevo** studiare e ho passato tutta la notte sui libri.

In questo modo esprimo la mia intenzione di studiare, seguita dalla sua realizzazione.
Quando invece usiamo il passato prossimo, raccontiamo qualcosa che abbiamo fatto:

Ieri sera **ho dovuto** studiare tutta la notte.

Qui la realizzazione dell'azione è già chiara nell'uso del passato prossimo.

ESERCIZIO

Indica se le frasi indicano un'intenzione (I) o un'azione realmente avvenuta (A).

	I	A
1. Ieri pomeriggio **volevo** studiare, ma poi ha telefonato Anna e siamo usciti insieme.	☐	☐
2. La scorsa estate Viviana e Marzia non **sono potute** andare in vacanza insieme a luglio.	☐	☐
3. Dopo il cinema, Miriam **voleva** andare a cena fuori.	☐	☐
4. Claudio **ha dovuto** finire tutta la pasta che i figli hanno lasciato sul piatto.	☐	☐
5. Ti ho telefonato perché **volevo** dirti una cosa.	☐	☐

RIPASSIAMO

11 *Completa le frasi con il passato prossimo o l'imperfetto dei verbi (spazi _____) e con mentre o durante (spazi ___).*

1. Mia nonna mi (*dire*) _____ spesso che _____ la Seconda Guerra Mondiale la vita in città (*essere*) _____ molto dura e per questo lei e il nonno (*trasferirsi*) _____ nella casa di campagna.

2. Mio padre da giovane (*essere*) _____ un vero sportivo: (*correre*) _____ un'ora ogni giorno prima di andare a lavorare. Poi, un giorno (*avere*) _____ un incidente _____ (*andare*) _____ in bicicletta e da allora (*fare*) _____ sport solo in palestra.

3. Io e tua madre (*conoscersi*) _____ all'università _____ un esame. Poi (*noi - andare*) _____ a bere qualcosa al bar e _____ lei (*parlare*) _____ io (*capire*) _____ che (*essere*) _____ innamorato di lei.

12 <u>Sottolinea</u> *l'***opzione** *corretta e completa con l'ultima lettera del participio passato.*

1. ▶ Hai visto Emanuele, ieri?
   ● No, ma **gli / l'** ho telefonat__ la sera.

2. ▶ Ho dimenticato di comprare i biglietti!
   ● **Li / l'** ho comprat__ io online. **Eccoli / Eccovi**, guarda.

3. ▶ Perché tua sorella non è venuta alla festa, ieri?
   ● Perché nessuno **le / gli** ha dett__ che c'era la festa...!

4. ▶ Com'è Luisa? Simpatica?
   ● Non so: **l' / le** ho conosciut__ ieri ma **le / la** ho parlat__ solo qualche minuto...

5. ▶ Hai tu le chiavi di casa?
   ● Sì, **eccole / eccoli**. Tu **le / l'** hai dimenticat__ ancora, eh?

6. ▶ Come si chiama il nuovo professore?
   ● Non lo so: ancora nessuno **lo / gli** ha chiest__ il nome. Ma oggi viene a lezione? È in ritardo...
   ▶ Sì, **eccolo / eccoti**!

LA GRAMMATICA DEL BARBIERE

episodio 03

1 Completa le frasi con i pronomi diretti e l'ultima lettera del participio passato.

Christoph Sì... Prima abbiamo detto: "_ho dimenticat_ qui" e: "_hai lasciat_ sul divano", perché parlavamo del cellulare: maschile. Invece, per esempio... La penna: _ho dimenticat_, _ho lasciat_.

Aldo Esatto.

Christoph E se i cellulari sono due: _ ho dimenticat_, _ ho lasciat_. Con due penne: _ ho dimenticat_ e _ ho lasciat_. Ma perché non posso dire: l'ho dimenticati o l'ho lasciati?

2 Ricomponi le frasi nei fumetti.

1.

se | volevo | il
cellulare | sapere
visto | avete | mio

dimenticato
ho qui | l'

Aldo! _____.

Non lo trovo... E... Forse _____?

2.

lasciato | Lo
eccolo | divano
hai | sul

_____ ! _____, qui vicino a me.

3.

l' | non | apostrofo
parole | con | mai
plurale | le | al | va

In italiano _____.

3 Nelle due frasi ci sono degli errori: sottolinea le forme sbagliate e scrivi la forma corretta.

Grazie, Aldo! Può fare una domanda?

Errore: _____

Forma corretta: _____

Maurizio non c'è, ha uscito un momento.

Errore: _____

Forma corretta: _____

QUALCOSA in PIÚ

Hai notato? Aldo dice "Lo hai lasciato sul divano" e non "L'hai lasciato".
Non è un errore: al maschile singolare è possibile usare il pronome diretto senza apostrofo prima di un passato prossimo. In questo caso, si dà più enfasi al pronome diretto.
Al femminile singolare è invece un errore:
~~La~~ hai lasciata ✗
L'hai lasciata ✓

Completa la **GRAMMATICA ATTIVA**

PLURALI IRREGOLARI

Completa la tabella con i plurali mancanti.

Alcune parole hanno il plurale irregolare. Molte si riferiscono a parti del corpo. A volte al plurale cambiano anche genere.

SINGOLARE	PLURALE
la mano (f.)	le _____ (f.)
il ginocchio (m.)	le ginocchia (f.)
l'orecchio (m.)	le orecchie (f.)
il braccio (m.)	le _____ (f.)
l'osso (m.)	le ossa (f.)
il dito (m.)	le _____ (f.)
l'uomo (m.)	gli _____ (m.)
l'uovo (m.)	le uova (f.)

L'IMPERATIVO CON LEI, NOI, VOI

Completa le tabelle.

Imperativo con *Lei* (o: formale / di cortesia): forme regolari

aspett**are**	prend**ere**	sent**ire**	fin**ire**
aspett____	prend**a**	sent____	fin**i**____

I verbi in *-care / -gare* prendono la lettera *h*: *cerchi, paghi.*

Per la forma negativa, aggiungiamo *non* prima del verbo:
Non lavori fino a giovedì, deve riposar*e.*

Imperativo con *Lei*: forme irregolari

dare	dia	avere	abbia
bere	_____	andare	_____
venire	venga	togliere	tolga
fare	faccia	essere	sia
uscire	_____	dire	_____
scegliere	scelga		

Imperativo con *noi* e *voi*

Per l'imperativo con *noi* e *voi*, usiamo le forme del presente:
Andiamo, è tardi!, **Venite** in vacanza con noi!

Per la forma negativa, aggiungiamo *non* prima del verbo:
Non usciamo, sono stanco. / **Non** arrivate in ritardo, per favore.

LA PARTICELLA NE

Ne indica una certa quantità o una parte di qualcosa:
Adoro le mele. **Ne** *mangio* <u>due</u> *al giorno.* (ne = di mele)

▸ *Ha il prosciutto di Parma?*
● *Sì, quanto* **ne** *vuole?*
▸ **Ne** *prendo un etto, grazie.* (ne = di prosciutto di Parma)

Spesso usiamo *ne* con *poco, molto, troppo, nessuno*:

▸ *Tu mangi molta carne?*
● *No,* **ne** *mangio* <u>poca</u>. (ne = di carne)

▸ *Conosci un ristorante coreano?*
● *No, non* **ne** *conosco* <u>nessuno</u>. (ne = di ristoranti coreani)

Con *tutto/a/i/e*, usiamo i pronomi diretti:

▸ *Hai mangiato i biscotti?* ▸ *Quanto sciroppo hai bevuto?*
● *Sì,* **li** *ho mangiati* <u>tutti</u>. ● **L'***ho bevuto* <u>tutto</u>.

TROPPO

Completa gli esempi.

Troppo significa "più del necessario". Può essere aggettivo o avverbio. Se è aggettivo, concorda con il nome a cui si riferisce; se è avverbio, è invariabile.

AGGETTIVO	AVVERBIO
Hai preso **tropp**____ *medicine.*	*Hanno mangiato* **tropp**____ .

L'INDEFINITO NESSUNO

Nessuno può essere aggettivo o pronome. Ha solo la forma singolare. Se è aggettivo, segue le forme dell'articolo indeterminativo.

AGGETTIVO	PRONOME
Non ho visto **nessun** *film di Antonioni.* *Non abbiamo preparato* **nessuna** *torta.*	*Non c'era* **nessuno** *nella stanza.*

Quando *nessuno* è prima del verbo non usiamo *non*:
Nessuno *sport* <u>è</u> *popolare come il calcio.*

IL PARTITIVO

Completa l'esempio.

Per indicare una quantità indefinita, possiamo usare *di* + articolo determinativo:
Ho letto **dei libri** *molto interessanti.* (= un po' di libri)
Vorrei _____ **pane***, per favore.* (= un po' di pane)

I NUMERI ORDINALI DA 11 IN POI

Completa gli esempi.

A partire da 11, per formare gli ordinali eliminiamo l'ultima lettera del numero e aggiungiamo *-esimo/a/i/e*:
undici → *undic**esimo**, ventuno* → _____

sessanta → *sessant**esimo**, cento* → _____

Con i numeri che finiscono in *-tré*, aggiungiamo *-eesimo*:
trentatré → *trentatr**eesimo**.*
Con i numeri che finiscono in *-sei*, aggiungiamo *-iesimo*:
quarantasei → *quarantase**iesimo**.*

PLURALI IRREGOLARI

1 *Completa le frasi con il plurale delle parole della lista.*

**la mano | l'osso | l'orecchio
l'uovo | il braccio | l'uomo**

1. Se vuoi mangiare la frittata, dobbiamo comprare

   _____.

2. Bambini, prima di mangiare, andate a lavarvi

   _____!

3. Vorrei fare uno sport completo per rafforzare le

   gambe e _____.

4. Oggi mi fanno male tutte _____: forse è per il

   tempo così umido!

5. Il bagno per le donne è chiuso, così sono andata in

   quello per _____.

6. ▸ Che animale è quello?

   ● Come, non vedi? È un coniglio! Non vedi che ha

   _____ lunghe?

UN CONIGLIO

L'IMPERATIVO

2 *Completa il dialogo con gli imperativi della lista.
Attenzione: ci sono due imperativi in più!*

**torni | sciolga | sia | prenda
dica | dia | abbia | beva | sii**

Paziente   Dottoressa, mi _____ la verità,

   _____ sincera: la mia malattia è grave?

Dottoressa   Ma no, non _____ paura, non è niente,

   solo un po' di stanchezza! _____

   queste vitamine una volta al giorno. Sono

   bustine: le _____ nell'acqua dopo la

   colazione. Le do anche delle gocce per la

pressione da prendere due volte al giorno,

dopo i pasti. Sono un po' amare: se vuole,

_____ un bicchiere d'acqua, dopo.

Paziente   Grazie dottoressa!

Dottoressa   Di niente. _____ tra un mese e vediamo

   se continua ad avere questi disturbi.

3 *Sottolinea l'**opzione** corretta.*

1. Signora Dina, oggi fa molto caldo: se deve fare la

   spesa, la **fa' / faccia / fa** dopo le sei di pomeriggio.

2. Deve andare alla stazione? **Vadi / Vada / Vai** sempre

   dritto fino alla piazza e **gira / giro / giri** alla prima a

   sinistra.

3. ▸ Buongiorno, desidera?

   ● Mi **dia / dai / da'** mezzo chilo di parmigiano e due

   etti di olive, per favore.

4. Signor Guidi, ha fatto un errore molto grave:

   scriva / scrive / scrivi subito una mail per chiedere

   scusa al cliente.

5. **Scusa / Scusi / Scuse**, ma Lei com'è entrato in questo

   ufficio? **Esce / Esci / Esca** subito!

6. Avvocato, che piacere! **Venga / Viene / Vieni** con me,

   Le presento i Suoi nuovi colleghi!

7. Allora, signor Belli, iniziamo l'esame di guida: prima

   di partire, **controlla / controlli / controllano** se

   arrivano altre macchine.

   Guida / Guidi / Guido con

   attenzione e **sta' / stai /

   stia** tranquillo.

4 Coniuga i verbi all'imperativo con Lei. Poi abbina le frasi e forma dei dialoghi coerenti.

1. Dottore, il mio cane sta male...! ☐

2. Signor Celli, mi (*dire*) _____: ha preso le medicine giuste? ☐

3. (*Scusare*) _____ dottoressa, ma non sono ancora guarito completamente. ☐

4. (*Sentire*) _____, ma questa medicina è davvero efficace? Su Internet ho letto che fa male. ☐

5. C'è una farmacia qui vicino? ☐

a. (*Guardare*) _____ dottore, non ricordo bene: dovevo prendere quelle blu o quelle bianche?

b. Non (*cercare*) _____ informazioni mediche su internet e (*prendere*) _____ questa medicina ogni mattina, per un mese.

c. Gli (*dare*) _____ queste pillole: le (*mettere*) _____ in una polpetta di carne vedrà che il cane la mangia senza problemi.

d. Signor Landi, è ancora presto: (*finire*) _____ la terapia e poi vediamo se continua ad avere questi sintomi.

e. Certo: (*prendere*) _____ questa strada e (*andare*) _____ sempre dritto per 300 metri. Poi (*girare*) _____ a destra. La farmacia è proprio dietro l'angolo.

QUALCOSA in PIÚ ➕

Ricorda bene le forme dell'imperativo formale: tra non molto (DIECI B1, lezione 3) ti possono essere utili per imparare meglio il congiuntivo presente!

LA PARTICELLA NE

5 Completa le frasi con i pronomi diretti (lo, la, li, le) o con la particella ne.

1. Quel libro è lunghissimo... ____ hai letto davvero tutto?

2. Il dottore mi ha dato delle gocce: ____ devo prendere 15 ogni giorno.

3. So che ti piacciono i cani: perché non ____ prendi uno?

4. Perché hai comprato il pesce? Sai bene che Sonia non ____ vuole mangiare.

5. Mia nonna ha preparato una torta enorme: ____ vuoi metà? ____ puoi mangiare a colazione.

6. Al supermercato ci sono le castagne! ____ prendo mezzo chilo.

TROPPO

6 Sottolinea l'**opzione** corretta.

1. Queste tagliatelle sono **troppo / troppe** per me...!

2. Mauro, lascia guidare me: tu hai bevuto **troppi / troppo**.

3. In questo locale c'è **troppa / troppi** gente, andiamo via!

4. Quel ristorante è molto carino, ma anche molto piccolo e noi siamo **troppo / troppi**. Dobbiamo trovare un ristorante più grande.

5. Secondo me Laura ieri ha esagerato e ha parlato **troppo / troppa**.

6. Ragazzi, avete **troppe / troppo** valigie, non c'è posto in macchina...

LA PARTICELLA NE – TROPPO

7 *Indica l'opzione corretta. Attenzione: in due casi le opzioni corrette sono due!*

1. Ti piacciono le serie tv?
   a. Sì, le guardo molte.
   b. Sì, ma non ne guardo molte.
   c. Sì, ma non ne guardo molto.

2. Mamma, devi prendere tutte queste pillole?
   a. Sì, le devo prendere tutte!
   b. No, le devo prendere due la mattina e due la sera.
   c. No, ne devo prendere due la mattina e due la sera.

3. Quanti biscotti vuoi? Due vanno bene?
   a. No, ne voglio tutti.
   b. No, ne voglio tre.
   c. No, li voglio tre.

4. Hai provato molti vestiti, ...
   a. ne compri tutti?
   b. li compri troppi!
   c. li vuoi comprare tutti?

5. Ha il prosciutto di Parma?
   a. Sì, quanto lo vuole?
   b. Sì, quanto ne vuole?
   c. Sì, ne vuole tutto?

6. Hai troppi amici, ...
   a. non li puoi invitare tutti!
   b. non ne puoi invitare tutti!
   c. non ne puoi invitare solo alcuni?

L'INDEFINITO NESSUNO

8 *Indica le frasi corrette.*

1. ☐ Non nessuno vuole andare al cinema.
2. ☐ Ho bussato, ma nessuno ha risposto.
3. ☐ Non c'è nessun problema!
4. ☐ Nessuno animale può vivere negli zoo.
5. ☐ Non ho letto nessun libro di Stephen King.
6. ☐ Perché nessuno mi ha detto niente?

IL PARTITIVO

9 *Completa le frasi con i partitivi.*

1. Scusi, vorrei _____ acqua. Naturale, grazie.
2. Ci sono _____ persone molto famose, in quel bar.
3. Preferisci avere _____ insegnanti molto bravi o molto simpatici?

4. Posso avere _____ vino, per favore?
5. I miei amici fanno _____ sport molto particolari.
6. Se avete _____ domande, alzate la mano.

L'INDEFINITO NESSUNO – IL PARTITIVO

10 <u>Sottolinea</u> l'**opzione** corretta.

1. ▶ Non hai fatto **nessuno / nessun** regalo a tua nipote, per il suo compleanno?
   ● Sì, ma non avevo idee: le ho regalato **dei / degli** soldi.

2. Quest'anno ho letto **dei / degli** libri interessanti, ma **nessun / nessuno** mi ha entusiasmato.

3. Ho avuto **dei / degli** amici stranieri, ma **non nessuno / nessuno** di loro parlava italiano bene come te!

4. ▶ Avete avuto **dei / di** problemi, durante il viaggio?
   ● No, no, **– / non** abbiamo avuto **nessun / nessuna** problema...

I NUMERI ORDINALI DA 11 IN POI

11 *Scrivi i numeri ordinali.*

1. Il Milan ha segnato il gol della vittoria al (**93**) _____ minuto.

2. Oggi è il (**25**) _____ anniversario del mio matrimonio.

3. Anna ha partecipato alla gara ed è arrivata (**17**) _____.

4. Dottore oggi è il mio (**26**) _____ giorno di ospedale. Quando potrò uscire?

5. Signori, avete uno sconto del 10% perché siete i (**100**) _____ clienti da quando abbiamo aperto il ristorante.

L'ANGOLO DI ALDO

L'imperativo di cortesia ha anche la terza persona plurale, ma gli italiani la usano molto raramente.

ASPETTARE	PRENDERE	SENTIRE
aspettino	prendano	sentano

Si tratta di un modo molto formale di comunicare, che viene normalmente sostituito dall'imperativo con Voi.

Esempio:
(verbo **attendere**)
Loro: Prego, signori, **attendano** qui l'arrivo del signor Ministro.
Voi: Prego, signori, **attendete** qui il vostro turno.

Anche se è poco usata, è utile conoscere e ricordare questa forma, perché è uguale a quella del congiuntivo presente (DIECI B1, lezione 3).

ESERCIZIO

Trasforma le frasi dal Loro *al* Lei, *come nell'esempio.*

1. Prego signori, **passino** da qui.
   Prego signor Carli, *passi* da qui.

2. **Vengano** pure avanti, prego.
   _____ pure avanti, prego.

3. **Lascino** qui le valigie, non c'è problema.
   _____ qui le valigie, non c'è problema.

4. **Escano** con calma, non c'è fretta.
   _____ con calma, non c'è fretta.

5. **Abbiano** la cortesia di aspettare ancora un minuto.
   _____ la cortesia di aspettare ancora un minuto.

6. **Entrino** nella stanza a destra, l'Ambasciatore arriverà tra un minuto.
   _____ nella stanza a destra, l'Ambasciatore arriverà tra un minuto.

RIPASSIAMO

12 *Sottolinea* l'**opzione** *giusta.*

▶ Pronto intervento, **dica / dici**.

● Telefono perché c'è stato un incidente, mio marito è caduto dalla bicicletta e ha battuto la testa! Qui **non / –** c'è **nessuno / nessun** che ci può aiutare...!

▶ Bene, mandiamo subito un'ambulanza. Nel frattempo, non **tocca / tocchi** la testa di Suo marito e non lo **sposti / sposta** dal punto dove è caduto. Suo marito è cosciente? Può parlare?

● Sì, ma dice che gli fa male molto la testa e la schiena.

▶ Ok. Può muovere **braccia / bracci** e gambe?

● Sì, ma ha battuto anche **i ginocchi / le ginocchia** e quando **le / ne** muove sente dolore. Per fortuna non andavamo **troppi / troppo** veloci...

▶ Bene. **Stia / Stai** tranquilla, non è niente di grave. **Parla / Parli** con lui e **cerca / cerchi** di tenerlo sveglio, non deve addormentarsi. Dove vi trovate?

● Siamo sulla strada statale tra Arezzo e Perugia.

▶ Sì, ma dove precisamente? Ci sono **dei / di** cartelli stradali, lì vicino?

● No, non **lo / ne** vedo **nessun / nessuno**... Ah, ecco, c'è una scritta! Siamo al **ventiduesimo / ventiduissimo** chilometro da Perugia.

▶ Bene. Lei **resta / resti** sempre con lui. Arriviamo subito.

LA GRAMMATICA DEL BARBIERE

episodio 04

1 *Prima di guardare il video, sottolinea le opzioni corrette nel dialogo. Poi guarda il video per la verifica.*

Christoph (...) i verbi irregolari sono **difficilissimi / molto difficilissimi!**

Maurizio I verbi irregolari... Ma no, è facile, Christoph: adesso **faccio / faccia** una telefonata come esempio.

Christoph Una telefonata?

Maurizio Sì, ma non una telefonata vera. **Immagini / Immagina** una telefonata con un cliente. Un cliente nuovo.

Christoph Un cliente... **Lo / Ne** conosco?

Maurizio Ma no, Christoph! È una telefonata immaginaria! Io adesso faccio una telefonata, ma **non / –** parlo con **nessun / nessuno**. È un esempio per l'imperativo formale. Hai capito?

2 *Completa il testo con gli imperativi (spazi _____) e le preposizioni (spazi ____).*

imperativi	preposizioni
vada – dica – scenda venga – faccia – prenda	della – dalla – alle della – in – alle – a

Pronto? Sì, sono io. Cosa? Un appuntamento? Oggi sono libero il pomeriggio. _____ Lei. _____ tre del pomeriggio? Perfetto, _____ _____ 3, io l'aspetto. Cosa? Certo, può venire _____ autobus. Allora, _____ così: _____ il 24 e _____ verso la stazione. _____ prima _____ fermata _____ stazione. Io sono _____ 50 metri _____ stazione.

3 *Inserisci le parole della lista al posto giusto nel dialogo, come nell'esempio. Attenzione: le parole non sono in ordine.*

assomigliano | **così** | **fine** | **non** | ~~notate~~ | **più**

Maurizio Perfetto. Cosa hai? Dica, venga, faccia, vada...

Christoph Be', tutti a "io dico", "io vengo", "io faccio", "io vado", solo che hanno la A alla.

Maurizio Bravissimo! Vedi che è difficile?

Christoph Avevi ragione! Così sembra facile!

Aldo Per i verbi essere e avere non è facile.

Maurizio Grazie Aldo!

4 *Aldo dice che l'imperativo formale di essere e avere non è facile. Ricordi qual è?*

essere → _____

avere → _____

QUALCOSA in PIÚ ⊕

L'imperativo formale di alcuni verbi, di solito poco usati, è ancora presente in contesti particolari, come per esempio con la Polizia o in generale con le autorità. Esempio:

Polizia o Carabinieri
Favorisca i documenti! (= mi dia i documenti)

PREPOSIZIONI

Preposizioni e negozi

in	*in* farmacia, *in* macelleria...
a + articolo	*al* mercato, *all'*alimentari...
da + articolo	*dal* fruttivendolo, *dal* parrucchiere...

Da
Usiamo *da* con:
• i nomi di professione: *Vado **dal** medico.*
  (= allo studio del medico)
• i nomi di persona: *Vado **da** Ivan.*
  (= a casa di Ivan / dov'è Ivan)
• le persone: *Vado **da** mio zio.*
  (= a casa di mio zio)
• i pronomi personali: *Vieni **da** me stasera?*
  (= a casa mia)

STARE + GERUNDIO

Completa le tabelle.

La forma *stare* + gerundio indica un'azione che accade adesso, in questo momento:
*Fabiana **sta leggendo** un libro.* (= legge un libro adesso)

▶ *Pronto? Dove sei?*   ● ***Sto facendo** la fila alla posta.*

Il gerundio

FORME REGOLARI		FORME IRREGOLARI	
VERBI IN -*ARE*	parl**ando**	bere	bevendo
VERBI IN -*ERE*	chiud**endo**	dire	dic⬚
VERBI IN -*IRE*	part⬚	fare	fac⬚

PLURALI: CASI PARTICOLARI

Plurali irregolari
Al plurale alcuni nomi diventano femminili e prendono la -*a*: *Annalisa ha **molte paia** di scarpe.*

SINGOLARE	PLURALE
paio (m.)	paia (f.)
centinaio (m.)	centinaia (f.)
migliaio (m.)	migliaia (f.)

Plurale dei nomi in -*cia* / -*gia*
Se prima di -*cia* / -*gia* c'è una vocale, il plurale finisce in -*ie*: farma<u>c</u>ia → farmac**ie**, vali<u>g</u>ia → valig**ie**.
Se prima di -*cia* / -*gia* c'è una consonante, il plurale finisce in -*e*: aran<u>c</u>ia → aranc**e**, spiag<u>g</u>ia → spiagg**e**.

IMPERATIVO CON TU + PRONOMI

Completa gli esempi.

I pronomi (diretti, indiretti, riflessivi) e le particelle *ci* e *ne* vanno dopo l'imperativo con *tu* e formano una sola parola:
*Belli, quei pantaloni. Prova**li**!*
*Rosaria è triste, mand**ale** un messaggio.*
*Lava**ti** le mani, Samuele!*
Se ti piace tanto Roma, resta⬚ un altro giorno.
*È finito il prosciutto, compra**ne** due etti per favore.*

Con la forma negativa mettiamo il pronome o prima del verbo, o dopo in un'unica parola.
Prima del verbo: *Quella borsa ha un difetto: non **la** comprare.*
Dopo il verbo: *Quella borsa ha un difetto: non comprar**la**.*

Con i verbi irregolari *andare, dare, dire, fare, stare* i pronomi e le particelle *ci* e *ne* raddoppiano la consonante iniziale:
*Non posso venire in centro con te. **Vacci** con Marco.* (va' + ci)
*Ecco Sandra. **Da**⬚ il suo regalo!* (da' + le)
***Dimmi** la verità: perché non vuoi incontrare Miriam?* (di' + mi)
*Sei stressato? **Fa**⬚ un bagno caldo per rilassarti.* (fa' + ti)
*È un momento difficile, **sta**⬚ vicino.* (sta' + mi)

Attenzione: con il pronome *gli* non c'è raddoppiamento:
*È il compleanno di Luca. **Fagli** un regalo!*

AVERCI

Completa gli esempi.

Nella lingua parlata, per dire che abbiamo una cosa usiamo la forma *ce l'ho* / *ce li ho* / *ce le ho*.

▶ *Hai il passaporto?*   ● *Sì, **ce l'ho**.*
▶ *Ha la large di questa gonna?*   ● *Certo, signora, ⬚ ho.*
▶ *Hai i biglietti?*   ● *Sì, **ce li ho**.*
▶ *Hai le valigie?*   ● *Sì, ⬚ ho.*

Per dire che non abbiamo qualcosa usiamo la formula *non ce l'ho* / *non ce li ho* / *non ce le ho*:
▶ *Hai il passaporto?*   ● *No, **non ce l'ho**.*

IMPERATIVO CON LEI, NOI, VOI + PRONOMI

Con *Lei* – I pronomi (diretti, indiretti, riflessivi) e le particelle *ci* e *ne* vanno <u>prima</u> dell'imperativo con **Lei**, anche nella forma negativa:
*Per favore, **ci** spedisca il documento.*
*Il formaggio non Le fa bene. Non **ne** mangi troppo.*
*Non **si** metta qui, è pericoloso!*

Con *voi* e *noi* – I pronomi (diretti, indiretti, riflessivi) e le particelle *ci* e *ne* vanno <u>dopo</u> l'imperativo con *voi* e *noi* e formano una sola parola:
*Sabato c'è la festa di Mario. Andiamo**ci**!*
*Domani sveglia**tevi** presto.*

Con la forma negativa mettiamo il pronome o prima dell'imperativo, o dopo in un'unica parola.
Prima del verbo: *Quel caffè è cattivo: non **lo** bevete!*
Dopo il verbo: *Quel caffè è cattivo: non beveter**lo**!*

PREPOSIZIONI

1 Sottolinea l'opzione corretta.

1. Sono andata **al / dal** fioraio e ho comprato un mazzo di fiori.
2. Ho la febbre, ho bisogno di alcune medicine: prima di tornare **a / in** casa, puoi passare **a / in** farmacia, per favore?
3. Ragazzi, questa sera cenate **a / da** noi?
4. Silvano ha lavorato per anni **a / in** un negozio di abbigliamento.
5. Mamma, oggi non torno **a / alla** casa per cena, mangio **a / da** Marina.
6. Stamattina ho incontrato tua sorella **al / dal** panettiere: abbiamo parlato un po' e poi siamo andate **al / dal** bar a prendere un caffè.

2 Completa le frasi con le preposizioni in, a, da. Quando necessario, aggiungi anche l'articolo determinativo.

1. Vieni ____ libreria con me? Voglio comprare l'ultimo di Michela Murgia.
2. Abbiamo cenato ____ miei zii e poi siamo andati ____ cinema.
3. Sono arrivato ____ ufficio in ritardo perché c'era molto traffico.
4. Di solito vado ____ scuola in bicicletta, e tu?
5. Stefania, domani pomeriggio non prendere appuntamenti, dobbiamo andare ____ dottore.
6. Mi piace molto leggere e di solito prendo i libri ____ biblioteca, è più economico.

STARE + GERUNDIO

3 Completa le frasi con i verbi della lista nella forma stare + gerundio.

guidare | dire | bere | fare
giocare | ballare | fare

Silvia e Fabio _____ _____ colazione.

Fausto e Teresa _____ _____.

Paola _____ _____ una tazza di tè.

▸ Ciao Giorgio, come va? Cosa _____ _____?

● Mamma scusa, ma sono in auto, _____ _____.

Scusa Mauro, c'è molto rumore, non sento bene! Non capisco cosa mi ____ _____!

▸ Bambini, devo fare una telefonata di lavoro!

● Tranquilla, mamma, io e Pietro ____ _____!

QUALCOSA in PIÚ

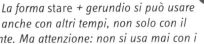

La forma stare + gerundio si può usare anche con altri tempi, non solo con il presente. Ma attenzione: non si usa mai con i tempi composti!

Esempi:
Quando mi hai chiamato **stavo mangiando**. ✓
Due ore fa ~~sono stato leggendo~~ un libro. ✗

4 *Completa le frasi con la forma* stare + gerundio *dei verbi.*

1. Scusate, ragazzi: (*dire*) _____ _____ che domani non c'è lezione? Non (*scherzare*) _____ _____, vero?

2. Presto, Vincenzo, corri! Il treno (*partire*) _____ _____!

3. Ciao mamma, io e Patrizia (*andare*) _____ _____ a fare la spesa, poi veniamo da te.

4. Signori, siete pregati di andare alle casse: il supermercato (*chiudere*) _____ _____.

5. ▶ Sara, ti piacciono i cani?
   ● Guarda, i miei figli mi (*chiedere*) _____ _____ di prendere un cane da anni, ma io (*resistere*) _____ _____: la casa è troppo piccola.

PLURALI: CASI PARTICOLARI

5 *Sottolinea* le **opzioni** *corrette.*

1. Alla partita c'era solo **una migliaia / un migliaio** di persone.

2. Lo sai che in Italia ci sono circa 5000 **spiaggie / spiagge**?

3. Ma quante **valige / valigie** vuoi portare? Stiamo fuori solo **una paia / un paio** di giorni!

4. Nel fine settimana andiamo a visitare un borgo a meno di **una centinaia / un centinaio** di chilometri da qui...

5. Buone queste **arance / arancie**, dove le hai comprate?

6. Signora, per il Suo problema agli occhi deve mettere queste **gocce / goccie** tre volte al giorno.

QUALCOSA in PIÚ

I nomi femminili in -scia *hanno il plurale in* -sce.

la coscia - le cosce
la fascia - le fasce

IMPERATIVO CON TU + PRONOMI

6 *Sottolinea* l'**opzione** *corretta. Attenzione: in un caso tutte e due le opzioni sono corrette.*

1. Quel film è bellissimo: **guardalo / lo guarda**, quando hai tempo!

2. Perché mi dai del Lei? **Diamolo / Diamoci** del tu!

3. Lo so che ti piacciono i dolci, ma non **ne mangiare / mangiarne** troppi.

4. Stai zitto e **me fai / fammi** parlare!

5. Queste scarpe sono brutte, non le **compra / comprare**!

6. Queste scarpe sono belle, **le compra / comprale**!

7. Non hai ancora finito i compiti? Dai, **finiscili / finiscici** presto così poi possiamo uscire!

8. Ragazzi, è finito il tempo: **datemi / li date** i vostri test!

9. Pamela, **alzati / alzala**! Hai dimenticato che oggi hai il colloquio di lavoro?

7 *Completa la tabella, come negli esempi.*

	a me	a lui / a loro	a lei	a noi
dare il libro				*dacci*
fare un favore	*fammi*			
dire la verità				
stare vicino				

8 *Completa le frasi con i pronomi (diretti, indiretti, ci, ne).*

1. ▶ Non vedo Francesco da due settimane.
   ● Beh, chiama___!

2. Se vuoi andare al centro commerciale, non andar___ nel fine settimana, c'è troppa gente.

3. Se vedi Marisa, chiedi___ quando parte per le vacanze.

4. Secondo me, queste scarpe sono perfette per te: prova___!

5. Ci sono ancora i biglietti per il concerto? Allora prendi___ due!

6. Papà, voglio venire anch'io in ufficio: ti prego, porta___ con te!

7. Il museo della carta è adatto ai bambini: porta___ i tuoi figli!

8. Non puoi spendere tutti i tuoi soldi in un giorno, spendi___ solo metà.

9. Se hai già letto il libro, da___ a Maura, lo voleva leggere anche lei.

10. Se a Piero piace scrivere, regala___ un corso di scrittura creativa.

9 *Completa il dialogo con i verbi all'imperativo e i pronomi.*

Christoph Maurizio, oggi è il compleanno di mia madre.

Maurizio Ah, *(fare - a lei)* _____ gli auguri anche da parte mia!

Christoph Grazie. Però volevo chiederti una cosa, ma non so se puoi aiutarmi.

Maurizio Beh, se hai una domanda, *(fare - la domanda)* _____ e vediamo cosa posso fare.

Christoph Allora, vorrei fare un regalo a mia madre, qui dall'Italia.

Maurizio Ma certo! *(Regalare - a lei)* _____ un bel mazzo di fiori: ci sono molti fiorai che fanno questo servizio da una nazione all'altra. Ce n'è proprio uno qui vicino: però adesso è chiuso, *(Andare - lì)* _____ dopo le nove.

Christoph Ah, bene! Grazie! Però pensavo anche a un regalo diverso, non so, una scatola con prodotti gastronomici italiani.

Maurizio Ah, ottima idea! Se le piace il vino, *(prendere - a lei)* _____ un paio di bottiglie dei Castelli Romani, tipici della zona!

Christoph Sì, ma a lei piace anche molto la pasta...

Maurizio Allora, oltre ai vini, *(metti - nella scatola)* _____ anche della pasta all'uovo! E qualche sugo buono! Se vuoi un consiglio, *(comprare - la pasta e i sughi)* _____ nel negozio qui dietro, hanno dei prodotti davvero eccezionali!

Christoph Perfetto! Allora *(fare - a me)* _____ la barba, e poi vado subito a comprare tutto!

L'ANGOLO DI ALDO

L'imperativo con **TU + i pronomi** è usato in molte espressioni, formule o "frasi fatte":

Stammi bene! | Figurati | Non mi dire
Vallo a capire / sapere

ESERCIZIO

Completa il dialogo con le espressioni di Aldo.

▶ Grazie mille per il regalo!

● Di niente, _____! A proposito di regali, dobbiamo farne uno a Aldo.

▶ E perché?

● Ma come... Non lo sai che si sposa?

▶ Davvero? Ma _____...

● Sì, ha deciso di sposarsi solo pochi giorni fa! Lui che è sempre stato contrario al matrimonio... _____...

▶ Con Aldo non si può mai essere sicuri di niente! Ora devo andare, Ci vediamo presto. _____!

AVERCI

10 *Completa le frasi con le forme di* averci.

1. ▶ Tiziana, hai tu i biglietti del concerto?

   ● No, io non __ __ _____. Non ricordi che __ __ _____ tu? Li hai messi nella borsa ieri.

2. ▶ Perché siete venuti a piedi? Non avete l'auto?

   ● Sì, __ __ _____, ma non vogliamo usarla spesso.

3. ▶ Scusate, ma le chiavi di casa chi le ha?

   ● Che domanda! __ __ _____ sempre voi!

4. ▶ Allora, prima di partire, controlliamo se abbiamo tutto.

   ● Giusto. Io ho messo tutte le mie cose nello zaino. Biglietti: __ __ _____, passaporto: __ __ _____, carta di credito: __ __ _____, pasticche per il mal d'aereo: __ __ _____!

IMPERATIVO CON LEI, NOI VOI + PRONOMI

11 *Abbina le frasi e* sottolinea *l'***opzione** *corretta.*

1. In quel ristorante abbiamo mangiato male, ☐
2. Signor Mari, suo figlio ha troppi voti bassi, ☐
3. Bambini, è tardi, ☐
4. Signora, queste camicie sono in offerta, ☐
5. Ragazzi, il pane c'è, ☐

a. **gli dica / digli** di studiare di più.

b. non **comprarlo / lo comprate**.

c. non **tornaci / torniamoci** più.

d. **comprine / ne compri** due e ne avrà una terza gratis!

e. **alzatevi / vi alzate** subito dal letto!

12 *Completa le frasi con l'imperativo e i pronomi, come nell'esempio. In un caso sono possibili due soluzioni.*

1. Se non sapere a chi dare il vostro gatto durante le vacanze, (**voi - lasciare - il gatto**)

   _____ *lasciatelo* _____ a noi!

2. Questo vino non è buono: (**voi - non - bere - il vino**)

   _____

3. Signora Pavoni, suo figlio ha un grande talento musicale: (**iscrivere - il figlio**)

   _____ a una scuola di canto!

4. Non siete mai state a Parigi? (**voi - andare - a Parigi**)

   _____ questa estate!

5. Ragazzi, il treno sta partendo: buon viaggio e buone vacanze! (**voi - divertirsi**)

   _____!

6. I miei genitori non usano più la loro vecchia Vespa: (**noi - prendere - la Vespa**)

   _____ noi!

RIPASSIAMO

13 *Sottolinea l'***opzione** *corretta.*

1. (All'aeroporto)

Poliziotta	Signore, prego, **si fermi / si sta fermando** qui e allarghi **la / le** braccia. Che cos'ha nelle tasche dei pantaloni?
Signore	Niente...
Poliziotta	Strano, il metal detector **lui segnala / sta segnalando** qualcosa di metallo.
Signore	Ah, sì: ho **un paio / una paia** di chiavi. **Scusi me / Mi scusi**.
Poliziotta	**Metta le / Le metta** qui, per favore. Bene, Ora può andare.

2. (Al commissariato)

Poliziotto	Signora, per favore, **si calma / si calmi** e **dicami / mi dica** cosa è successo.
Signora	Allora, ero **al / in** bar e qualcuno mi ha rubato il portafoglio! **Ce l'avevo / C'era** nella borsa.
Poliziotto	Quanti soldi **ce l'aveva / c'erano** dentro?
Signora	**Alcuna / Alcune** migliaia di euro...
Poliziotto	Cosa? **Mi sta dicendo / Sta mi dicendo** che esce sempre con tutti questi soldi?
Signora	No, no, ma oggi **ce li avevo / ce l'avevo** solo perché dovevo andare **al / dal** mio dentista per fare un pagamento.
Poliziotto	Uhm, In contanti? **Mi spiega / Mi spieghi** meglio, per favore.
Signora	Ma cosa vuole sapere? **Ci preoccupiamo / Preoccupiamoci** del mio ladro, invece!
Poliziotto	**Non dirmi / Non mi dica** cosa devo fare e risponda alla mia domanda, per favore!

LA GRAMMATICA DEL BARBIERE

episodio 05

1 Prima di guardare il video, completa la tabella. Poi guarda il video per la verifica.

DIRE dimmi	Non dirmi	
DARE dammi		Non mi dare
LEGGERE leggilo		
PRENDERE prendilo	Non prenderlo	

2 Completa il dialogo tra Maurizio (M), Christoph (C) e Aldo (A) con le forme verbali della lista.

dammi | **dimmi** | **prendere** | **dare** | **leggerlo**
prenderlo | **darmi** | **dimmi** | **dirmi**

C   Maurizio, adesso ho capito l'imperativo formale,
    ma c'è ancora un problema.

M   Quale?

C   I pronomi. E l'imperativo. Voglio dire, l'imperativo
    e i pronomi insieme...

M   _____ tutto, Christoph, qual è il tuo problema?
    Non _____ che non hai capito come funziona
    la regola!

C   Beh, non è facilissimo...

M   Ma no, è un esempio: "_____" e "Non dirmi"
    Posso anche dire "Leggilo!" o: "Non _____!"

C   Vediamo se ho capito... "Prendilo!" o:
    "Non _____!"

M   Esatto!

C   Posso anche dire: "Non lo _____!", giusto?

M   Sì, giusto.

C   Però, aspetta, aspetta! Prima hai detto "dimmi".
    Vale anche per *dare*?

M   Sì, per *dare, dire, andare*...

C   Quindi posso dire "_____ il giornale"... o:
    "Non _____ il giornale?"

M   Esatto, bravissimo! Ma anche: "Non mi _____
    il giornale!"

3 Ricomponi le frasi.

avete | perché | sola
non | regola | una

_____
_____ ?

modi | agli | fare | piace | cosa |
in | la | italiani | diversi | stessa

_____
_____ .

4 Due delle frasi hanno un imperativo errato: trovalo e correggilo.

1. Maurizio, se vuoi questa penna, prenderla.
   _____

2. Aldo, ho già preso il giornale, non comprarlo.
   _____

3. Maurizio non sa ancora niente, telefonagli!
   _____

4. Christoph, quel quartiere è pericoloso, non vacci!
   _____

5. Dicci tutto, Christoph: come possiamo aiutarti?
   _____

A2 LEZIONE 6

Completa la *GRAMMATICA ATTIVA*

USI DELLA PARTICELLA NE

Usiamo spesso *ne* con verbi come *parlare (di)*, *pensare (di)*, *avere voglia / bisogno di*:

*È un film bellissimo, **ne** parlano tutti!* (ne = del film)

A Giulio piace molto il corso di spagnolo.
*Tu che cosa **ne** pensi?* (ne = del corso di spagnolo)

AGGETTIVO + DA + INFINITO

*Il tablet è **comodo da portare** in viaggio.*
(= lo porti comodamente in viaggio)

*Questa lingua è **utile da sapere**.* (= è utile se la sai)

PLURALI: CASI PARTICOLARI

Completa con il plurale di *cinema*.

I nomi maschili in -*a* (*problema*, *schema*, *panorama*...) hanno il plurale in -*i* (*problemi*, *schemi*, *panorami*...).

Attenzione: il plurale di *cinema* è [   ] Questo perché è un'abbreviazione: *il cinema(tografo) / i cinema(tografi)*. Altre parole come *cinema*: *foto(grafia/e)*, *metro(politana/e)*, *bici(cletta/e)*, *moto(cicletta/e)*, *frigo(rifero/i)*.

IL VERBO BISOGNA

Bisogna significa "è necessario". Dopo *bisogna* c'è un verbo all'infinito:
*Per fare questo lavoro **bisogna** sapere bene l'inglese.*
(= è necessario sapere bene l'inglese)

Bisogna non cambia mai, è una forma impersonale. Non possiamo dire *io bisogno* ✗, *loro bisognano* ✗ ecc.
In questi casi, usiamo *avere bisogno di*:
Ho bisogno di bere. (= per me è necessario bere)
Dopo *avere bisogno di* possiamo mettere un verbo all'infinito o un nome: *Ho bisogno di un lavoro.*

I PRONOMI COMBINATI

Completa lo schema dei pronomi combinati.

Quando un pronome diretto (o *ne*) e un pronome indiretto sono nella stessa frase, diventano un pronome combinato. I pronomi indiretti vanno <u>prima</u> dei pronomi diretti.

Attenzione: *gli* e *le* formano una sola parola con i pronomi diretti: *glielo / gliela / glieli / gliele*.

	LO	LA	LI	LE	NE
MI			me li	me le	
TI				te le	te ne
GLI / LE	glielo	gliela		gliele	
CI	ce lo	ce la	ce li		ce ne
VI	ve lo			ve le	ve ne
GLI		gliela	glieli		gliene

Completa gli esempi con i pronomi combinati.

▶ *Papà, mi fai un tè, per favore?*
● *Sì, Sandra. Tra cinque minuti* [   ][   ] *faccio.*

▶ *Ferruccio e Giada vengono con noi al ristorante?*
● *Non lo so, **glielo** chiedo dopo.*

▶ *Che buoni questi biscotti!* [   ][   ] *dai un altro?*

LA DISLOCAZIONE

Le dislocazioni evidenziano un elemento della frase: l'elemento importante è all'inizio della frase e nella seconda parte c'è un pronome.

FRASE NORMALE	DISLOCAZIONE
Hai comprato il latte?	*Il latte **l'**hai comprato?*
Prendi tu i biglietti?	*I biglietti **li** prendi tu?*

GIÀ E ANCORA CON IL PASSATO PROSSIMO

Già va generalmente tra l'ausiliare e il participio passato:
<u>Abbiamo</u> **già** <u>visitato</u> *Venezia, non ci torniamo quest'anno.*

Nelle frasi negative usiamo *ancora*, che può andare:
• tra l'ausiliare e il participio passato:
Sono le 20 e non <u>ho</u> **ancora** <u>finito</u> *di lavorare!*
• prima di *non*:
*Sono le 20 e **ancora** <u>non</u> ho finito di lavorare!*

102   ALMA Edizioni | DIECI lezioni di GRAMMATICA

USO DELLA PARTICELLA NE

1 Indica le frasi senza errori. Le lettere corrispondenti formano il cognome di un regista italiano famoso per i suoi "spaghetti western".

1. ► Hai molti compiti per domani?
   ● No, li ho pochi.　　　　　　　　　　　　　**P**

2. ► Posso prendere la macchina oggi?
   ● Sì, certo, io non ne ho bisogno.　　　　　**L**

3. ► Hai visto la nuova serie di Tim Burton?
   ● No, ma la parlano tutti.　　　　　　　　　**A**

4. ► Conosci un buon dentista?
   ● Mi dispiace, non ne conosco nessuno.　**E**

5. ► Che cosa ne pensi?
   ● Non so, non conosco bene i dettagli di
     questa storia ...　　　　　　　　　　　　　**O**

6. ► Ma quanti libri hai comprato?
   ● Veramente ne ho comprato solo tre...!　**T**

7. ► Ti va di fare una passeggiata?
   ● No, adesso non ne ho voglia.　　　　　　**N**

8. ► Vuoi ancora una fetta di torta?
   ● No, grazie, ne ho mangiata troppa!　　　**E**

Il nome del regista è SERGIO ☐☐☐☐☐☐

AGGETTIVO DA + INFINITO

2 Completa le frasi con le preposizioni di e da.

1. Domani finisco ___ lavorare tardi, non posso fare la spesa.

2. Lo so che non è una cosa bella ___ dire, però a me il Natale non piace.

3. Oggi l'insegnante non aveva molta voglia ___ parlare e ha deciso ___ fare un test.

4. Questi dolci sono brutti ___ vedere, ma molto buoni ___ mangiare!

5. Pensate bene prima ___ parlare: avete davvero qualcosa di interessante ___ dire?

6. Secondo molti, l'italiano è una lingua bella ___ ascoltare.

7. Sono mesi che mia madre lavora senza sosta, ora ha solo voglia ___ riposare.

8. Molti oggetti di design sono difficili ___ usare.

QUALCOSA in PIÚ ➕

Oltre che dopo aggettivi, troviamo la preposizione da + infinito anche dopo pronomi indefiniti come qualcuno, qualcosa, nessuno, niente.

Esempi:
In frigorifero non c'è <u>niente</u> **da** mangiare.
Tutti abbiamo bisogno di <u>qualcuno</u> **da** amare.

PLURALI: CASI PARTICOLARI

3 Completa le parole con l'ultima lettera.

1. Quando ero piccolo, nella mia città c'erano solo due cinem___.

2. A che pagina sono gli schem___ grammaticali?

3. Tommaso è davvero un amico: mi ha sempre aiutato quando ho avuto problem___ economici.

4. Queste sono le fot___ del mio matrimonio.

5. Il parcheggio per le bic___ è a destra.

6. L'isola di Procida è famosa per i suoi bellissimi panoram___.

PROCIDA

QUALCOSA in PIÚ ➕

Altre parole maschili in -a con il plurale in -i sono:

tema – teorema – enigma
diploma – dilemma – fantasma

USO DELLA PARTICELLA NE - AGGETTIVO DA + INFINITO - PLURALI: CASI PARTICOLARI

4 *Sottolinea l'opzione corretta.*

IN VIAGGIO CON UN AMICO... SPECIALE

In Italia ci sono più **di / da** 30 milioni di animali domestici, in pratica un italiano su due ha in casa un cane o un gatto, o un altro animale. Tenere un animale in casa non è però una decisione facile **da / di** prendere, e quando è tempo **da / di** vacanze iniziano i **problema / problemi**: viaggiare con gli animali o no?

È vero, infatti, che gli italiani amano avere un gatto o un cane, ma è anche vero che **ne / li** abbandonano più di 130 mila ogni anno, soprattutto nel periodo estivo. Le persone che invece vogliono viaggiare con un animale, hanno **un'altra / un altro** dilemma: trovare una struttura disposta **ad / da** accogliere l'amico peloso. Per fortuna, negli ultimi anni è più facile **– / da** viaggiare con un animale, e ci sono molte spiagge dove è possibile anche portare cani o gatti. In ogni caso, prima **da / di** ogni vacanza, è sempre meglio **– / da** organizzare bene il viaggio e **parlarne / parlarci** con il veterinario. Sembra una cosa normale **da / di** fare, ma solo il 30% degli italiani **ne / la** fa!

IL VERBO BISOGNA

5 *Completa le frasi con* bisogna *o* avere bisogno di.

1. Lucia, so che è un momento difficile per te: se _____ qualcosa, telefonami.

2. Tutti sanno che nella carbonara non _____ mettere la panna!

3. Ragazzi, _____ aiuto? So che avete un esame tra pochi giorni.

4. Mi hanno offerto un lavoro interessante, ma prima di decidere _____ altre informazioni.

5. Per parlare bene una lingua _____ studiare almeno qualche anno.

6. In treno non _____ parlare ad alta voce.

I PRONOMI COMBINATI

6 *Inserisci nelle frasi i pronomi combinati della lista. Attenzione: ci sono due pronomi combinati in più.*

**gliene | ce la | me ne | me la
se ne | glielo | me le | me l'**

1. ▶ Hanno dato il regalo a Nora?
   ● No, _____ danno domani.

2. ▶ Chi ti ha parlato di questo film?
   ● _____ ha parlato Stefano.

3. ▶ Ragazzi, chi vi prepara la cena?
   ● _____ preparano gli zii.

4. ▶ Qualcuno ti ha dato le chiavi di casa?
   ● Sì, _____ ha date Fausto.

5. ▶ Hai comprato tu i libri per Sofia?
   ● Sì, _____ ho comprati due.

6. ▶ Mi puoi prestare la tua auto?
   ● Sì, ma stasera _____ devi restituire.

7 *Scrivi il pronome combinato corretto, come nell'esempio.*

1. Non dicono a noi la verità. ➜ Non _ce la_ dicono.

2. Danno a lei il libro. ➜ _____ danno.

3. Prestano a te la macchina? ➜ _____ prestano?

4. Chiedono a loro delle informazioni.
   ➜ _____ chiedono.

5. Hanno offerto a noi il pranzo.
   ➜ _____ hanno offerto.

6. Non voglio parlare a lei di questa cosa.
   ➜ Non _____ voglio parlare.

7. Mi ha regalato due paia di scarpe.
   ➜ _____ regalate due paia.

8 *Completa il dialogo con i pronomi combinati.*

Eva	Allora, ragazze, vi devo dare una notizia importante! Ma forse (*a voi – la notizia*) _____ dico più tardi.
Cristina	Eh no, adesso (*a noi – la notizia*) _____ devi dare subito!
Sara	E sì, non puoi farci aspettare!
Eva	E va bene, però ancora non è una cosa ufficiale, neanche mia madre sa niente!
Sara	E quando (*a lei – di questa cosa*) _____ parli?
Eva	Non lo so... Lei è capace di dirlo subito a tutti i parenti, e io non voglio, non ancora!
Cristina	Beh, siamo sempre più curiose! Di che si tratta?
Eva	Allora, mi trasferisco in Canada! Ho trovato un lavoro bellissimo a Toronto!
Sara	Cosa? Ma come in Canada? Quando?
Eva	Ancora non lo so con certezza, (*a me – questo*) _____ devono comunicare presto.
Cristina	Ma quindi la cosa è sicura! Hai fatto già il colloquio e tutto il resto!
Eva	Sì, ho fatto due colloqui a distanza. Loro sono una grande azienda internazionale...
Sara	Ti hanno anche parlato dello stipendio, immagino.
Eva	Certo, (*a me – dello stipendio*) _____ hanno parlato e devo dire che è una delle ragioni che mi hanno convinto ad accettare questo lavoro!
Cristina	Ma scusa, Tommaso cosa ne pensa? È d'accordo?
Eva	Beh, veramente ancora non lo sa...
Sara	Cosa? Non (*a lui – questo*) _____ hai ancora detto?
Eva	Volevo essere sicura al 100%... E poi non ho il coraggio di dir_____ (*a lui – questo*).
Cristina	Scusa se (*a te – questo*) _____ dico, Eva, però questo tuo atteggiamento è molto infantile, lo sai?
Eva	Sì, hai ragione... (*a lui – di questo*) _____ parlo stasera.

LA DISLOCAZIONE

9 *Trasforma le frasi come nell'esempio.*

1. Abbiamo comprato i biglietti.

   I biglietti li abbiamo comprati _____.

2. Hai lavato la macchina?

   _____?

3. Non parlo bene il tedesco.

   _____.

4. Hanno mangiato tutta la pizza.

   _____.

5. Non ho ancora visto il film di Sorrentino.

   _____.

6. Avete fatto le valigie?

   _____?

7. Non suoni il piano da anni.

   _____.

8. Hai preso tu i documenti?

   _____.

10 *In quali di queste frasi c'è una dislocazione?*

1. Ho comprato il libro e l'ho regalato a Paolo. ☐
2. L'aereo non è ancora partito. ☐
3. A Parigi non ci vado da anni. ☐
4. I pop corn al cinema non li prendo mai. ☐
5. Quel libro l'ho letto due volte. ☐
6. L'albergo non l'ho scelto io. ☐

GIÀ E ANCORA CON IL PASSATO PROSSIMO

11 ~~Elimina~~ già o ancora *dove non sono necessari.*

1. Avete già mangiato tutto già?
2. Mi hai ripetuto la regola due volte, ma non ancora l'ho ancora capita.
3. Sì, in già America ci siamo già stati, ma ancora non ancora abbiamo visitato New York e Los Angeles.
4. Mauro e Sara si già sono già svegliati?

L'ANGOLO DI ALDO

Anche i verbi riflessivi formano pronomi combinati con i pronomi diretti:

▶ Quando **ti** sei fatto **la** doccia?
● **Me la** sono fatta ieri sera.

Osserva lo schema dei pronomi riflessivi con i pronomi diretti.

	LO	LA	LI	LE	NE
MI	me lo	me la	te li	me le	me ne
TI	te lo	te la	te li	te le	te ne
SI	se lo	se la	se li	se le	se ne
CI	ce lo	ce la	ce li	ce le	ce ne
VI	ve lo	ve la	ve li	ve le	ve ne
SI	se lo	se la	se li	se le	se ne

ESERCIZIO

Completa le frasi con i pronomi combinati.

1. ▶ Ti sei lavata i denti?
   ● Sì, _____ sono lavati poco fa.

2. ▶ Ragazzi, fa freddo, dovete mettervi la sciarpa!
   ● Sì, mamma, _____ siamo messa!

3. ▶ Vi siete ricordati di telefonare a Nicola?
   ● Oh no...! _____ siamo completamente dimenticati!

4. ▶ Tu ti fai la doccia la mattina o la sera?
   ● Di solito _____ faccio la mattina.

5. ▶ Ma davvero ti sei innamorata subito di papà?
   ● Sì, _____ sono innamorata dal primo momento in cui ci siamo parlati.

6. ▶ Vi siete ricordati di fare gli auguri al nonno per il suo compleanno?
   ● Sì, per fortuna mamma _____ ricorda sempre.

RIPASSIAMO

12 <u>Sottolinea</u> l'**opzione** corretta.

Christoph chiede a Maurizio informazioni su una notizia che ha letto.

Christoph Maurizio, ho letto una cosa interessante, in questi giorni **la / ne** parlano tutti.

Maurizio Sì, dimmi, Christoph: i **tema / temi** che mi proponi **ne / li** trovo sempre interessanti.

Christoph Beh, si tratta della capitale italiana della cultura: mi sembra una cosa utile **da / di** sapere, ma sinceramente non ho **già / ancora** capito bene molte cose. Per esempio: partecipano sempre tutte le città italiane? E cosa **hanno bisogno / bisogna** fare per partecipare?

Maurizio Ahah, adesso **te lo / te ne** spiego, Christoph. Allora, prima **da / di** tutto ogni anno partecipano solo alcune città italiane, poi c'è una selezione di dieci finaliste e una commissione di esperti **ne / la** sceglie una. Ma la selezione non è facile **da / di** superare!

Christoph Sì, ma non capisco: vince la città più bella, che ha più **panorami / panorama**? Oppure quella più famosa?

Maurizio No no, Christoph, il contrario: hanno vinto anche città piccole, ma ricche di storia, come Ravenna, Perugia, Mantova... Per vincere **bisogna / ha bisogno** avere un progetto interessante e presentare i **programma / programmi** delle attività culturali previste nell'anno.

Christoph Ah, ora ho capito. E qual è il premio per chi vince?

Maurizio Beh, tu che **ne / lo** dici? Soldi, ovviamente! E anche tanta pubblicità!

PIAZZA 4 NOVEMBRE - PERUGIA

LA GRAMMATICA DEL BARBIERE

episodio 06

1 *Prima di guardare il video, riordina le frasi. Poi guarda il video e verifica.*

devo | volte | te | quante
dire | lo

_____?

voglio | giornale | prendo
Aldo | il | glielo | di

lo _____.

_____.

spiace | do | mi | lo | te
non | ma

_____: _____.

2 *Completa il dialogo con le parole della lista.*

**durante | scusami | ancora | utili | ricordati | complicata
glielo | preoccupare | fatica | significa | inutile**

Maurizio   (...) Sì, poi a tua madre chi _____ dice?
Tu? E comunque su questo tua madre è
d'accordo con me, è _____ che insisti.
Sì, va bene, a dopo, sì...
I figli! Christoph! _____...! Prego!

Christoph   Ma no, Maurizio, non ti _____, non è
un problema. Come dite voi? La famiglia
prima di tutto.

Maurizio   Eh sì, ma che _____! Io sapevo che
quando i figli crescono è difficile, ma... Che
c'è? Che cosa ho detto?

Christoph   No no, ma prima, _____ la chiamata
hai usato queste forme... "te lo, glielo"...
Le conosco, ma sono _____ difficili per
me... Capisco che sono _____, quando
parlate le usate spesso.

Maurizio   Sì, sono utili. Per esempio, te lo devo dire
_____ "devo dire questa cosa a te"...
è una frase che non suona bene, un po'
lunga, _____...

Christoph   Ma "glielo"? Significa *a lui* o *a lei*?

Maurizio   Tutt'e due! _____: sia per il maschile,
che per il femminile usiamo la stessa forma.

3 *Completa la tabella.*

Te lo devo dire.	Devo dire **questa cosa a te**.
_____ prendo.	Prendo **il giornale a Aldo**.
Non _____ do.	Io non do **il giornale a te**.
Aldo non _____ dà.	Aldo non dà **il giornale a me**.

Completa la *GRAMMATICA ATTIVA*

VERBI PRONOMINALI

Metterci
Ci metto un'ora per andare in ufficio.
(= ho bisogno di un'ora per andare in ufficio)

Volerci
Da Roma a Napoli in treno **ci vuole** circa un'ora.
(= da Roma a Napoli in treno è necessaria circa un'ora)

IL PRONOME RELATIVO CHE

Usiamo il pronome relativo *che* per unire le frasi che hanno **un elemento in comune**. *Che* sostituisce quell'elemento:

Faccio sport in *una piscina* molto bella. **Questa piscina** è aperta anche la domenica.
➥ Faccio sport in una piscina molto bella **che** è aperta anche la domenica.

Che è invariabile e può sostituire cose o persone:
Ho letto <u>i libri</u> **che** mi ha dato Giulia.
Ho pranzato con <u>la ragazza</u> **che** fa il corso di ballo con te.

IL FUTURO SEMPLICE

Completa la coniugazione del futuro semplice.

Per fare previsioni e indicare un evento che avviene nel futuro, possiamo usare il futuro semplice:
Dopo l'università **andrò** a studiare a Milano.

Possiamo usare il futuro anche nel periodo ipotetico:
Se **avrete** pazienza, **riuscirete** a realizzare i vostri progetti.

Verbi con futuro regolare

	-ARE	-ERE	-IRE
io	ascolt**erò**	legg**erò**	dorm**irò**
tu	ascolt**erai**	legg[ ]	dorm[ ]
lui / lei / Lei	ascolt[ ]	legg**erà**	dorm**irà**
noi	ascolt[ ]	legg**eremo**	dorm**iremo**
voi	ascolt**erete**	legg**erete**	dorm[ ]
loro	ascolt**eranno**	legg[ ]	dorm**iranno**

I verbi come *finire* non prendono *-isc-* al futuro: *finirò, finirai...*
I verbi in *-care / -gare* prendono una *h*: *pagherò, pagherai...*
I verbi in *-iare* perdono la *i*: *mangerò, mangerai...*

Verbi con futuro contratto
Al futuro alcuni verbi (come *avere, dovere, andare, potere, vedere, vivere...*) perdono la prima vocale della desinenza.

io	dovrò		noi	dov**remo**
tu	dov**rai**		voi	[ ]
lui / lei / Lei	[ ]		loro	dov**ranno**

Verbi con futuro irregolare

	ESSERE	FARE	VOLERE	DARE
io	sarò	farò	vorrò	[ ]
tu	sar**ai**	far**ai**	[ ]	dar**ai**
lui / lei / Lei	[ ]	farà	vorrà	[ ]
noi	sar**emo**	[ ]	vorr**emo**	dar**emo**
voi	[ ]	far**ete**	[ ]	dar**ete**
loro	sar**anno**	[ ]	vorr**anno**	dar**anno**

Futuro e preposizioni: *tra* e *fra*

Tra / Fra due mesi andrò a Parigi.
(= ora è settembre, vado a Parigi a novembre)

Tra / Fra due giorni mi laureo.
(= oggi è lunedì, mi laureo mercoledì)

CONNETTIVI

	LO USIAMO PER...	ESEMPIO
cioè	spiegare o dare più informazioni	*Luca è vegano,* **cioè** *non mangia uova, latte, carne, pesce...*
siccome	indicare la causa (come *perché*); la frase con *siccome* va prima della frase che esprime la conseguenza	**Siccome** *sto male, non vado al lavoro.* (= non vado al lavoro **perché** sto male)
insomma	concludere un discorso, fare una sintesi	*Ho visitato Roma, Milano, Napoli, Venezia...* **insomma**, *tutte le città italiane più famose.*
infatti	confermare	*Adoro Lisbona,* **infatti** *ci vado spesso.*

FEMMINILE DEI MESTIERI: CASI PARTICOLARI

Alcuni nomi di professione solitamente non cambiano al femminile: *Marilena fa l'***ingegnere**. *Giulia è un* **medico**.

Ma ultimamente si stanno diffondendo sempre di più anche le forme femminili di nomi che prima si usavano solo al maschile:
ingegnere ➥ ingegnera
medico ➥ medica
ministro ➥ ministra
sindaco ➥ sindaca...

VERBI PRONOMINALI

1 <u>Sottolinea</u> l'**opzione** corretta.

1. I miei figli **ci mettono / ci vogliono** sempre molto tempo per prepararsi.

2. Per rimettere in ordine l'appartamento **ci sono messe / ci sono volute** più di quattro ore.

3. È stato un viaggio breve, **ci abbiamo messo / ci abbiamo voluto** solo un'ora.

4. Scusi, quanto tempo **ci mette / ci vuole** il treno per andare a Bologna?

5. Per comprare la nostra casa **ci sono messi / ci sono voluti** molti soldi.

6. **C'è voluto / Ci metteva** quasi un anno, ma alla fine Maurizio ha deciso di cambiare lavoro.

7. Quando ero bambino, per fare i compiti **ci mettevo / ci volevo** sempre tutto il pomeriggio.

2 Completa le frasi con le forme corrette di metterci e volerci.

1. Per andare da casa all'ufficio in metropolitana di solito (*volerci*) _____ venti minuti, ma in bicicletta io (*metterci*) _____ un quarto d'ora.

2. Scusa se sono arrivato in ritardo, ma c'era traffico e l'autobus (*metterci*) _____ più del solito.

3. Silvano, (*metterci*) _____ ancora molto in bagno? Il concerto è fra mezz'ora e per arrivare a teatro (*volerci*) _____ almeno venti minuti, lo sai!

4. Da bambino abitavo vicino alla scuola e (*metterci*) _____ cinque minuti per arrivare.

5. (*Volerci*) _____ sette anni, ma alla fine mi hanno assunto a tempo indeterminato!

6. ▶ Ragazzi, ma ieri quanto (*metterci*) _____ per venire qui da Milano?

● Di solito (*volerci*) _____ non più di due ore, ma ieri c'era un incidente in autostrada e (*noi – metterci*) _____ più di un'ora solo per uscire da Milano.

IL PRONOME RELATIVO CHE

3 Riscrivi le frasi con il pronome che.

1. Ho letto il libro. / Tu mi hai prestato il libro una settimana fa.

_____.

2. Avete mangiato il gelato? / Io ho comprato il gelato ieri.

_____?

3. Ti voglio presentare una ragazza. / Ho conosciuto questa ragazza al corso di francese.

_____.

4. I miei amici vogliono mangiare in un ristorante. / A me il ristorante non piace.

_____.

5. Lavoro in un negozio. / Mio nonno ha aperto il negozio 70 anni fa.

_____.

6. Perché non mi presenti la ragazza? / Hai conosciuto la ragazza in vacanza.

_____?

7. Piera non vuole vedere le foto. / Quelle foto le ricordano l'infanzia.

_____.

8. Per favore, metti il maglione. / I nonni ti hanno regalato quel maglione a Natale.

_____

_____

_____.

4 *Inserisci il pronome relativo* che *al posto giusto nel testo (4 volte).*

> Quali sono gli indirizzi universitari garantiscono un lavoro dopo la laurea? In Italia sono Economia, Medicina e Ingegneria. Secondo una ricerca, sono queste, infatti, le facoltà con il numero più alto di iscrizioni: i laureati in queste facoltà, infatti, hanno più possibilità di trovare lavoro a cinque anni dalla laurea. Anche gli stranieri vengono in Italia per studiare scelgono questi indirizzi di studio. In passato non era così: gli indirizzi di studio avevano più studenti erano le facoltà di Architettura e Giurisprudenza, però negli ultimi anni hanno registrato una forte diminuzione di iscritti.

IL FUTURO SEMPLICE

5 *Completa il testo con i verbi al futuro.*

Come sempre, ho scritto una lista dei miei buoni propositi per l'anno nuovo:

◈ *(leggere)* _____ più libri;

◈ *(fare)* _____ sport con più regolarità;

◈ *(trascorrere)* _____ più tempo con i miei figli;

◈ *(andare)* _____ a dormire più presto e *(dormire)* _____ almeno sette ore a notte;

◈ non *(lavorare)* _____ fuori dall'orario di ufficio;

◈ *(viaggiare)* _____ in posti che non ho ancora visto;

◈ non *(arrabbiarsi)* _____ con le persone che mi innervosiscono;

◈ *(iscriversi)* _____ a un corso di inglese;

◈ *(mangiare)* _____ cibi più sani e naturali;

◈ non *(gettare)* _____ via questa lista perché sicuramente ne *(avere)* _____ bisogno anche il prossimo anno.

6 *Completa il dialogo con i verbi al futuro.*

Christoph Maurizio, tu come immagini il futuro? Hai mai pensato a come *(tu - essere)* _____ tra 10 anni, per esempio?

Maurizio Io? Ma io *(vivere)* _____ sempre qui, Christoph: chi *(avere)* _____ una vita diversa *(loro - essere)* _____ sicuramente i miei figli: *(crescere)* _____, *(studiare)* _____, magari *(andare)* _____ a studiare o a lavorare all'estero... Ma io *(lavorare)* _____ sempre qui e chi lo sa, forse tra 10 anni tu *(essere)* _____ ancora mio cliente!

Christoph Ahah, perché no?

Maurizio E tu? Come immagini la tua vita tra 10 anni?

Christoph Non lo so, davvero! Forse *(vivere)* _____ ancora in Italia, magari *(sposare)* _____ una donna italiana!

Maurizio Beh, può essere! E *(avere)* _____ figli?

Christoph Uhm, forse, ma questo dipende anche da lei! Se *(noi - avere)* _____ figli, *(parlare)* _____ benissimo tedesco e italiano, *(essere)* _____ come si dice...

Maurizio Bilingui?

Christoph Ecco, sì, bilingui!

Maurizio Spero proprio che *(essere)* _____ così, Christoph! E tu, Aldo, cosa *(fare)* _____ tra 10 anni?

Aldo Io? *(Continuare)* _____ a leggere il mio giornale... Che domanda!

7 *Completa la tabella, come negli esempi.*

	futuro?	infinito	persona
AVRÀ	sì	avere	lui / lei
CORRONO	no	/	/
VOLERANNO			
SARÀ			
SANNO			
CAPODANNO			
VORRANNO			
DOVRÒ			
VIVETE			

QUALCOSA in PIÚ ✚

In italiano la parola magari *seguita dal verbo al futuro significa:* forse, è probabile che.

Esempi:

Non so ancora dove andremo in vacanza, **magari** torneremo in Sicilia.

Magari il prossimo anno cambieremo casa.

CONNETTIVI

8 *Completa la tabella e poi inserisci nelle frasi il connettivo corretto.*

infatti | siccome | cioè | insomma

spiegare o dare più informazioni	
concludere un discorso, fare una sintesi	
indicare la causa	
confermare	

1. _____ nessuno mi ha avvertito, non sapevo niente dell'appuntamento di stasera.

2. Cinzia parla due lingue, _____ italiano e spagnolo.

3. A me piace molto mangiare la pasta: spaghetti, tagliatelle, fusilli, _____ tutti i tipi di pasta.

4. Stefano ha sempre amato l'informatica, _____ ora lavora come programmatore.

9 *Sottolinea l'opzione corretta.*

1. **Siccome / Infatti / Cioè** hai voluto fare tutto da solo, ora non hai nessuno che ti aiuta a risolvere questo problema.

2. Nella vita ho fatto la cameriera, l'insegnante di yoga, la fotografa, l'impiegata... **Infatti / Insomma / Siccome** un po' di tutto.

3. Oggi non ho studiato molto, **cioè / siccome / infatti** volevo studiare ma sono dovuto andare da mio padre che non stava bene.

4. Serena ha detto che il colloquio di lavoro è andato bene, e **siccome / cioè / infatti** l'hanno assunta dopo una settimana.

5. Perché siete venuti oggi? Ieri vi ho detto di venire tra due giorni, **siccome / cioè / infatti** domani.

6. Vuoi dirmi che, **infatti / siccome / insomma** il cane è malato, tu non puoi venire al lavoro?

7. Ti ho detto che tua madre era in viaggio, e **siccome / cioè / infatti** poco dopo ti ha telefonato dal treno.

8. Il nuovo collega è arrivato in ritardo, si è seduto alla scrivania sbagliata e ha scritto una e-mail piena di errori: **siccome / infatti / insomma**, non ha cominciato bene!

9. So che stavi dormendo, ma **infatti / siccome / cioè** solo tu hai le chiavi della macchina, ho dovuto svegliarti.

10. **Infatti / Insomma / Siccome** non sarò a casa per una settimana, potete dare voi l'acqua alle mie piante?

RIPASSIAMO

10 *Completa il testo con i verbi al futuro.*

> **Il sogno di una bambina.**
>
> Tra 1000 anni non (*esserci*) _____
>
> più guerre e l'umanità (*vivere*) _____
>
> in pace. Tutti (*avere*) _____ il
>
> cibo necessario per vivere e nessuno (*dovere*)
>
> _____ più lavorare perché le macchine
>
> (*lavorare*) _____ per noi.
>
> Così le persone (*potere*) _____ dedicarsi
>
> a viaggiare: (*noi - andare*) _____
>
> liberamente dappertutto e (*noi - sapere*)
>
> _____ parlare tutte le lingue. Insomma,
>
> (*essere*) _____ un mondo bellissimo,
>
> forse troppo bello per essere vero, ma io in ogni caso
>
> non (*esserci*) _____!

L'ANGOLO DI ALDO

Ecco altri verbi che hanno il futuro irregolare:

bere → berrò	venire → verrò
dire → dirò	rimanere → rimarrò
stare → starò	

ESERCIZIO

Completa le frasi con i verbi al futuro.

1. **rimanere | venire**
   - ▸ Quanto tempo (*voi*) _____ in Corsica?
   - • Non lo sappiamo: dipende da quando
     _____ Pablo e Lorena: l'appartamento
     dove stiamo è il loro.

2. **dire | dare**
   - ▸ Oh no! E ora cosa _____ i tuoi genitori?
   - • Di certo (*loro*) _____ la colpa a me!

3. **stare | bere**
   Signor Rossini, Lei _____ bene solo
   quando _____ meno bevande gassate!

RIPASSIAMO

11 *Sottolinea* **l'opzione** *corretta e inserisci* **che** *in 4 dei 7 spazi.*

> I governi mondiali non considerano ancora la crisi
> climatica come un problema urgente e gli incendi
> _____ distruggono ogni anno grandi aree della
> Foresta Amazzonica _____ non sono un segnale
> d'allarme sufficiente. Ma **ci metteranno / ci vorranno**
> decine di anni per recuperare quelle aree distrutte,
> e **cioè / siccome** la Foresta Amazzonica è
> l'ecosistema _____ assorbe più CO_2 nel pianeta,
> salvare la Foresta Amazzonica significa salvare il
> mondo.
>
> La perdita di grandi aree di foresta _____ causa
> la diminuzione delle piogge e un aumento delle
> temperature e siccità, quindi nuovi incendi: è,
> **siccome / insomma**, un circolo vizioso _____ non
> **ci metterà / ci vorrà** molto a trasformare la foresta in
> una savana.
>
> Abbiamo ancora tempo? Un recente studio di *Nature*
> *Communications* dice che la situazione è molto
> urgente, **insomma / siccome** bisogna agire subito:
> nel passato, _____ dice lo studio, abbiamo preso
> decisioni _____ hanno messo il pianeta in pericolo e
> abbiamo poco tempo per rimediare.

LA GRAMMATICA DEL BARBIERE

episodio 07

1 *Prima di guardare il video, completa le frasi con* siccome, perché *e* cioè. *Poi guarda il video e verifica.*

a. Ho scelto di fare questo mestiere _____ mio

   padre era un barbiere.

b. _____ mio padre era un barbiere, io ho

   scelto di fare il suo stesso lavoro.

c. Ieri sera non sono uscito perché ero stanco,

   _____ non mi sentivo molto bene.

2 *Completa con le parole mancanti. Poi guarda di nuovo il video e verifica.*

C   Maurizio, _____ posso fare una domanda?

M   Certo Christoph.

C   Perché hai deciso _____ fare questo lavoro?

M   Beh, perché anche _____ padre era un barbiere.

C   Ma io ho chiesto *perché* e tu _____ hai risposto con

    _____ altro *perché*. Ho capito che sono due *perché*

    diversi, _____ va nella domanda e _____ nella

    risposta. Questo è un po' strano _____ me, ma ok,

    non è difficile.

A   Ma... hai una domanda?

C   Sì, è vero, _____ una domanda. Che cosa _____ le

    parole come *siccome* o *cioè*?

M   Allora, _____ per ordine. Tu _____ hai chiesto

    perché ho deciso _____ fare questo mestiere e io

    posso risponderti _____ due modi. Il primo è: "ho

    scelto di fare questo mestiere _____ mio padre

    era un barbiere." Oppure: "_____ mio padre era

    un barbiere, io ho scelto di fare _____ suo stesso

    lavoro."

C   Ha _____ stesso significato, no? Cambia solo la

    posizione della frase.

M   Esatto.

C   Ho capito. C'è qualcosa anche _____ mia lingua...

    Ma *cioè*?

M   Allora: Aldo è _____ Firenze, cioè è fiorentino.

    O: io taglio i capelli alle persone, _____ sono un

    barbiere. Capito?

C   Sì, capito: quindi dopo il *cioè* ripetiamo la _____

    frase, ma in un altro modo!

M   Sì, o la diciamo in modo _____ preciso.

C   Ma... _____ fare un esempio? Allora: ieri sera

    non sono uscito _____ ero stanco, _____ non mi

    sentivo molto bene.

M   Ah sì? _____ dispiace!

C   Ma no, era solo per fare un _____! È giusto quindi.

M   Benissimo! Cioè: perfetto, bravo!

3 *Inserisci nelle frasi il pronome relativo* che *dove necessario.*

1.   Maurizio fa il lavoro faceva anche il padre.

2.   Aldo e Christoph sono seduti sul divano nel negozio

     di Maurizio.

3.   Christoph legge lo stesso giornale legge Aldo.

4.   Maurizio risponde alle domande fa Christoph.

5.   Christoph fa un esempio Maurizio non capisce.

QUALCOSA in PIÚ ➕

Come vedrai anche nella Lezione 7 del livello B1 di DIECI, ci sono altri modi di dire siccome*: dato che, visto che, dal momento che.*

Esempio:
Dal momento che (o: Siccome) sei sempre occupato al telefono, ti ho scritto una mail.

IL PRONOME RELATIVO CUI

Per unire due frasi dopo una preposizione usiamo il pronome invariabile *cui*:
*Le ragazze <u>con</u> **cui** vivo sono tailandesi.*
*La stanza della casa <u>in</u> **cui** passo più tempo è la cucina.*
*L'oggetto <u>da</u> **cui** non riesco a separarmi è il cellulare.*

IL SUPERLATIVO RELATIVO

di maggioranza	*Questo è **l'appartamento più grande** del palazzo.* *Eva è **la più brava** del corso di danza.*
di minoranza	*Per me la teiera è **l'oggetto meno utile** di tutti.* *Giulio è **il meno sportivo** dei miei amici.*

Per introdurre il secondo termine di paragone, usiamo *di* (+ articolo): *Eva è la più brava **del** corso di danza.*
Spesso indichiamo genericamente *di tutti/e*:
*Per me la teiera è l'oggetto meno utile **di tutti**.*

Completa la tabella con il superlativo irregolare.
Superlativi relativi irregolari
Alcuni aggettivi, oltre alla forma regolare, hanno anche un superlativo relativo irregolare.

SUPERLATIVO REGOLARE	SUPERLATIVO IRREGOLARE
il più grande	il ☐
il più piccolo	il ☐
il più buono	il ☐
il più cattivo	il ☐

*Quel ristorante fa la **migliore** carbonara della città.*
*Questo è il film **peggiore** del momento. L'ho trovato bruttissimo.*
*A Rotterdam c'è il **maggiore** porto d'Europa.*
*Bisogna produrre la **minore** quantità possibile di rifiuti.*

LA PARTICELLA NE: USI PARTICOLARI

Ne può sostituire *di* + un nome o *di* + una frase intera:

*Non comprare quell'aspirapolvere. Non **ne** hai bisogno.*
(ne = di quell'aspirapolvere)

▶ *Vi va di andare al cinema?*
● *No, non **ne** abbiamo voglia.* (ne = di andare al cinema)

IL CONDIZIONALE PRESENTE

Il condizionale presente si usa per:
• fare una richiesta gentile: *Mi **daresti** del pane?*
• esprimere un desiderio: *Mi **piacerebbe** cambiare casa.*
• dare un consiglio con gentilezza: ***Dovresti** fare sport.*

Completa la coniugazione del condizionale presente.

	-ARE	-ERE	-IRE
io	parler**ei**	☐	finir**ei**
tu	parler**esti**	legger**esti**	☐
lui / lei / Lei	☐	legger**ebbe**	finir**ebbe**
noi	parler**emmo**	legger**emmo**	☐
voi	☐	legger**este**	finir**este**
loro	parler**ebbero**	☐	finir**ebbero**

I verbi in *-care* / *-gare* prendono una *h*: *giocherei, pagherei...*
I verbi in *-iare* perdono la *-i-*: *mangerei, mangeresti...*

Verbi con condizionale contratto
Al condizionale alcuni verbi (come *avere, dovere, sapere, andare, potere, vedere, vivere...*) perdono la prima vocale della desinenza.

io	dovrei	noi	dovremmo
tu	☐	voi	dovreste
lui / lei / Lei	dovrebbe	loro	☐

Verbi con condizionale irregolare

essere	☐	tenere	terrei
rimanere	rimarrei	stare	☐
dare	☐	bere	berrei
fare	farei	volere	☐

L'AGGETTIVO BELLO

Completa la tabella con le forme corrette dell'aggettivo *bello*.
Davanti al nome, *bello* funziona come l'articolo determinativo.

	singolare	plurale
maschile	**bel** palazzo ☐ specchio **bell'**appartamento	☐ palazzi **begli** specchi ☐ appartamenti
femminile	**bella** terrazza	☐ terrazze

GLI ALTERATI IN -INO, -ETTO E -ONE

Completa gli esempi con gli alterati.
Diminutivo: -*ino* e -*etto*
gatto → ☐ (= piccolo gatto)
bottiglia → *bottigl**ietta*** (= piccola bottiglia)

Accrescitivo: -*one*
gatto → ☐ (= grosso gatto)
Alcuni alterati in *-one* di parole femminili cambiano genere:
una scatola → *uno scatolone, una bottiglia* → *un bottiglione...*

IL PRONOME RELATIVO CUI

1 _Sottolinea_ l'**opzione** _corretta._

1. Domani ti presento Piero, l'uomo **a cui / con cui** vivo da due anni.

2. Ho iniziato a insegnare proprio nella scuola **in cui / da cui** ho studiato da ragazzo.

3. Non capisco la ragione **che / per cui** Giorgio mi ha raccontato questa storia.

4. La sedia **a cui / su cui** ti sei seduta ha più di 100 anni.

5. Ragazzi, vi è piaciuta la torta **di cui / che** ha cucinato vostro fratello?

6. Mia sorella è l'unica persona **a cui / in cui** posso dire tutto.

7. Giorgio e Stefano sono gli amici **con cui / a cui** ho fatto dei viaggi bellissimi.

8. Finalmente quest'anno faremo la vacanza **che / a cui** abbiamo sempre sognato.

2 _Completa con_ che _o_ cui. _Attenzione: quando usi_ cui _devi aggiungere le preposizioni_ a, con, da, in, tra _(non sono in ordine)._

1. Questa è la casa _____ ho vissuto da bambino.

2. Andiamo a vedere il film _____ ci ha consigliato Marzia?

3. Conosci Patrizia? È la ragazza _____ ho fatto il viaggio a San Francisco.

4. Non voglio parlare di cose _____ non mi interessano.

5. Questa è una domanda _____ ho già risposto molte volte.

6. Alla festa c'erano molte persone, _____ tua sorella Enrica.

7. Non mi piace il modo _____ mi ha guardato il tuo amico.

8. Dobbiamo trovare la strada _____ siamo venuti.

IL SUPERLATIVO RELATIVO

3 _Completa le frasi con gli elementi della lista e forma dei superlativi relativi, come negli esempi._

~~maggiore~~ | minore | più grande | migliore
peggiore | più piccolo | ~~alto~~

1. La Liguria è la regione con _la maggiore_ presenza di anziani in Italia, mentre in Sardegna c'è il paese con _la più alta_ percentuale di centenari: Perdasdefogu. In questa località una persona ogni 222 abitanti raggiunge i 100 anni di vita!

2. La rivista _Gentleman_ ha pubblicato la classifica dei 100 _____ vini rossi italiani: al primo posto ci sono due vini, uno toscano e l'altro prodotto in Umbria.

3. La chiesa di Santa Maria Maggiore si chiama così perché, fra le chiese dedicate a Maria, questa è _____ di tutte.

4. Un museo grande come una stanza? Esiste, ed è in Sardegna: si chiama _La scatola del tempo_ ed è il museo _____ Italia.

5. Molti italiani partono per le vacanze in agosto, che è anche il mese _____ per la sicurezza stradale: infatti ad agosto il numero di incidenti stradali è altissimo.

6. Dopo la morte di Gianni Versace, nel 1997, la sorella _____ Donatella, più giovane di lui di 9 anni, è diventata manager dell'azienda.

QUALCOSA in PIÚ

I comparativi e i superlativi di grande e piccolo hanno due forme: una regolare e una irregolare. Ma quando usare l'una e quando l'altra?

In generale, la forma regolare è legata a elementi concreti (dimensioni, caratteristiche fisiche):
In Umbria c'è il teatro più piccolo (non: minore) del mondo.

Per elementi meno concreti (dati statistici, età umana) usiamo invece la forma irregolare:
Dei miei tre fratelli, Dario è il maggiore.
Gli italiani non sono i maggiori consumatori di caffè nel mondo.

LA PARTICELLA NE: USI PARTICOLARI

4 Inserisci la particella *ne* dove necessario.

1. Non vedo l'ora di andare in vacanza, ____ ho proprio bisogno.

2. Di solito mia madre non ____ parla di lavoro quando è a casa.

3. Sonia e Patrizia hanno trovato lavoro in uno studio di grafica e ____ sono molto soddisfatte.

4. A me questo film non è piaciuto; tu che ____ pensi?

5. Lo so che non ____ avete voglia di studiare, ma l'esame è tra pochi giorni!

6. Davvero domani c'è lo sciopero dei treni? Non ____ sapevo niente...

IL CONDIZIONALE PRESENTE

5 Completa le frasi con i verbi al condizionale presente, e indica la sua funzione: richiesta (**R**), desiderio (**D**) o consiglio (**C**).

	R	D	C
1. A noi (*piacere*) _____ vivere in campagna: la città è troppo caotica e costosa.	☐	☐	☐
2. Scusa, (*potere*) _____ parlare a voce alta?	☐	☐	☐
3. Tuo padre (*dovere*) _____ andare dal dottore.	☐	☐	☐
4. Ragazzi, (*venire*) _____ al bar con me?	☐	☐	☐
5. Io (*essere*) _____ molto felice di conoscere i tuoi amici.	☐	☐	☐
6. Scusa Marina, ma (*fare*) _____ bene a non uscire, con questo tempo.	☐	☐	☐
7. Papà, mi (*prestare*) _____ la macchina, stasera?	☐	☐	☐
8. Stasera Cristina e Paolo (*preferire*) _____ non parlare di lavoro.	☐	☐	☐

6 Completa il dialogo tra Maurizio (**M**), Christoph (**C**) e Aldo (**A**) con i verbi al condizionale presente.

C Maurizio, oggi ho comprato un biglietto della Lotteria, ho visto che il primo premio è di 5 milioni di euro!

M Eh, sì Christoph! Ma a me (*bastare*) _____ anche vincere un premio più piccolo...!

C Sì, anche a me! Immagina di avere 5 milioni...! Tu cosa (*fare*) _____ con quella cifra?

M Io? Sicuramente (*andare*) _____ ad abitare in una casa più grande e più bella. (*comprare*) _____ una macchina nuova... Mia moglie sicuramente (*volere*) _____ anche una casa al mare. Una villa, magari! E mio figlio mi (*chiedere*) _____ sicuramente una moto! E tu, Christoph? Come (*spendere*) _____ 5 milioni di euro?

C A me piace molto viaggiare, quindi con tutti quei soldi (*fare*) _____ il giro del mondo! Poi (*dare*) _____ una buona parte della vincita ai miei genitori, sono sicuro che loro (*comprare*) _____ una casa in campagna.

A Se continuate, così, spendete tutto in pochi giorni!

C Aldo ha ragione: (*noi - dovere*) _____ anche lasciare un po' di soldi in banca o fare qualche investimento...

A Scusa, Maurizio, una domanda: ma tu (*continuare*) _____ a lavorare?

M Sì, certo! Io amo il mio lavoro! Però (*lavorare*) _____ con orari e ritmi molto più rilassati!

L'AGGETTIVO BELLO

7 Completa con le forme dell'aggettivo bello *della lista.*

bello | bei | belle | bel | bella | begli | bell'

1. Per le nostre vacanze in montagna dobbiamo comprare un _____ zaino di qualità.

2. Quell'attore non mi piace, ma ha dei _____ occhi.

3. Abbiamo passato le vacanze in un _____ appartamento in affitto.

4. Il sindaco due anni fa ha fatto tante _____ promesse, ma poi non ha fatto niente.

5. Vorrei comprare un _____ paio di scarpe per le occasioni importanti.

6. Con la vostra visita mi avete fatto una _____ sorpresa!

7. Nell'ultimo anno ho letto molti _____ libri.

QUALCOSA in PIÚ ➕

A volte l'aggettivo bello *non indica una qualità estetica, ma serve per dare più enfasi alla parola che segue.*

Esempio:
Questo è davvero un **bel** problema che non so come potremo risolvere.
Hai proprio un **bel** coraggio a dirmi queste cose!

GLI ALTERATI IN -INO, -ETTO E -ONE

8 Trasforma, *come nell'esempio.*

1. una borsa piccola → una *borsetta*
2. una bottiglia grande → un _____
3. un armadio piccolo → un _____
4. una scatola grande → uno _____
5. una stanza grande → uno _____
6. una grande idea → un' _____
7. un cappello piccolo → un _____
8. un tavolo piccolo → un _____

RIPASSIAMO

9 Completa le frasi con i pronomi relativi della lista (spazi ____) e con i superlativi relativi degli aggettivi tra parentesi (spazi _____).

in cui | per cui | che | tra cui | a cui

1. Nel 1922 ha inizio in Italia l'epoca fascista, il periodo (*cattivo*) _____ della storia italiana del '900, detto anche "il ventennio". Il (*grande*) _____ responsabile di questa fase è Benito Mussolini, _____ il re Vittorio Emanuele II affida il potere il 29 ottobre di quell'anno.

2. L'Italia è uno dei Paesi europei _____ c'è (*piccola*) _____ attenzione alla qualità dell'aria: lo dice il *Word Air Quality report*, che sottolinea soprattutto la cattiva qualità dell'aria nelle grandi città. C'è però anche un record positivo: noi italiani siamo (*buono*) _____ in Europa nel riciclo dei rifiuti.

3. In Italia, a Bologna, c'è (*antico*) _____ università del mondo occidentale, motivo _____ Bologna è chiamata "la dotta".

4. Chi è stato (*cattivo*) _____ imperatore romano? Secondo gli storici, gli imperatori romani passati alla storia in senso negativo sono cinque, _____ Nerone e Caligola.

5. L'Italia è (*vecchio*) _____ Paese d'Europa: il 21% dei cittadini italiani ha più di 64 anni e il 13% ne ha più di 80. L'età media europea è comunque alta e questo è un dato _____ preoccupa molto.

L'ANGOLO DI ALDO

Alcune parole italiane possono avere il diminutivo in -ino e in -etto. L'alterato in -etto può avere un senso ironico o in qualche modo scherzoso:

ragazza/o - ragazzina/o
ragazzetta/o (*ironico*)
regalo - regalino (*piccolo*)
regaletto (*di poca importanza*)

Alcune parole hanno il diminutivo solo in -ino, altre solo in -etto. Purtroppo, non c'è una regola precisa:

ristorante - ristorantino
isola - isoletta
bottiglia - bottiglietta
animale - animaletto

Ma tutte le parole che finiscono in -ino hanno il diminutivo solo in -etto, e viceversa:

giardino - giardinetto
bambino - bambinetto
letto - lettino
Eccezione:
macchina - macchinina / macchinetta

ESERCIZIO

Scrivi il diminutivo delle parole. Se ci sono due spazi, scrivi i due possibili diminutivi.

1. pagina → _____
2. forchetta → _____
3. giardino → _____
4. mobile → _____
5. dente → _____
6. passeggiata → _____
7. pillola → _____ / _____
8. biglietto → _____
9. stanza → _____ / _____

10 *Completa le frasi con i verbi al condizionale, le forme dell'aggettivo* bello *negli spazi* _____ *e gli alterati, come nell'esempio*

1. Mia figlia per compleanno (*volere*) ____vorrebbe____ _un bel_ [**piccolo gatto**] ____gattino____.

2. Con questo caldo voi non (*bere*) _____ due _____ [**grandi bicchieri**] _____ di acqua fresca?

3. I miei genitori (*partire*) _____ volentieri per una _____ vacanza in un'[**piccola isola**] _____ del Mediterraneo! Ma è troppo costoso...

4. ▶ Hai visto il mio gatto? Non lo trovo più! È un [**grande gatto**] _____ rosso con due _____ occhi blu!

   ● Non l'ho visto, forse è scappato. (*Tu – Dovere*) _____ mettere un annuncio nel quartiere.

5. Scusa, (*potere*) _____ aiutarmi a portare questo [**grande scatola**] _____ al primo piano? Dentro c'è un _____ regalo per mia sorella, ma è pesante!

6. Questa casa è molto bella, ma secondo me (*essere*) _____ perfetta con un _____ [**piccolo camino**] _____ (*nella foto*).

LA GRAMMATICA DEL BARBIERE

episodio 08

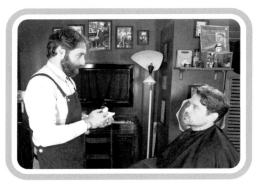

1 *Prima di guardare il video, abbina le frasi alle loro funzioni. Poi guarda il video per verificare.*

1. Potresti farmi la barba?
2. Vorrei passare questo test.
3. Dovresti studiare un po' di più.
4. Vorrei parlare l'inglese come tu parli l'italiano!

A esprimere un desiderio

B fare una richiesta gentile

C dare un consiglio

1.__; 2.__; 3.__; 4.__

2 *Sottolinea l'opzione corretta e completa gli spazi _____ con le parole più appropriate. Poi riguarda il video e verifica.*

C   Buongiorno, Maurizio!

M   Ciao, Christoph! Ma non **dovevi / dovrai / sei dovuto** venire _____ 10?

C   Sì, scusa Maurizio. Ma... dovevo studiare italiano: oggi ho un test! ...Maurizio, potresti **farmi / farsi / mi fare** la barba, per favore? ... Non hai notato niente?

M   Quando?

C   La frase che **dicevo / direi / ho detto**...

M   Sì, un po' strana! _____ che ti faccio la barba! Te _____ faccio da mesi!

C   Ma no! Ho usato il condizionale!

M   Ah, sì!

C   Per "fare una richiesta gentile". Sicuramente questo **sarà / sarebbe / sii** nel test.

M   **Hai studiato / Studia / Studiavi** bene. Bravo!

C   Sì, ma possiamo usare il condizionale anche per _____ funzioni. Ma non _____ le ricordo. Non sono così bravo.

A   Allora dovresti studiare un po' di _____!

C   Vero! "Dare un consiglio"! Ma c'è _____ altra funzione, sono sicuro... Ah: vorrei passare questo test! "Esprimere un desiderio"!

M   Bravo, Christoph! E a proposito _____ desideri, **volevo / vorrei / vorrò** parlare l'inglese _____ tu parli l'italiano!

3 *Completa con le forme del condizionale presente e poi fai gli abbinamenti corretti per formare le frasi.*

1. Secondo Aldo, Christoph
2. Maurizio (*volere*) _____
3. Christoph (*fare*) _____

a. parlare l'inglese molto bene.
b. volentieri altre domande.
c. (*dovere*) _____ studiare di più.

1 / __; 2 / __; 3 / __.

QUALCOSA in PIÚ

Maurizio dice:
Certo che ti faccio la barba! (certo che = sì, è evidente, è ovvio)

Nella lingua parlata, possiamo usare l'espressione certo che *per affermare qualcosa con enfasi.*
▸ Vieni al cinema stasera?
● **Certo che** vengo!

Altre possibilità: certo che sì / certo che no.
▸ Vieni al cinema stasera?
● **Certo che sì**! Quel film è bellissimo!

▸ Stasera non fai tardi, vero?
● **Certo che no**! Domani mattina ho l'esame!

SAPERE E CONOSCERE AL PASSATO

I verbi *sapere* e *conoscere* hanno due significati diversi al passato prossimo e all'imperfetto.

SAPERE		
	ESEMPIO	SIGNIFICATO
imperfetto	*Marianna ha avuto una bambina? Non lo* **sapevo!**	non ero informato/a
passato prossimo	**Ho saputo** *da Grazia che ti sei sposato!*	ho ricevuto la notizia da Grazia

CONOSCERE		
	ESEMPIO	SIGNIFICATO
imperfetto	*Quando io e Mara ci siamo messi insieme, la* **conoscevo** *già da sette anni.*	Mara non era una persona nuova per me
passato prossimo	**Ho conosciuto** *Flora in Croazia.*	ho incontrato Flora per la prima volta

STARE PER + INFINITO

Completa l'esempio.

Stare per + infinito indica un'azione che accade tra poco o pochissimo tempo:
Entriamo, **sta per piovere.**
(= tra pochi minuti piove)
Lo spettacolo [_____]*, vi preghiamo di spegnere i telefoni cellulari.*
(= lo spettacolo inizia tra pochissimo)

GLI AVVERBI IN -MENTE

Completa con gli avverbi.

Usiamo gli avverbi in *-mente* per chiarire il significato di un verbo o di un aggettivo:
Il gatto dorme **tranquillamente.**
Questo gelato è **veramente** *buono.*

Per formare un avverbio usiamo il femminile dell'aggettivo + il suffisso *-mente: timida* → [_____],
felice → [_____].

Con gli aggettivi che finiscono in *-le* o *-re* eliminiamo la *-e* e aggiungiamo *-mente: specia***le** → *specia***lmente**, *regola***re** → [_____].

Anche con gli avverbi possiamo formare il comparativo:
Violetta nuota **più / meno velocemente** *di me.*

INDEFINITI

Alcuni/e e *qualche* hanno lo stesso significato.
Qualche è sempre singolare.

Alcuni/e
L'estate scorsa ho passato **alcuni** *giorni in Calabria.*
(= dei giorni / qualche giorno in Calabria)

Qualche
Se vai al mercato, prendi **qualche** *mela.* (= delle / alcune mele)

IL SI IMPERSONALE

Quando vogliamo indicare un soggetto generico (la gente, le persone), usiamo la forma impersonale *si* + verbo alla terza persona singolare:
In Italia di solito a scuola **si studia** *inglese.*
(= in generale a scuola tutti studiano inglese)

Quando il verbo con il *si* impersonale ha un oggetto singolare, il verbo va alla terza persona singolare:
In Francia **si beve** <u>*il caffè*</u> *dopo pranzo?*

Quando il verbo con il *si* impersonale ha un oggetto plurale, il verbo va alla terza persona plurale:
In Italia **si fanno** <u>*molti gesti*</u> *durante le conversazioni.*

SAPERE E CONOSCERE AL PASSATO

*1 Seleziona la **forma** corretta dei verbi sapere e conoscere.*

1. Hai **saputo / conosciuto**? Ilaria si è trasferita in Argentina!

2. Quando Carla **ha conosciuto / conosceva** Monica, vivevano tutte e due in Giappone.

3. I miei genitori **sapevano / conoscevano** già Fabio, perché era un impiegato di mio padre.

4. Riccardo, ti ricordi quando non **sapevamo / conoscevamo** come vestirci per la festa e siamo andati in pigiama?

5. ▶ Vi sto aspettando da mezz'ora, quando venite?

   ● Ma come, non hai **saputo / conosciuto** che l'appuntamento è stato annullato?

2 Completa le frasi con l'imperfetto o il passato prossimo dei verbi.

1. (Io - Conoscere) _____ mio marito all'università: a me lui già piaceva molto, ma lui ancora non lo (*sapere*) _____.

2. Quando Laura (*sapere*) _____ dell'incidente di Stefano, è subito corsa all'ospedale.

3. I nostri amici (*conoscere*) _____ Miriam da tempo; noi l' (*conoscere*) _____ solo pochi giorni fa.

4. Federica è andata a vivere a Ferrara? Non lo (*sapere*) _____!

STARE PER + INFINITO

3 Rispondi alle domande con la forma stare per + infinito del verbo della frase, come nell'esempio.

1. ▶ Il treno sta partendo?

   ● No, ma *sta per partire* .

2. ▶ Il film è già iniziato?

   ● No, ma _____.

3. ▶ Scusate se vi disturbo, stavate mangiando?

   ● No, ma _____.

4. ▶ Enrica e Mara si sono già sposate?

   ● No, ma _____.

5. ▶ Che film noioso... ma che fai, ti sei addormentato?

   ● No, ma _____.

6. ▶ Hai conosciuto la nuova direttrice?

   ● No, ma _____.

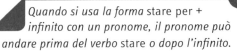

QUALCOSA in PIÚ

Quando si usa la forma stare per + *infinito con un pronome, il pronome può andare prima del verbo* stare *o dopo l'infinito.*

Esempio:
C̲i̲ stiamo per sposare! / Stiamo per sposar̲c̲i̲!

GLI AVVERBI IN -MENTE

4 Completa le frasi con le forme avverbiali degli aggettivi della lista.

**probabile | facile | serio
sicuro | gentile | regolare**

1. I signori sono _____ pregati di salire a bordo.

2. Non sono ancora sicuro, ma molto _____ domani non posso venire a cena con voi.

3. Signora, deve prendere questa medicina _____ ogni giorno dopo i pasti.

4. Oggi è domenica, quindi _____ Elena non lavora.

5. La stazione non è lontana da qui: puoi arrivarci _____ a piedi.

6. Ma stai scherzando o parli _____?

QUALCOSA in PIÚ

L'avverbio male, *può avere anche la forma in* -mente.

Esempio:
Mio padre è caduto **malamente** dalla bicicletta e si è rotto un polso.

INDEFINITI

5 *Trova i 4 indefiniti sbagliati e scrivi la forma corretta.*

1. Ho comprato un litro di latte e alcune banana.

   _____.

2. Scusa, hai qualche moneta? _____.

3. Il viaggio in treno è durato qualche ore, e ho potuto anche lavorare un po'. _____.

4. In ufficio hai alcuni collega antipatico? _____.

5. Abbiamo qualche problemi con la connessione, speriamo di risolverli presto. _____.

6. Ho bisogno di alcuni minuti per finire il lavoro.

   _____.

L'ANGOLO DI ALDO

Oltre alle forme plurali alcuni / alcune, *esistono anche le forme singolari* alcuno (alcun) / alcuna / alcun', *ma in questo caso sono sinonimi di* nessuno (nessun) - nessuna *e sono sempre introdotti da* non.
Esempi:
Non *c'è* alcun *(=* nessun*) motivo di reagire così.*
Non *ho* alcuna *(=* nessuna*) voglia di uscire, oggi.*

Hai notato? L'aggettivo alcuno (alcun) / alcuna / alcun' *segue la stessa regola dell'articolo indeterminativo* un / uno / un' / una.

ESERCIZIO

Inserisci la forma corretta di alcuno.

1. Non c'è _____ ragione di arrabbiarsi.

2. Ha detto che l'appuntamento è "sotto l'albero", ma non vedo _____ albero qui.

3. Tu dici di voler cambiare, ma non vedo _____ sforzo da parte tua.

4. Per cena ho invitato _____ amici.

5. Non ho _____ intenzione di uscire con questo freddo.

6. La dottoressa ha detto che mio padre sta meglio e non sente _____ dolore.

7. Ci sono _____ cose che vorrei dirti.

IL SI IMPERSONALE

6 *Completa il testo con la forma* si + *verbo.*

Lo sai che in Italia...

| Colazione | normalmente non (*fare*) _____ una colazione molto abbondante e non (*mangiare*) _____ molte cose.

| Pagamenti | generalmente (*usa*) _____ la carta, ma in alcuni casi (*preferisce*) _____ i contanti, soprattutto per piccoli pagamenti al bar o in edicola.

| Inglese | nelle scuole italiane (*studia*) _____ l'inglese, ma non tutti gli italiani lo parlano bene. Invece, nelle regioni di confine al Nord (*parlare*) _____ almeno due lingue: l'italiano e quella del paese confinante.

RIPASSIAMO

7 <u>Sottolinea</u> le **opzioni** corrette.

Christoph scrive a un amico.

> ● ● ●
>
> Caro Rudolf,
>
> **sai / conosci** che vivo in Italia da quasi un anno e che qui mi trovo **sicurmente / sicuramente** molto bene, ma non ho capito ancora **qualche / alcune** cose: per esempio, solo da poco **ho saputo / sapevo** che in Italia non **si parla / si parlano** volentieri di quanto **si guadagna / si guadagnano**. Un'altra cosa strana sono gli orari: **probabilemente / probabilmente** tu **sapevi / conoscevi** che in Italia **si mangia / si mangiano** a orari stabiliti, ma qui ho capito che dipende da dove vivi: al centro Italia e al Sud, infatti, **cenano / stanno per cenare** tra le otto e le nove di sera, ma in **alcune / qualche** zone del Nord Italia **si cena / si cenano** molto presto e **si mangia / si mangiano** cose molto diverse che nel resto d'Italia! Insomma, l'Italia è un paese molto vario per abitudini e tradizioni.

LA GRAMMATICA DEL BARBIERE

episodio 09

1 *Prima di guardare il video, completa le frasi con il passato prossimo o l'imperfetto dei verbi* sapere *e* conoscere. *Poi guarda il video per la verifica.*

A
Ehi, Maurizio, _____
che Giovanna è andata a vivere a
Londra, dalla figlia, Elena?

B
Chi? Giovanna?
Ma io _____ che
aveva una figlia a Parigi...

C
_____ Aldo
e Maurizio quando sono
venuto in Italia. Prima non li
_____.

QUALCOSA in PIÚ +

*Hai notato? Nelle prime due frasi
possiamo usare allo stesso modo
l'imperfetto e il passato prossimo:*
Hai saputo *che Giovanna è andata a vivere in
Umbria? (= hai avuto la notizia?) /* Sapevi *che
Giovanna è andata a vivere in Umbria? (= avevi
già questa informazione?)*
Io sapevo *che aveva una figlia a Parigi. (=avevo
già questa informazione da tempo) /*
Io ho saputo *che aveva una figlia a Parigi. (= ho
avuto questa notizia tempo fa)*

2 *Sottolinea le* **opzioni** *corrette.*

Christoph   Un momento, un momento! Questo per me
            è **molto / molte** difficile!

Maurizio   Cosa? La figlia di Giovanna o Giovanna? La
            conosci / sai anche tu?

Christoph   No, è difficile la differenza tra "ho
            conosciuto" e "conoscevo" e "ho saputo"
            e "sapevo".

Aldo   Allora, io ho detto: "Hai saputo che
            Giovanna..." eccetera. Questo perché
            qualcuno / alcuno mi ha informato. Ma io
            e Maurizio non avevamo **questa / queste**
            informazione. Prima non eravamo informati.
            Capisci?

Christoph   Sì, credo **di / che** sì. Hai avuto l'informazione
            e in quel momento **hai saputo / sapevi**.

Aldo   Sì, diciamo così.
            (...)

Christoph   Quindi posso anche dire: la settimana
            scorsa **ho conosciuto / conoscevo** Michelle!

Aldo   E chi è Michelle?
e Maurizio

3 *Riscrivi le frasi con* stare per + *infinito.*

   1. Tra poco Maurizio farà la barba a Christoph.

      _____.

   2. Christoph tra poco farà una domanda di
      grammatica.

      _____.

   3. Tra poco Aldo leggerà il giornale.

      _____.

   4. Presto Maurizio e Aldo sapranno chi è Michelle.

      _____.

CONGIUNZIONI E CONNETTIVI

Però
Però ha lo stesso significato di *ma*:
*Questo gelato è buono **però** è un po' troppo dolce.*
*Livia è stanca, **però** non riesce a dormire.*

Mentre
Usiamo *mentre*:
- per indicare azioni contemporanee:
  *Ascolto spesso la musica **mentre** studio.*

Attenzione! Per azioni contemporanee al passato, dopo *mentre* usiamo l'imperfetto:
Mentre <u>ordinavo</u> *al bar, è arrivata Melissa.*

- per indicare un contrasto (in questo caso è sinonimo di *invece*):
  *Il tipico panino italiano a Milano si chiama "michetta", **mentre** a Roma il nome è "rosetta".*

Comunque
Significa *in ogni caso, in ogni modo*:
*Tina è davvero maleducata, **comunque** anche tu spesso sei antipatico con lei.*

Inoltre
Serve ad aggiungere informazioni:
*Mangiare moltissima carne non fa bene alla salute, **inoltre** è dannoso per l'ambiente.*

Prima di tutto
Indica l'inizio di una lista:
*Odio quella spiaggia! **Prima di tutto** è molto lontana, poi il parcheggio è carissimo e inoltre l'acqua non è pulita.*

NE E IL PASSATO PROSSIMO

Completa gli esempi con l'ultima lettera del participio passato.

Quando c'è *ne* con il passato prossimo, il participio passato concorda con l'oggetto:

<u>Queste pizzette</u> *sono troppo piccole. **Ne** ho mangiat**e** tre e ho ancora fame.* (ne = pizzette)

*Mi piacciono <u>i musei</u>. **Ne** ho visitat☐ molti negli ultimi anni.* (ne = musei)

Attenzione: quando specifichiamo la <u>quantità</u> dell'oggetto, il participio passato concorda con la parola che indica la quantità:

- *Che buona questa torta!*
- *Sì, io **ne** ho già mangiat☐ <u>tre fette</u>.*

- *Hai comprato il latte?*
- *Sì, **ne** ho comprat☐ <u>due litri</u>.*

IL FUTURO PER FARE IPOTESI

Usiamo il futuro anche per fare un'ipotesi, una supposizione:

- *Hai visto Ugo? Lo cerco da ore.*
- ***Sarà** in giardino. L'hai cercato lì?*

- *Ho chiamato Carmen tre volte ma non mi risponde.*
- *Non ti preoccupare, **sarà** ancora in ufficio.*

- *Non rispondi al telefono? Sta suonando.*
- *Ah sì, **sarà** mia sorella.*

ALTRI USI DI CI

La particella *ci* si usa anche per sostituire *a / con* + una parola / una frase.
Si usa in particolare con i verbi *credere (a)*, *pensare (a)*, *parlare (con)*, *riuscire (a)*, *provare (a)*...

- *Secondo me gli UFO esistono!*
- *Che cosa? Io non **ci** credo per niente.*
  (ci = agli UFO)

- *Mi aiuti a fare gli esercizi di inglese?*
- *Non sono molto bravo con le lingue, ma **ci** posso provare.*
  (ci = ad aiutarti a fare gli esercizi)

CONGIUNZIONI E CONNETTIVI

1 <u>Sottolinea</u> l'**opzione** corretta.

1. Ci vediamo alle 10 o alle 11, **inoltre / comunque** prima di pranzo.

2. A mio padre piace la montagna, **inoltre / mentre** a mia madre piace il mare.

3. Il film non mi è piaciuto: **però / prima di tutto**, era troppo lungo e **inoltre / mentre** non era molto divertente.

4. Mangio volentieri la carbonara, **mentre / però** solo con il pecorino.

5. Hai telefonato **comunque / mentre** stavo facendo la doccia.

6. Non posso rifiutare un favore a mio zio, che, **inoltre / mentre**, è anche il mio capo.

2 Completa il testo con i connettivi e le congiunzioni della lista.

però | mentre | comunque | inoltre
prima di tutto | insomma

Un podcast contro i miti della cucina italiana

La cucina italiana non è "completamente" italiana.
In che senso? _____, la carbonara
è una ricetta americana, i tortellini bolognesi non
avevano il ripieno di manzo ma di pollo e il pomodoro
di Pachino ha origine in Israele e non in Sicilia;
_____, fino alla metà del secolo
scorso la maggior parte degli italiani non conosceva
la pizza e in Sicilia il consumo di riso era pari a
zero, _____ oggi la pizza è il piatto
italiano per eccellenza e l'*arancina* (o *arancino*) a base
di riso è uno dei simboli della tradizione siciliana.
_____: se i nostri prodotti tipici sono
buonissimi, la loro storia è _____
una bugia, nata più o meno negli anni '70. Questo è
il tema di DOI – *Denominazione di origine inventata*,
un podcast di molto successo in Italia, con Alberto
Grandi, professore di "Storia dell'alimentazione" e
Daniele Soffiati, autore di libri dedicati al cinema e alla
tv. I due conduttori provano a separare la verità dalle
narrazioni pubblicitarie, e dimostrano come piatti
che secondo molti hanno radici antichissime sono in
realtà invenzioni recenti. La cucina italiana rimane
_____ una cucina di qualità, ma la sua
storia è molto più ricca di contaminazioni straniere di
quello che ancora moltissimi italiani pensano.

QUALCOSA in PIÚ ➕

Nell'italiano parlato si usa spesso la congiunzione anzi, *che significa al contrario.*

Esempi:
Quel film non è noioso. **Anzi**, l'ho trovato divertente.
La torta che hai fatto non è cattiva: **anzi!**

NE E IL PASSATO PROSSIMO

3 Scrivi le risposte alle domande in base agli elementi dati, come nell'esempio.

1 ▸ Hai invitato tutti i tuoi amici al tuo matrimonio?

(*no – alcuni*)

● *No, ne ho invitati alcuni* _____.

2. ▸ Hai comprato il tonno? (*sì – 2 scatole*)

● _____.

3. ▸ Quante persone hai conosciuto alla festa? (*molte*)

● _____.

4 ▸ Io non ho visto nessun film di questo regista, e tu?
(*molti*)

● _____.

5. ▸ Puoi assaggiare la pasta? Ho messo troppo sale,
vero? (*no – poco*)

● _____.

6 ▸ Perché non vuoi mangiare più gli gnocchi?
(*perché - troppi*)

● _____.

IL FUTURO PER FARE IPOTESI

4 Riscrivi le frasi con il futuro per fare un'ipotesi, come nell'esempio. Attenzione: in un caso la frase non cambia.

1. Ho sentito un rumore in cucina: forse è il cane.
Ho sentito un rumore in cucina, ___*sarà il cane*___.

2. Hanno suonato alla porta: forse sono i miei genitori.
Hanno suonato alla porta:
_____.

3. Quel bambino sta piangendo, probabilmente ha fame.
Quel bambino sta piangendo:
_____.

4. Questo ristorante è sempre pieno: molto
probabilmente si mangia bene.
Questo ristorante è sempre pieno:
_____.

5. Sono le 2 di notte: i miei genitori sicuramente
stanno dormendo.
Sono le due di notte:
_____.

6. Ludovico è in quel negozio da mezz'ora:
probabilmente sta approfittando dei saldi.
Ludovico è in quel negozio da mezz'ora:
_____.

ALTRI USI DI CI

5 *Inserisci la particella* ci *dove necessario.*

1. ▶ Qualcuno dovrebbe chiedere a Pietro di prenotare il ristorante.
   ● ____ ho parlato io, ha detto che ____ pensa lui.

2. Michelangelo ha lavorato a Roma dal 1496 al 1501 e poi ____ è tornato nel 1505.

3. ▶ Hai mai giocato a tennis?
   ● No, ma ____ ho giocato a padel: è molto più divertente!

4. Come ____ sei riuscita a trovare un tavolo libero in quel ristorante? È sempre pienissimo!

5. Sono passati due giorni e tu ____ pensi ancora al colloquio di lavoro: Rilassati e non ____ pensare! Ti risponderanno presto, ____ vedrai.

L'ANGOLO DI ALDO

Finora abbiamo visto molti differenti usi della particella ci: *è ora di fare un po' di ordine!*

1. di luogo (locativo)
2. *volerci / metterci*
3. riflessivo
4. pronome diretto
5. pronome indiretto
6. *a / con* + parola / frase

ESERCIZIO

Per ogni frase, scrivi il numero corrispondente alla lista di Aldo per indicare l'uso di ci, *come nell'esempio.*

a. Lina non **ci** ha ancora fatto il regalo per il nostro matrimonio. [5]

b. La torta al limone non **ci** è mai piaciuta. [ ]

c. Domani è lunedì, non **ci** voglio pensare! [ ]

d. Perché non **ci** avete invitato ieri sera? [ ]

e. **Ci** vai tu al ristorante con mamma, vero? [ ]

f. Domani a che ora **ci** dobbiamo svegliare? [ ]

g. Per arrivare dai nonni **ci** vuole un'ora. [ ]

RIPASSIAMO

6 *Sottolinea le* **opzioni** *corrette.*

Christoph fa a Maurizio una domanda... importante.

Christoph Scusa Maurizio, posso chiederti una cosa? Per te **sarà / è** una domanda stupida, **inoltre / però** te la faccio lo stesso. Promettimi che non riderai!

Maurizio Beh, **ne / ci** proverò... Allora, qual è la domanda?

Christoph Che differenza c'è tra un gelato e un sorbetto?

Maurizio Ah, bella domanda, invece! **Inoltre / Prima di tutto**: hai mai mangiato un sorbetto?

Christoph Ma certo, ne ho **mangiati / mangiato** davvero **molti / molto**!

Maurizio Bene. E non hai notato delle differenze?

Christoph Beh, non saprei... **Mentre / Però**, se **ci / ne** penso, forse il sorbetto è... più morbido?

Maurizio Esatto, la consistenza! Questa è forse la cosa più evidente! **Inoltre / Invece**, spesso nel gelato ci sono latte, panna, uova, **mentre / però** il sorbetto è più leggero e dopo pranzo è perfetto per digerire!

Christoph Ah, ora ho capito! **Comunque / Inoltre** a me piacciono molto tutti e due!

Maurizio E **ci / ne** credo!

LA GRAMMATICA DEL BARBIERE

episodio 10

1 Prima di guardare il video, leggi la frase di Maurizio e fai delle ipotesi. Poi guarda il video e verifica.

Christoph, tu non esci di qui finché non ci dici chi è questa Michelle!

Michelle è:

a. ☐ una compagna del corso d'italiano di Christoph.

b. ☐ una sua collega.

c. ☐ la sua insegnante.

2 Inserisci le parole della lista al posto giusto nel testo, come nell'esempio. Le parole sono in ordine.

~~non~~ | quel | secondo | questa | sarà
mia | questa | la | lei ⟲ (non)

Maurizio	Christoph, tu esci di qui finché non ci dici chi è questa Michelle!
Christoph	Michelle chi? Prima ho usato nome a caso, per fare un esempio!
Maurizio	Beh, come no! Aldo, te, chi è ragazza?
Aldo	Mah, una sua collega... o studierà italiano con lui.
Christoph	Un momento, un momento!
Maurizio	Che c'è?
Christoph	Aldo ha usato il futuro! Due volte! Non capisco...
Maurizio	Sì, certo! Ha detto che sarà una tua collega...
Christoph	Perché "sarà"? Michelle è una collega!
Maurizio	Allora esiste, Michelle!
Christoph	Sì sì, esiste... Perché usare il futuro?
Aldo	Perché mia era un'ipotesi.
	(...)

[Suona il telefono di Christoph]

Christoph	Sarà lei?
Maurizio	Rispondi.
Christoph	È! Pronto? Aspetta un attimo, qua non posso parlare...

3 Sottolinea l'opzione corretta.

Christoph **conosceva / ha conosciuto** una ragazza: Michelle. Maurizio e Aldo sono curiosi: secondo Aldo, **potrebbe / potrà** essere una collega di Christoph, ma Christoph non **ne / ci** vuole parlare. Alla fine **però / insomma**, Christoph confessa: è davvero una sua collega. Come sempre, fa una domanda di grammatica ai suoi amici. Ma mentre Maurizio sta **per fare / facendo** la barba a Christoph, il telefono suona: è Michelle! Christoph preferisce uscire per **parlarci / parlarne** in privato.

QUALCOSA in PIÚ ➕

Nel video, Aldo dice: "Mah, sarà una sua collega". Nell'italiano parlato, spesso il futuro per fare un'ipotesi è anticipato da interiezioni come boh... o mah... che indicano indecisione o supposizione.
Esempio:
▸ Che cosa fa Giorgio adesso, secondo te?
● **Boh... / Mah...** Starà lavorando.

Boh *può essere usato anche da solo e significa*: non lo so.
Esempio:
▸ Maura e Federico stanno ancora insieme?
● **Boh...!**

A2 TEST

1 *Sottolinea* l'**opzione** *corretta.*

1. Mia sorella **fa / sa / lei** parlare benissimo il tedesco: ha studiato **per / da / in** tre anni in Germania.

2. A che ora **ha finito / ha finita / è finita** la riunione?

3. Oggi alle undici **sono dovuta / ho dovuta / ho voluta** andare a scuola a prendere mia figlia.

4. Ogni volta che dobbiamo uscire non sei **già / ancora / mai** pronto!

5. Sono in Italia **da / in / per** dieci anni e non ho **ancora / già / sempre** capito perché gli italiani danno tanta importanza al cibo.

6. Non amo **né il latte né il formaggio / o il latte o il formaggio / sia il latte che il formaggio.**

> **OGNI OPZIONE CORRETTA: 1 PUNTO** ___ / 8

2 *Completa il testo con l'imperfetto dei verbi e le forme dei comparativi o dei superlativi assoluti degli* **aggettivi** *indicati.*

Le mode cambiano, ma è anche vero che ritornano.

Quando mia madre (*essere*) _____ giovane, (*andare*) _____ di moda i pantaloni "a zampa

PANTALONI A ZAMPA DI ELEFANTE

di elefante", cioè [*largo*] _____ in fondo. Mia madre (*dire*) _____ sempre che la moda degli anni Settanta non le (*piacere*) _____, ma

(*indossare*) _____ quei vestiti perché lo (*fare*) _____ tutti. Mia madre (*vestire*) _____ sempre di blu o azzurro, e per lei la cosa [*cattivo*] _____ di quegli anni (*essere*) _____ le camicie con quei colori così sgargianti.

> **OGNI OPZIONE CORRETTA: 1 PUNTO** ___ / 10

3 *Completa le frasi con l'imperfetto o il passato prossimo (spazi _____) e i pronomi indiretti (spazi ___).*

1.

▶ Dove (*conoscersi*) _____ tu e Ida?

● (*Incontrarsi*) _____ al gate del volo per Parigi: io ci (*andare*) _____ in vacanza, lei per lavoro.

2.

▶ Perché oggi in ufficio Claudio (*avere*) _____ quella faccia così triste?

● Non lo so, non ___ (*chiedere*) _____ niente, ho capito che non (*avere*) _____ voglia di parlare.

3.

▶ Miriam, davvero (*stare*) _____ in Giappone?

● Sì, quando (*avere*) _____ 23 anni (*stare*) _____ a Tokyo una settimana con il mio ragazzo.

4.

▶ Oddio, (*io - dimenticare*) _____ di telefonare a Serena, per invitarla alla cena di domani!

● Tranquillo, ___ (*dire*) _____ tutto io quando lei ___ (*chiamare*) _____ ieri sera.

> **OGNI OPZIONE CORRETTA: 1 PUNTO** ___ / 15

4 *Sottolinea* l'**opzione** *corretta.*

1.

▶ Scusa, **hai visto / vedevi** quel maglione verde che **avevo / ho avuto** ieri? Non **lo / mi** trovo.

● No... **Provavi / Hai provato** a cercare nell'armadio di mamma? Lei qualche volta mette lì dentro le cose che trova in giro per casa...

▶ Ah, sì **eccolo / eccole** qui! **Era / È stato** nel primo cassetto.

128

ALMA Edizioni | DIECI lezioni di GRAMMATICA

2.

▸ Lea, cosa **hai fatto / facevi** questo fine settimana?

● **Sono uscita / Sto per uscire** con Paolo e Luca.

▸ Paolo e Luca? E chi sono?

● Come, non ricordi? **Li abbiamo conosciuti /
L'abbiamo conosciuti** a casa di Lucia, **durante /
mentre** la cena!

▸ Ah, loro! E cosa **facevate / avete fatto**?

● **Siamo andati / Andavamo** al cinema e poi
in pizzeria. Però mentre **abbiamo mangiato /
mangiavamo**, Luca **ha ricevuto / riceveva** una
telefonata di lavoro ed **ha / è** dovuto andare...

OGNI OPZIONE CORRETTA: 1 PUNTO ___ / 15

5 *Completa le frasi con i verbi della lista all'imperativo con
Lei (spazi _____) e le forme plurali delle parole* osso *e*
ginocchio *(spazi _____).*

provare | preoccuparsi | fare | aiutarsi

DAL MEDICO

Signora Pace Dottore, Lei ha detto che l'operazione
alle _____ è andata bene, ma
ancora non riesco a camminare con
facilità.

Dottore Sì, signora, è vero, ma non _____,
presto tornerà a camminare come
prima. Le _____ non sono
ancora molto forti. _____ a fare
inizialmente qualche passo in casa,
magari _____ con un bastone.
Sicuramente dovrà fare fisioterapia:
_____ due sedute alla settimana
per un mese e vedrà che prima
dell'estate camminerà come prima!

OGNI OPZIONE CORRETTA: 1 PUNTO ___ / 6

6 In alcune frasi ci sono degli errori. Indica le quattro frasi
sbagliate.

1. Abbiamo finito le arance. Comprane un chilo. ☐
2. Questo spettacolo è noiosissimo,
   mi sto annoiando! ☐
3. Hai tu le chiavi di casa? Io non ce l'ho. ☐
4. Il cane sta scappando, prendetelo! ☐
5. Se tua madre vuole parlare con qualcuno,
   dalle il mio numero di telefono. ☐
6. Ragazzi, posso offrirvi qualcosa di mangiare? ☐
7. Non conosci mia nipote? Te le presento! ☐
8. Silvio e Leo bisognano di aiuto per l'esame. ☐

OGNI OPZIONE CORRETTA: 1 PUNTO ___ / 4

7 Rispondi con i pronomi combinati, come nell'esempio.

1.
▸ Hai mandato la mail a Carla?
● Sì, *gliel'ho mandata* _____.

2.
▸ Mi hai comprato le arance?
● Sì, _____.

3.
▸ Ci avete preso i biglietti?
● No, non _____.

4.
▸ Hai dato il regalo a Lucia?
● Sì, _____.

5.
▸ Luca vi ha prestato la macchina?
● No, non _____.

6.
▸ I ragazzi hanno portato i fiori a nonna?
● No, non _____.

OGNI OPZIONE CORRETTA: 2 PUNTI ___ / 10

 **TEST**

8 *Completa le frasi con i verbi al futuro (spazi _____) e i connettivi siccome, cioè, infatti (spazi ⬚).*

> **Oroscopo dell'anno**
>
> I nati di questo segno *(avere)* _____
> un anno pieno di soddisfazioni e soprese:
> ⬚ *(fare)* _____
> molti viaggi e nuove amicizie. Sicuramente
> qualcuno, in uno di questi viaggi, *(conoscere)*
> _____ l'amore della sua vita!
> Se siete nati nella prima metà del mese
> *(potere)* _____ avere anche delle
> grandi soddisfazioni nel lavoro, ⬚
> promozioni o aumenti di stipendio.
> ⬚ i nati del vostro segno sono
> persone impazienti, anche voi *(volere)*
> _____ ottenere tutto e subito, ma
> probabilmente *(dovere)* _____
> aspettare fino alla fine dell'anno per vedere
> i vostri desideri realizzarsi completamente.
> Attenzione all'autunno, quando *(essere)*
> _____ possibile avere qualche
> problema di salute.

OGNI OPZIONE CORRETTA: 1 PUNTO ___ / 10

9 *Completa le frasi con i verbi al condizionale presente.*

1. ▶ In questo periodo mi sento stanco.
   ● *(Tu - dovere)* _____ prendere delle vitamine.
2. ▶ Io e mia moglie *(volere)* _____ fare una grande festa per la laurea di nostra figlia.
   ● *(Voi - dovere)* _____ affittare un locale adatto.
3. ▶ Ma tu non *(rimanere)* _____ volentieri in vacanza un'altra settimana?
   ● Sì, certo, ma purtroppo dobbiamo tornare.
4. ▶ Ma a voi *(piacere)* _____ vivere in questa città?
   ● No, è troppo grande e caotica.
5. ▶ Anna e Marco hanno detto che verranno?
   ● Sì, *(dovere)* _____ arrivare verso le 11, prima non possono.

OGNI OPZIONE CORRETTA: 1 PUNTO ___ / 6

10 *Sottolinea l'opzione corretta.*

1. **Conosceva / Ha saputo / Sapeva** la notizia poco fa.
2. **Conoscevo / Ho conosciuto / Ho saputo** mio marito a un matrimonio.
3. Sta per **piovendo / pioverà / piovere**, meglio prendere l'ombrello.
4. In Italia **beve / si beve / si bevono** molto caffè?
5. Ho comprato **alcuno panino / qualche panini / qualche panino** per il viaggio.
6. Tutti dicono che questo è **migliore/ il migliore / il più migliore** ristorante della città, ma io **ci / ne / l'** ho mangiato davvero male.
7. Qui c'era il parco **che / cui / in cui** ho passato tanti **belli / bei / begli** momenti quando ero bambino, e ora è diventato un parcheggio.
8. Ho provato a fare tutti gli esercizi, ma non **ci / ne / gli** sono riuscito.

OGNI OPZIONE CORRETTA: 1 PUNTO ___ / 10

11 *Sottolinea l'opzione corretta e completa l'ultima lettera del participio passato.*

1. Cara Marina, vorrei ringraziarti del bellissimo regalo di compleanno: **li / ne** ho ricevut___ tanti, ma il tuo è davvero il più bello!
2. Sicuramente Giulio ieri aveva molta fame: mentre io mangiavo la mia pizza, lui **le / ne** ha mangiat___ due!
3. Oggi ho incontrato molti clienti e **li / ne** ho convint___ tutti a comprare il nostro prodotto.
4. Ha scritto molte poesie, e durante la serata **le / ne** ha lett___ alcune molto belle.
5. ▶ Hai preso i documenti?
   ● Sì, **ce li / ne** ho tutti, grazie. **Ce l' / Me li** ha preparati Claudia.
6. C'erano sconti fino al 70% sulle scarpe e ne ho comprat___ due **paia / paio**.

OGNI OPZIONE CORRETTA: ½ PUNTO ___ / 6

TOTALE OPZIONI CORRETTE: ___ / 100

ALFABETO

A	a	B	bi	C	ci	D	di	E	e
F	effe	G	gi	H	acca	I	i	J	i lunga
K	kappa	L	elle	M	emme	N	enne	O	o
P	pi	Q	qu	R	erre	S	esse	T	ti
U	u	V	vu	W	doppia vu				
X	ics	Y	ipsilon	Z	zeta				

Le lettere J, K, X, Y, Z non sono comuni in italiano.
Sono presenti solo in parole di origine straniera come *yoga, jeans* o *abat-jour*.
Di solito in italiano per fare lo spelling usiamo le città:
A di Ancona, B di Brindisi, C di Como, ecc.

➥ A1 • lez. 1

MAIUSCOLA E MINUSCOLA

	minuscolo	MAIUSCOLO
vocali	a, e, i, o, u	A, E, I, O, U
consonanti	b, c, d, f, ...	B, C, D, F, ...

La maiuscola è necessaria:
• con il nome e cognome: *Paola Tocchi*
• con il Paese: *Spagna*
• con la città: *Firenze*
• a inizio frase e dopo ".", "!", e "?"
• con il pronome Lei: *Io sono Marta, e Lei?*

➥ A1 • lez. 1, 2

FORMALE E INFORMALE

Se voglio parlare a qualcuno in modo formale,
devo cambiare alcuni elementi della frase.

INFORMALE
soggetto: *tu*
verbo: 2ª persona singolare
Tu lavori a Palermo?

possessivo: *tuo, tua*
Qual è il tuo indirizzo?
Qual è la tua mail?

FORMALE
soggetto: *Lei*
verbo: 3ª persona singolare
Lei lavora a Palermo?

possessivo: *Suo, Sua*
Qual è il Suo indirizzo?
Qual è la Sua mail?

➥ A1 • lez. 1, 2

NOMI

Nomi al singolare

I nomi sono maschili o femminili.
Generalmente i nomi al singolare in *-o* sono maschili
e i nomi in *-a* sono femminili.
I nomi in *-e* possono essere maschili o femminili.

nome in *-o*	maschile	zaino
nome in *-a*	femminile	matita
nome in *-e*	maschile femminile	studente chiave

Un nome in *-zione* è sempre femminile: *lezione, informazione, attenzione.*

Ci sono poi alcuni casi particolari che funzionano in modo diverso.
Ci sono alcuni nomi in *-o* femminili: *radio, mano, moto(cicletta), foto(grafia), auto(mobile)...*
Ci sono alcuni nomi in *-a* maschili: *cinema, problema, pigiama...*
Alcuni nomi finiscono in *-i* (*crisi, bici, analisi...*), con una vocale accentata (*caffè, città, libertà, virtù...*) o con una consonante. I nomi che finiscono con una consonante sono di origine straniera: *computer, hotel, bar...*

➥ A1 • lez. 1

Nomi al plurale

Al plurale in nomi in *-o* e in *-e* finiscono in *-i*,
quelli in *-a* finiscono in *-e*.

	singolare	plurale
maschile	cornett**o** bicchier**e**	cornett**i** bicchier**i**
femminile	pizz**a** lezion**e**	pizz**e** lezion**i**

Ci sono però dei casi particolari che funzionano in modo diverso.

	singolare	plurale
parole straniere non cambiano	bar toast	bar toast
parole con l'accento non cambiano	caffè città	caffè città
parole in *-co* alcune finiscono in *-ci*, alcune in *-chi*	amico greco cuoco gioco	ami**ci** gre**ci** cuo**chi** gio**chi**
parole in *-ca*	amica bistecca	ami**che** bistec**che**
parole in *-go*	albergo fungo	alber**ghi** fun**ghi**
parole in *-ga*	bottega	botte**ghe**
nomi maschili in *-a* eccezione:	problema pigiama cinema	problem**i** pigiam**i** cinem**a**
nomi femminili in *-o* non cambiano	foto radio metro moto	foto radio metro moto
nomi maschili e femminili in *-i* non cambiano	brindisi crisi bici	brindisi crisi bici
nomi in *-ie* non cambiano	specie serie	specie serie

SINTESI GRAMMATICALE

	singolare	plurale
nomi in -cia / -gia		
se prima di -cia / -gia c'è una vocale, al plurale finiscono in -cie / -gie	valigia farmacia	valigie farmacie
se prima di -cia / -gia c'è una consonante, al plurale finiscono in -ce / -ge	arancia spiaggia	arance spiagge
plurali irregolari	uovo (m.) uomo dio	uova (f.) uomini dei

Alcune di queste parole non cambiano al plurale perché sono abbreviazioni: *cinema(tografo/i)*, *bici(cletta/e)*, *moto(cicletta/e)*, *foto(grafia/e)*, *metro(politana/e)*, *frigo(rifero/i)*, *auto(mobile/i)*...

Alcune parti del corpo hanno il plurale irregolare.
Il nome al plurale a volte cambia anche genere.

singolare	plurale
la mano (f.)	le mani (f.)
il ginocchio (m.)	le ginocchia (f.)
l'orecchio (m.)	le orecchie (f.)
il braccio (m.)	le braccia (f.)
il dito (m.)	le dita (f.)
l'osso (m.)	le ossa (f.)

Ci sono anche altre parole che cambiano il genere al plurale e prendono la -a.

singolare	plurale
paio (m.)	paia (f.)
centinaio (m.)	centinaia (f.)
migliaio (m.)	migliaia (f.)

→ A1 • lez. 3, 10 → A2 • lez. 4, 5, 6

Nomi di professione

Nomi in -o: *commesso*, *impiegato*, *operaio*, *segretario*, *gelataio*, *artigiano*, *cuoco*.

	singolare	plurale
maschile	commesso	commessi
femminile	commessa	commesse

Nomi in -ista: *musicista*, *tassista*, *barista*, *giornalista*, *farmacista*, *dentista*.

	singolare	plurale
maschile	farmacista	farmacisti
femminile	farmacista	farmaciste

Nomi in -tore: *traduttore*, *scrittore*, *attore*, *imprenditore*, *programmatore*.

	singolare	plurale
maschile	programmatore	programmatori
femminile	programmatrice	programmatrici

Nomi in -iere: *cameriere*, *giardiniere*, *infermiere*.

	singolare	plurale
maschile	giardiniere	giardinieri
femminile	giardiniera	giardiniere

Nomi in -ante: *cantante*, *insegnante*.

	singolare	plurale
maschile	insegnante	insegnanti
femminile	insegnante	insegnanti

Nomi in -a: *pilota*, *atleta*, *pediatra* (e tutte le altre parole in -iatra, cioè professioni legate alla medicina).

	singolare	plurale
maschile	pilota	piloti
femminile	pilota	pilote

Alcuni nomi sono irregolari.
Il femminile di *studente* è *studentessa*.
Il femminile di *dottore* è *dottoressa*.
Alcuni nomi di professione solitamente non cambiano al femminile:
*Marilena fa l'**ingegnere**.*
*Giulia è un **medico**.*
Ultimamente però si stanno diffondendo sempre di più anche le forme femminili di nomi che prima si usavano solo al maschile:
ingegnere → ingegnera
medico → medica
ministro → ministra
sindaco → sindaca

→ A1 • lez. 10 → A2 • lez. 7

Alterati

In italiano è possibile cambiare il finale di un nome per cambiare le sue qualità: si può usare un diminutivo o un accrescitivo.

Diminutivo: -ino e -etto
gatto → *gattino* (= piccolo gatto)
bottiglia → *bottiglietta* (= piccola bottiglia)

Alcune parole possono avere il diminutivo in -ino e in -etto. L'alterato in -etto può avere un senso ironico o in qualche modo scherzoso:
ragazza/o → *ragazzina/o* → *ragazzetta/o* (ironico)
regalo → *regalino* (piccolo) → *regaletto* (di poca importanza)

Ma tutte le parole che finiscono in -*ino* hanno il diminutivo in -*etto*, e viceversa:
giardino ➟ *giardinetto*
bambino ➟ *bambinetto*
letto ➟ *lettino*
eccezione: *macchina* ➟ *macchinina / macchinetta*

Accrescitivo: -*one*
gatto ➟ *gattone* (= grosso gatto)
Alcuni alterati in -*one* di parole femminili cambiano genere:
una scatola ➟ *uno scatolone*, *una bottiglia* ➟ *un bottiglione*...

➟ A2 • lez. 8

ARTICOLI
Articoli determinativi
Usiamo gli articoli determinativi per parlare di qualcosa (un oggetto, una persona, un luogo, un animale...) specifico o già conosciuto dalla persona che ascolta.

maschile	
singolare	plurale
il cameriere	**i** camerieri

Casi particolari:
davanti a vocale:
l'impiegato   **gli i**mpiegati
davanti a s + consonante:
lo studente   **gli s**tudenti
davanti a *z*: **lo z**aino   **gli z**aini
davanti a *y*: **lo y**ogurt   **gli y**ogurt
davanti a *ps*: **lo ps**icologo **gli ps**icologi
davanti a *gn*: **lo gn**omo   **gli gn**omi
davanti a *pn*: **lo pn**eumatico **gli pn**eumatici
davanti a *x*: **lo x**ilofono   **gli x**ilofoni

femminile	
singolare	plurale
la dottoressa	**le** dottoresse

Casi particolari:
davanti a vocale: **l'o**peraia   **le o**peraie

Usiamo l'articolo determinativo con i Paesi: *Amo l'Italia.* | **La** *Svizzera è piccola.*
Con le lingue possiamo mettere o non mettere l'articolo:
Studio spagnolo. = *Studio lo spagnolo.*

Davanti ai nomi della settimana, mettere o non mettere l'articolo cambia il significato della frase.
Con l'articolo:
Il *lunedì faccio yoga.* = tutti i lunedì
Senza l'articolo:
Lunedì vado al cinema. = solo questo lunedì

➟ A1 • Lez. 2, 6

Articoli indeterminativi

		casi particolari
maschile	**un** quaderno	davanti a s + consonante: **uno st**udente davanti a *z*: **uno z**aino davanti a *y*: **uno y**ogurt davanti a *ps*: **uno ps**icologo davanti a *gn*: **uno gn**omo davanti a *pn*: **uno pn**eumatico davanti a *x*: **uno x**ilofono
femminile	**una** lezione	davanti a vocale: **un'**agenda

➟ A1 • Lez. 0/1

AGGETTIVI
In italiano la maggior parte degli aggettivi appartiene a uno di questi due gruppi: gruppo 1 o gruppo 2.

GRUPPO 1		
	singolare	plurale
maschile	piccol**o**	piccol**i**
femminile	piccol**a**	piccol**e**

Nel primo gruppo ci sono alcuni casi particolari.

		singolare	plurale
aggettivi in -*co* / -*ca*	maschile	spor**co** econom**ico**	spor**chi** econom**ici**
	femminile	spor**ca** econom**ica**	spor**che** econom**iche**

Aggettivi come *sporco*: antico, fresco, tedesco.
Aggettivi come *economico*: austriaco, greco, turistico.

GRUPPO 2		
	singolare	plurale
maschile	grand**e**	grand**i**
femminile	grand**e**	grand**i**

L'aggettivo è maschile se va con un nome maschile, è femminile se va con un nome femminile:
*Un letto comod**o**.* | *Due case piccol**e**.*
*I bar elegant**i**.* | *Una ragazza intelligen**te**.*

Bravo funziona come un aggettivo normale: *Bravo, Enzo!* | *Brav**e**, Carlotta e Ilenia!*

Se abbiamo due o più parole di genere diverso e un unico aggettivo, usiamo:
• l'aggettivo femminile se i nomi sono femminili: *Vorrei una gonna e una camicia bell**e**.*
• l'aggettivo maschile se i nomi sono maschili: *Ho un gatto e un cane ner**i**.*

- l'aggettivo maschile se almeno uno dei nomi è maschile:
  La casa e il giardino sono grandi.

Attenzione: le città sono femminili e quindi con le città si usano aggettivi femminili.
Roma è caotica. | *Amo Venezia: è bella e romantica.*

Generalmente l'aggettivo va dopo il nome.

→ A1 • Lez. 1, 2, 3, 4

Aggettivi ordinali

1° primo | 2° secondo | 3° terzo | 4° quarto | 5° quinto
6° sesto | 7° settimo | 8° ottavo | 9° nono | 10° decimo

A partire da 11, per formare gli ordinali eliminiamo l'ultima lettera del numero e aggiungiamo -*esimo/a/i/e*:
undici → *undicesimo, ventuno* → *ventunesimo,*
sessanta → *sessantesimo, cento* → *centesimo.*

Con i numeri che finiscono in -*tré*, aggiungiamo -*eesimo*:
trentatré → *trentatreesimo.*

Con i numeri che finiscono in -*sei*, aggiungiamo -*iesimo*:
quarantasei → *quarantaseiesimo.*

I numeri ordinali funzionano come aggettivi normali:
*Questa è la **prima** volta che vado in Puglia.*

→ A1 • Lez. 5 → A2 • Lez. 4

Aggettivi possessivi

SINGOLARE		PLURALE	
maschile	femminile	maschile	femminile
il mio	la mia	i miei	le mie
il tuo	la tua	i tuoi	le tue
il suo	la sua	i suoi	le sue
il nostro	la nostra	i nostri	le nostre
il vostro	la vostra	i vostri	le vostre
il loro	la loro	i loro	le loro

Gli aggettivi possessivi *mio, tuo, suo, nostro* e *vostro* hanno quattro forme (come gli aggettivi in -o).
Concordano in genere e numero con il nome che c'è dopo:
*Il **vostro** <u>motorino</u> è nuovo?*
*Puoi prestarmi la **tua** <u>penna</u>?*
*Ho perso i **miei** <u>guanti</u>.*
*Le **nostre** <u>case</u> sono vicine.*

Attenzione! Il genere e il numero <u>non</u> dipendono dalla persona che ha la cosa:
La signora Dini ha un gatto.
→ *Il **suo** <u>gatto</u> è piccolo.* ✓ *(la sua gatto* ✗ *)*
Il signor Redi ha una casa.
→ *La **sua** <u>casa</u> è grande.* ✓ *(il suo casa* ✗ *)*

L'aggettivo *loro* non cambia mai:
*Il **loro** <u>cane</u> è scappato!*
*Sono innamorati della **loro** <u>città</u>.*
*Hanno lavato i **loro** <u>vestiti</u>.*
*Sono arrivate le **loro** <u>valigie</u>?*

Con i nomi di famiglia singolari non mettiamo l'articolo prima dei possessivi:
*Come si chiama **tua** nonna?*
***Mio** marito ha 54 anni.*
*Va in vacanza con **sua** sorella.*

Attenzione! Con il possessivo *loro* usiamo l'articolo **anche** con i nomi di famiglia singolari:
***La loro** figlia lavora in Germania.*
*Hai conosciuto **il loro** fratello?*

Eccezioni: usiamo l'articolo prima del possessivo
- con le parole *mamma* e *papà*.
  ***La mia** mamma si chiama Vanna.*
- se dopo il nome c'è un aggettivo o un elemento che aggiunge informazioni.
  ***La nostra** <u>amata</u> sorella.*
  ***Il mio** cugino <u>medico</u>.*
- con i nomi alterati.
  *Presto nascerà **la mia** <u>sorellina</u>!*

Con i nomi di famiglia plurali usiamo sempre l'articolo prima dei possessivi:
***I nostri** figli fanno l'università.*
*Dove abitano **le tue** sorelle?*

Mettiamo l'articolo anche prima di *ragazzo/a* e *fidanzato/a*:
***Il mio** ragazzo odia il calcio.*
***La sua** fidanzata è di Bergamo.*

Quando si parla di genitori, è possibile usare solo i possessivi (senza il nome):
*Come stanno **i tuoi** (= i tuoi genitori)?*
*Non vedo **i miei** (= i miei genitori) da Natale.*

→ A1 • Lez. 8

I colori

Alcuni colori sono aggettivi in -*o* (4 forme), alcuni sono aggettivi in -*e* (2 forme) e alcuni sono invariabili (una forma).

AGGETTIVI IN -O	bianco, giallo, rosso, grigio, nero	*il vestito nero* *la borsa nera* *le gonne nere* *i pantaloni neri*
AGGETTIVI IN -E	arancione, verde, marrone	*il vestito verde* *la borsa verde* *le gonne verdi* *i pantaloni verdi*
INVARIABILI	rosa, viola, blu	*il vestito blu* *la borsa blu* *le gonne blu* *i pantaloni blu*

Attenzione! L'aggettivo *marrone* può essere sia variabile che invariabile.
*Preferisco le sedie **marroni**.* ✓
*Preferisco le sedie **marrone**.* ✓

→ A1 • Lez. 9

SINTESI GRAMMATICALE

Gli aggettivi dimostrativi *questo* e *quello*

Usiamo *questo* prima di un nome.
Questo funziona come un aggettivo in -o.

	singolare	plurale
maschile	quest**o** tavolo	quest**i** tavoli
femminile	quest**a** sedia	quest**e** sedie

Quello funziona come l'articolo determinativo.

	singolare	plurale
maschile	que**l** formaggio quel**l'**olio quel**lo** yogurt	que**i** dolci que**gli** affettati que**gli** spaghetti
femminile	quel**la** pizza quel**l'**acqua	quel**le** bistecche quel**le** olive

Usiamo *quello* per parlare di persone o oggetti lontani, usiamo *questo* per parlare di persone o oggetti vicini.

→ A1 • 4, 9

L'aggettivo *bello*

Davanti al nome, *bello* funziona come l'articolo determinativo.

	singolare	plurale
maschile	**bel** palazzo **bello** specchio **bell'**appartamento	**bei** palazzi **begli** specchi **begli** appartamenti
femminile	**bella** terrazza	**belle** terrazze

A volte l'aggettivo *bello* non indica una qualità estetica, ma ha un significato simile a *grande* o *molto*.

*Oggi c'è un **bel** traffico.* = *Oggi c'è un molto traffico.*
*Questo è un **bel** problema.* = *Questo è un grande problema.*

→ A2 • Lez. 8

Il comparativo

Per fare un confronto tra due termini usiamo il comparativo.
Il comparativo può essere di maggioranza (+), di minoranza (–) o di uguaglianza (=).

di maggioranza	+	Sara **è più simpatica di** Aldo.
di minoranza	–	Carlo **è meno paziente di** Ilaria.
di uguaglianza	=	Enrico **è alto come** Paolo.

Alcuni aggettivi hanno un comparativo regolare e uno irregolare.

AGGETTIVO	COMPARATIVO REGOLARE	COMPARATIVO IRREGOLARE
buono	più buono	migliore
cattivo	più cattivo	peggiore
grande	più grande	maggiore
piccolo	più piccolo	minore
alto	più alto	superiore
basso	più basso	inferiore

Per quanto riguarda i comparativi di *alto* e *basso*, con la forma irregolare usiamo la preposizione *a*:
*Le vendite di ebook sono state <u>inferiori / superiori</u> **a** quelle di un anno fa.*

Ma attenzione: quando si riferisce a persone, il significato della forma irregolare è differente da quello della forma regolare
*Mia sorella è **più alta** di me.* (= considero l'aspetto fisico)
*Mia sorella crede di essere **superiore** agli altri.* (= considero l'intelligenza, il carattere e le altre qualità)
*Nessuno è **più basso** di me nella scuola.* (= considero l'aspetto fisico)
*Nessuno deve pensare di essere **inferiore** agli altri.* (= considero l'intelligenza, il carattere e altre qualità)

Davanti ai comparativi irregolari non uso mai l'avverbio *più*:
Questo film è più migliore di quello. ✗
Questo film è migliore di quello. ✓

→ A2 • Lez. 2

Il superlativo assoluto

Per aumentare il valore di un aggettivo, possiamo usare *molto* prima dell'aggettivo o *-issimo/a* alla fine dell'aggettivo.

*un tavolo **molto piccolo** → piccol**issimo***
*una finestra **molto pulita** → pulit**issima***

Agli aggettivi che finiscono in *-co/-go* di solito dobbiamo aggiungere anche la lettera *h*:
*stan<u>ca</u> → stan**ch**issima, lun**go** → lun**gh**issimo*
Eccezioni: *simpaticissimo, antipaticissimo.*

Alcuni aggettivi hanno due forme di superlativo assoluto, una regolare e una irregolare.

AGGETTIVO	SUPERLATIVO REGOLARE	SUPERLATIVO IRREGOLARE
buono	buonissimo	ottimo
cattivo	cattivissimo	pessimo
grande	grandissimo	massimo
piccolo	piccolissimo	minimo

*Questo gelato è **ottimo**! = Questo gelato è buonissimo! = Questo gelato è molto buono!*

SINTESI GRAMMATICALE

In italiano ci sono anche alcuni aggettivi che non hanno il superlativo (e il comparativo). Sono aggettivi che esprimono già una qualità al livello più alto: *enorme, infinito, eccezionale, unico, meraviglioso, perfetto*, ecc.

→ A2 • Lez. 1

Il superlativo relativo

Il superlativo relativo esprime una qualità limitatamente a un certo gruppo o ambito.

di maggioranza	Elisabetta è **la più brava** della classe.
	Questo è **l'abito più elegante** del negozio.
di minoranza	Enzo è **il meno veloce** della squadra.
	La pasta al pomodoro è **il piatto meno caro del** menù.

Per introdurre il secondo termine di paragone, usiamo *di* (+ articolo): *Franco è il più alto del gruppo*.
Spesso indichiamo genericamente *di tutti/e*: *Franco è il più alto di tutti*.

Alcuni aggettivi, oltre alla forma regolare, hanno anche un superlativo relativo irregolare.

SUPERLATIVO REGOLARE	SUPERLATIVO IRREGOLARE
il più grande	il maggiore
il più piccolo	il minore
il più buono	il migliore
il più cattivo	il peggiore

*Riccardo è il **maggiore** dei suoi fratelli.*
*Questo è il **minore** dei nostri problemi al momento.*
*Abbiamo raggiunto il **migliore** risultato di sempre.*
*Purtroppo questo è diventato il quartiere **peggiore** della città.*

I superlativi di *grande* e *piccolo* vengono utilizzati in contesti diversi. La forma regolare è legata a elementi concreti (dimensioni, caratteristiche fisiche):

*La Valle d'Aosta è la regione **più piccola** (non: minore) d'Italia.*
Per elementi meno concreti (dati statistici, età) usiamo invece la forma irregolare:
*Gli italiani sono i **maggiori** consumatori di pasta nel mondo.*

→ A2 • Lez. 8

FRASE NEGATIVA

Per fare una frase negativa metto *non* davanti al verbo.
*Milano **non** è la capitale d'Italia.*

Se il verbo è al passato prossimo, metto *non* davanti all'ausiliare.
*Stanotte **non** ho dormito bene.*

→ A1 • Lez. 1, 7

VERBI AL PRESENTE

In italiano i verbi cambiano nella loro parte finale in base alle persone. Ci sono tre coniugazioni: verbi con l'infinito in *-are*, in *-ere* e in *-ire*.

Verbi regolari

	ABIT-ARE	PREND-ERE	DORM-IRE
io	abito	prendo	dormo
tu	abiti	prendi	dormi
lui / lei / Lei	abita	prende	dorme
noi	abitiamo	prendiamo	dormiamo
voi	abitate	prendete	dormite
loro	abitano	prendono	dormono

Prima coniugazione (verbi in *-are*): casi particolari

	CERCARE	PAGARE	STUDIARE
io	cerco	pago	studio
tu	cerchi	paghi	studi
lui / lei / Lei	cerca	paga	studia
noi	cerchiamo	paghiamo	studiamo
voi	cercate	pagate	studiate
loro	cercano	pagano	studiano

I verbi regolari della terza coniugazione possono avere il presente in *-isc-*:

	FIN-IRE
io	fin-isc-o
tu	fin-isc-i
lui / lei / Lei	fin-isc-e
noi	fin-iamo
voi	fin-ite
loro	fin-isc-ono

Verbi come *dormire*: *aprire, partire, sentire*.

Verbi come *finire*: *capire, preferire*.

Nota bene: alla terza persona plurale dei verbi regolari, l'accento cambia di posizione.
Esempi:
parlare: voi parlate – loro parlano
mangiare: voi mangiate – loro mangiano
trovare: voi trovate – loro trovano

→ A1 • Lez. 2, 3, 4

Verbi irregolari

	AVERE	ESSERE	FARE	DARE
io	ho	sono	faccio	do
tu	hai	sei	fai	dai
lui / lei / Lei	ha	è	fa	dà
noi	abbiamo	siamo	facciamo	diamo
voi	avete	siete	fate	date
loro	hanno	sono	fanno	danno

	BERE	STARE	VOLERE	POTERE
io	bevo	sto	voglio	posso
tu	bevi	stai	vuoi	puoi
lui / lei / Lei	beve	sta	vuole	può
noi	beviamo	stiamo	vogliamo	possiamo
voi	bevete	state	volete	potete
loro	bevono	stanno	vogliono	possono

	ANDARE	VENIRE	DOVERE
io	vado	vengo	devo
tu	vai	vieni	devi
lui / lei / Lei	va	viene	deve
noi	andiamo	veniamo	dobbiamo
voi	andate	venite	dovete
loro	vanno	vengono	devono

	SPEGNERE	RIMANERE	SCEGLIERE	SALIRE
io	spengo	rimango	scelgo	salgo
tu	spegni	rimani	scegli	sali
lui / lei / Lei	spegne	rimane	sceglie	sale
noi	spegniamo	rimaniamo	scegliamo	saliamo
voi	spegnete	rimanete	scegliete	salite
loro	spengono	rimangono	scelgono	salgono

	SAPERE	DIRE	USCIRE
io	so	dico	esco
tu	sai	dici	esci
lui / lei / Lei	sa	dice	esce
noi	sappiamo	diciamo	usciamo
voi	sapete	dite	uscite
loro	sanno	dicono	escono

→ A1 • Lez. 1, 3, 4, 5

Verbi riflessivi

I verbi riflessivi sono verbi che hanno un pronome prima del verbo.
Alcuni verbi riflessivi: *svegliarsi, alzarsi, vestirsi, farsi (la doccia, la barba), lavarsi (le mani, i denti), arrabbiarsi, chiamarsi, riposarsi, truccarsi...*

	SVEGLIARSI		VESTIRSI	
io	mi	sveglio	mi	vesto
tu	ti	svegli	ti	vesti
lui / lei / Lei	si	sveglia	si	veste
noi	ci	svegliamo	ci	vestiamo
voi	vi	svegliate	vi	vestite
loro	si	svegliano	si	vestono

Ci sono verbi che possono avere la doppia forma: riflessiva e non riflessiva, come *guardare, chiedere, dire...*
Si tratta solo di verbi transitivi (che prevedono qualcuno che fa l'azione e qualcun altro che la riceve), quindi mai verbi di movimento!
Verbo transitivo: guardo
Io guardo la TV.
Io mi guardo allo specchio (= io guardo me stesso/a allo specchio).
Verbo intransitivo: andare
Io vado a scuola.
Non esiste la forma riflessiva. → A1 • Lez. 6

Presente storico

Possiamo usare il presente invece del passato anche per parlare di eventi o personaggi storici.
*Nel 1871 Roma **diventa** capitale d'Italia.* → A2 • Lez. 2

PARTICIPIO PASSATO

Usiamo il participio per formare i tempi composti, come ad esempio il passato prossimo.
Forme regolari

verbi in -*are*	-ato	and**ato**
verbi in -*ere*	-uto	av**uto**
verbi in -*ire*	-ito	dorm**ito**

Forme irregolari

accendere	acceso	perdere	perso
aprire	aperto	piangere	pianto
bere	bevuto	prendere	preso
chiedere	chiesto	rimanere	rimasto
chiudere	chiuso	ridere	riso
dire	detto	scrivere	scritto
essere	stato	spegnere	spento
fare	fatto	stare	stato
leggere	letto	vedere	visto
mettere	messo	venire	venuto
morire	morto	vincere	vinto
nascere	nato		

→ A1 • Lez. 7

SINTESI GRAMMATICALE

VERBI AL PASSATO PROSSIMO

Per descrivere le azioni del passato usiamo il passato prossimo:

> ausiliare *essere* o *avere* al presente + participio passato

*Ieri **siamo andati** al mare.*
*Domenica Fulvio **ha cucinato** le lasagne per tutti.*

Verbi con ausiliare *avere*

La maggioranza dei verbi italiani vuole l'ausiliare *avere*.
Con questi verbi il participio passato è sempre in *-o*:
*La dottoressa Redi **ha lavorato** per otto anni in questa azienda.*
*Ludovica e Alessandra **hanno ballato** tutta la notte.*

Tutti i verbi transitivi, cioè che possono rispondere alla domanda "Chi? / Che cosa?", prendono l'ausiliare *avere*.
Michele legge (che cosa?) un libro.
➡ *Michele **ha letto** un libro.*
Tania ha visto (chi?) Claudio.
➡ *Tania **ha visto** Claudio.*

↪ A1 • Lez. 7

Verbi con ausiliare *essere*

Con questi verbi il participio passato concorda in genere e numero con il soggetto:
*È nat**o** <u>il figlio di Andrea e Lidia</u>!*
*<u>La mia squadra</u> è arrivat**a** prima al torneo.*
*<u>I ragazzi</u> sono rimast**i** svegli fino a tardi.*
*<u>Le sue cugine</u> sono andat**e** a Parigi.*

Se il plurale include soggetti maschili e femminili, il participio passato è al maschile plurale:
*<u>Fabio e Eleonora</u> sono uscit**i** insieme.*
Verbi molto comuni che vogliono l'ausiliare *essere*: *andare, arrivare, diventare, entrare, essere, nascere, partire, rimanere, riuscire, stare, succedere, tornare, uscire, venire.*

↪ A1 • Lez. 7

Verbi con ausiliare *avere* o *essere*

Alcuni verbi posso avere sia l'ausiliare *essere* sia *avere*:

salire	ho salito (le scale)
	sono salita/o (sul treno)
scendere	ho sceso (le scale)
	sono scesa/o (dal treno)
piovere	ha piovuto / è piovuto

Cominciare / iniziare e *finire*
Con il passato prossimo di *cominciare / iniziare* e *finire* possiamo usare due ausiliari diversi.

	AVERE	ESSERE
quando	dopo il verbo c'è un oggetto o un verbo all'infinito	dopo il verbo non c'è un oggetto o un verbo
esempi	***Hai** cominciato / iniziato <u>il corso di russo</u>?*	*Il concerto **è** cominciato / iniziato tardi.*
	***Ho** finito di <u>lavorare</u> un'ora fa.*	*La lezione **è** finita alle 11.*

↪ A2 • Lez. 1

Verbi riflessivi

Con i verbi riflessivi usiamo sempre l'ausiliare *essere*:
*(addormentarsi): Due studenti si **sono** addormentat**i** in classe.*
*(truccarsi): Carola si **è** truccat**a** prima di uscire.*

↪ A2 • Lez. 1

L'accordo tra il pronome diretto e il participio passato

Se prima di un verbo al passato prossimo c'è un pronome diretto (*lo, la, li, le*), il participio passato concorda con l'oggetto diretto:
▸ *Hai letto <u>questi libri</u>?*
● *Sì, <u>li</u> ho lett**i** tutti l'estate scorsa.*
▸ *Hai visitato <u>le Cappelle Medicee</u>?*
● *Sì, <u>le</u> ho visitat**e** nel 2019.*

Attenzione: davanti alla lettera *h*, i pronomi diretti singolari (*lo, la*) prendono l'apostrofo:
▸ *Hai visto il Festival di Sanremo ieri?*
● *Sì, **l'**ho visto con Lucrezia. (l'ho = lo ho)*

I pronomi diretti plurali invece non prendono l'apostrofo:
▸ *Come avete cucinato gli spaghetti ieri?*
● ***Li** abbiamo fatti al pesto. (l'abbiamo fatti* ✗*)*

Con i pronomi indiretti invece la vocale del participio non cambia:
▸ *Hai visto Letizia?*
● *Sì, l'ho vist**a** e **le** ho dat**o** il suo regalo.*

↪ A2 • Lez. 3

VERBI ALL'IMPERFETTO

Usiamo l'imperfetto per:
- fare descrizioni al passato:
  *Mia nonna **era** una persona molto spiritosa.*
  *Da ragazzo Elio **era** magrissimo.*
- descrivere azioni abituali o ripetitive nel passato:
  *Da piccola **andavo** sempre in vacanza in Umbria.*
  *Quando **vivevamo** negli Stati Uniti **eravamo** molto stressati.*

Usiamo la forma *volevo* (imperfetto di *volere*) anche per chiedere qualcosa in modo gentile.
*Buongiorno, **volevo** un'informazione: dove si comprano i biglietti dell'autobus?*

Verbi regolari

	VERBI IN -ARE	VERBI IN -ERE	VERBI IN -IRE
io	us**a**vo	av**e**vo	dorm**i**vo
tu	us**a**vi	av**e**vi	dorm**i**vi
lui / lei / Lei	us**a**va	av**e**va	dorm**i**va
noi	us**a**v**a**mo	avev**a**mo	dormiv**a**mo
voi	us**a**v**a**te	avev**a**te	dormiv**a**te
loro	us**a**vano	av**e**vano	dorm**i**vano

Verbi irregolari

	ESSERE	FARE
io	ero	facevo
tu	eri	facevi
lui / lei / Lei	era	faceva
noi	eravamo	facevamo
voi	eravate	facevate
loro	erano	facevano

	DIRE	BERE
io	dicevo	bevevo
tu	dicevi	bevevi
lui / lei / Lei	diceva	beveva
noi	dicevamo	bevevamo
voi	dicevate	bevevate
loro	dicevano	bevevano

Spesso l'imperfetto segue espressioni come *da piccolo/a, da bambino/a, da ragazzo/a, da giovane, da adulto/a* che sostituiscono *quando ero* (*eri, era*) *piccolo / bambino* ecc

→ A1 • Lez. 9, 10 → A2 • Lez. 2

USO DEL PASSATO PROSSIMO E DELL'IMPERFETTO

Usiamo il passato prossimo per indicare azioni compiute in passato che hanno avuto un inizio e una fine in un momento o in un periodo preciso:
Ieri sera **siamo andati** *al cinema.*
Ho abitato *a Roma* *per due anni.*

Usiamo l'imperfetto:
- per fare descrizioni nel passato:
  Da bambina **ero** *molto tranquilla.*
- parlare di azioni abituali o ripetitive:
  Quando vivevo in campagna, **andavo** *a correre tutte le mattine.*

Possiamo alternare le due forme:
Ho comprato *questa casa quando* **avevo** *due cani.*
Sono andata *a letto presto perché* **ero** *molto stanca.*

Quando usiamo i verbi modali *potere, dovere* e *volere* all'imperfetto, possiamo indicare incertezza o intenzione:
Ieri dovevo scrivere un articolo.
In questo caso la frase ha un "finale aperto", cioè non specifica se l'azione è avvenuta. Solo quando completiamo la frase con altri elementi, non c'è più incertezza ed è possibile capire se l'azione è avvenuta realmente:
Ieri dovevo scrivere un articolo quindi non **ho visto** *la partita.*
In questo modo esprimo la mia intenzione di scrivere l'articolo, seguita dalla sua realizzazione.
Quando invece usiamo il passato prossimo, raccontiamo qualcosa che abbiamo fatto: *Ieri* **ho dovuto scrivere** *un articolo.*
Qui la realizzazione dell'azione è già chiara nell'uso del passato prossimo.

Mentre / Durante
Nelle frasi al passato, dopo *mentre* usiamo l'imperfetto:
Ho incontrato tua zia **mentre** <u>facevo</u> *la spesa.*

Dopo *mentre* usiamo sempre un verbo. Invece dopo *durante* usiamo un nome.

Mentre <u>cenavamo</u>
Durante <u>la cena</u>
} *ha telefonato Leon dalla Germania.*

→ A2 • Lez. 3

SAPERE E CONOSCERE AL PASSATO
I verbi *sapere* e *conoscere* hanno due significati diversi al passato prossimo e all'imperfetto.

SAPERE		
	esempio	significato
imperfetto	*Marianna ha avuto una bambina? Non lo* **sapevo!**	non ero informato/a
passato prossimo	**Ho saputo** *da Grazia che ti sei sposato!*	ho ricevuto la notizia da Grazia

CONOSCERE		
	esempio	significato
imperfetto	*Quando io e Mara ci siamo messi insieme, la* **conoscevo** *già da sette anni.*	Mara non era una persona nuova per me
passato prossimo	**Ho conosciuto** *Flora in Croazia.*	ho incontrato Flora per la prima volta

→ A2 • Lez. 9

VERBI ALL'IMPERATIVO
Imperativo informale (*tu*)
Usiamo l'imperativo per dare ordini, istruzioni o consigli:
Torna *subito qua!*
Leggi *attentamente le istruzioni.*

guardare	rimanere	aprire	finire
guarda	rimani	apri	finisci

Verbi irregolari

essere	avere	dire
sii	abbi	di'

Alcuni verbi hanno due forme:

andare	dare	stare	fare
va' / vai	da' / dai	sta' / stai	fa' / fai

SINTESI GRAMMATICALE

In italiano ci sono imperativi che non hanno un significato letterale (= devi fare questa cosa). Ecco qualche esempio:
***Guarda**, se vuoi la mia opinione...*
***Senti**, hai visto i miei occhiali?*
***Ascolta**, ho mal di testa...*

In questo caso, l'uso di *guarda, senti, ascolta* è un modo per attirare l'attenzione su quanto stiamo dicendo.

Un altro imperativo molto frequente nella lingua palata è *dai*, usato per incoraggiare, incitare.
***Dai**, resisti! Tra poco arrivano le vacanze.*
***Dai! Dai!** Corri! Siamo in ritardo!*

Formiamo l'imperativo informale negativo (*tu*) con *non* + infinito:
***Non dimenticare** l'ombrello.*
***Non fare** tardi.*

Per dare un ordine o un'istruzione generica, cioè rivolta a tutti, di solito al posto dell'imperativo usiamo l'infinito. Questo succede soprattutto negli avvisi pubblici, nelle istruzioni o nelle etichette dei prodotti.

Esempio:
***Compilare** in maiuscolo.*
***Chiudere** sempre il portone.*

→ A1 • Lez. 10

Imperativo informale (*tu*) con i pronomi

I pronomi (diretti, indiretti, riflessivi) e le particelle *ci* e *ne* vanno dopo l'imperativo con *tu* e formano una sola parola:
*Che buona questa torta, assaggia**la**!*
*Oggi è il compleanno di Filippo, fa**gli** gli auguri.*
*Sveglia**ti**, è ora di andare!*
*Questo museo è bellissimo, vieni**ci** con me.*
*Sono rimaste delle lasagne, prendi**ne** ancora un po'.*

Con la forma negativa mettiamo il pronome o prima del verbo, o dopo in un'unica parola.
Prima del verbo: *Non **ti** dimenticare di chiamare Caterina.*
Dopo il verbo: *Non dimenticar**ti** di chiamare Caterina.*

Con i verbi irregolari *andare, dare, dire, fare, stare* i pronomi e le particelle *ci* e *ne* raddoppiano la consonante iniziale:
*Non ho voglia di andare alle poste. Per favore, **vacci** tu.*
*Sofia è piena di cose da fare. **Dalle** una mano.*
*Allora, **dicci** perché non vieni alla festa!*
***Fatti** una bella doccia per rilassarti.*
***Stammi** a sentire.*

Attenzione: con il pronome *gli* non c'è raddoppiamento:
*Adriano si è laureato, **fagli** i complimenti!*

L'imperativo informale è usato in molte espressioni, formule o frasi fatte: *Stammi bene!, Figurati!, Non mi dire!, Vallo a sapere., Vallo a capire...*

→ A2 • Lez. 5

Imperativo formale (*Lei*)

aspett**are**	prend**ere**	sent**ire**	fin**ire**
aspett**i**	prend**a**	sent**a**	fin**isca**

I verbi in *-care / -gare* prendono la lettera *h*: *cerchi, paghi.*

Per la forma negativa, aggiungiamo *non* prima del verbo:
***Non si preoccupi**, se il televisore non funziona Le cambiamo stanza.*

Imperativo con *Lei*: forme irregolari

dare	dia	avere	abbia
bere	beva	andare	vada
venire	venga	togliere	tolga
fare	faccia	essere	sia
uscire	esca	dire	dica
scegliere	scelga		

→ A2 • Lez. 4

Imperativo formale (*Lei*) con i pronomi

I pronomi (diretti, indiretti, riflessivi) e le particelle *ci* e *ne* vanno <u>prima</u> dell'imperativo con *Lei*, anche nella forma negativa:
*Prego, **si** accomodi.*
***Mi** dica tutto.*
*Non **si** dimentichi di portare il documento.*

→ A2 • Lez. 5

Imperativo con *noi* e *voi*

Per l'imperativo con *noi* e *voi*, usiamo le forme del presente:
***Guardiamo** Sanremo tutti insieme!*
***Venite** a trovarci!*

Per la forma negativa, aggiungiamo *non* prima del verbo:
***Non** prendiamo la macchina, è meglio andare in autobus.*
***Non** invitate Samantha: lei e Mirko hanno litigato.*

→ A2 • Lez. 4

Imperativo con *noi* e *voi* con i pronomi

I pronomi (diretti, indiretti, riflessivi) e le particelle *ci* e *ne* vanno <u>dopo</u> l'imperativo con *noi* e *voi* e formano una sola parola:
*È tornato Luca, andiamo**lo** a trovare!*
*La torta è per voi, mangiate**ne** quanta volete!*

Con la forma negativa mettiamo il pronome o prima dell'imperativo, o dopo in un'unica parola.
Prima del verbo: *Paolo sta dormendo, non **lo** svegliate!*
Dopo il verbo: *Paolo sta dormendo, non svegliate**lo**!*

→ A2 • Lez. 5

STARE + GERUNDIO

La forma *stare* + gerundio indica un'azione che accade adesso, in questo momento:
*Fabiana **sta leggendo** un libro. (= legge un libro adesso)*

▶ *Pronto? Dove sei?*
● ***Sto facendo** la fila alla posta.*

Il gerundio

FORME REGOLARI		FORME IRREGOLARI	
VERBI IN -ARE	parlando	bere	bevendo
VERBI IN -ERE	chiudendo	dire	dicendo
VERBI IN -IRE	partendo	fare	facendo

Posso usare la forma *stare* + gerundio con vari tempi e non solo con il presente:
*Quando ha iniziato a piovere **stavo andando** da Margherita.*
***Starà** dormendo quando tornerai.*

Non è possibile però usare questa forma con i tempi composti.
*Due ore fa **sono stata guidando**.* ✗

→ A2 • Lez. 5

STARE PER + INFINITO

Stare per + infinito indica un'azione che accade tra poco o pochissimo tempo.
*Preparati, gli ospiti **stanno per arrivare**!*
(= tra pochi minuti arrivano)
*Annalisa **sta per compiere** 40 anni.*
(= tra pochi giorni compie 40 anni)

Quando c'è un pronome, il pronome può andare prima del verbo *stare* o dopo l'infinito in un'unica parola.
***Ti** sto per chiamare. | Sto per chiamar**ti**.*

→ A2 • Lez. 9

VERBI AL FUTURO SEMPLICE

Per fare previsioni e indicare un evento che avviene nel futuro, possiamo usare il futuro semplice:
*L'anno prossimo, **andrò** in Giappone.*

Possiamo usare il futuro anche nel periodo ipotetico:
*Se **pioverà**, **resteremo** a casa.*

Usiamo il futuro anche per fare un'ipotesi, una supposizione:
▶ *Che ore sono?*
● ***Saranno** le sette.*

▶ *Guarda che belle quelle scarpe. Perché non te le provi?*
● *Mi piacciono molto, ma **saranno** costosissime.*

Verbi con futuro regolare

	-ARE	-ERE	-IRE
io	ascolterò	leggerò	dormirò
tu	ascolterai	leggerai	dormirai
lui / lei / Lei	ascolterà	leggerà	dormirà
noi	ascolteremo	leggeremo	dormiremo
voi	ascolterete	leggerete	dormirete
loro	ascolteranno	leggeranno	dormiranno

I verbi come *finire* non prendono *-isc-* al futuro: *finirò, finirai...*
I verbi in *-care / -gare* prendono una *h*: *pagherò, pagherai...*
I verbi in *-iare* perdono la *i*: *mangerò, mangerai...*

Verbi con futuro contratto

Al futuro alcuni verbi (come *avere, dovere, andare, potere, vedere, vivere...*) perdono la prima vocale della desinenza.

DOVERE

io	dovrò	noi	dovremo
tu	dovrai	voi	dovrete
lui / lei / Lei	dovrà	loro	dovranno

Verbi con futuro irregolare

	ESSERE	FARE	VOLERE	DARE
io	sarò	farò	vorrò	darò
tu	sarai	farai	vorrai	darai
lui / lei / Lei	sarà	farà	vorrà	darà
noi	saremo	faremo	vorremo	daremo
voi	sarete	farete	vorrete	darete
loro	saranno	faranno	vorranno	daranno

BERE	DIRE	STARE	VENIRE	RIMANERE
berrò	dirò	starò	verrò	rimarrò
berrai	dirai	starai	verrai	rimarrai
berrà	dirà	starà	verrà	rimarrà
berremo	diremo	staremo	verremo	rimarremo
berrete	direte	starete	verrete	rimarrete
berranno	diranno	staranno	verranno	rimarranno

→ A2 • Lez. 7, 10

VERBI AL CONDIZIONALE PRESENTE

Il condizionale presente si usa per:
● fare una richiesta gentile: *Mi **accompagneresti** in centro?*
● esprimere un desiderio: *Mi **piacerebbe** rivederti.*
● dare un consiglio: ***Dovresti** partire verso le 8 per arrivare in tempo.*

	-ARE	-ERE	-IRE
io	parlerei	leggerei	finirei
tu	parleresti	leggeresti	finiresti
lui / lei / Lei	parlerebbe	leggerebbe	finirebbe
noi	parleremmo	leggeremmo	finiremmo
voi	parlereste	leggereste	finireste
loro	parlerebbero	leggerebbero	finirebbero

I verbi in *-care / -gare* prendono una *h*: *giocherei, pagherei...*
I verbi in *-iare* perdono la *-i-*: *mangerei, mangeresti...*

SINTESI GRAMMATICALE

Verbi con condizionale contratto

Al condizionale alcuni verbi (come *avere, dovere, sapere, andare, potere, vedere, vivere...*) perdono la prima vocale della desinenza.

DOVERE			
io	dov**rei**	noi	dov**remmo**
tu	dov**resti**	voi	dov**reste**
lui / lei / Lei	dov**rebbe**	loro	dov**rebbero**

Verbi con condizionale irregolare

essere	sarei	tenere	terrei
rimanere	rimarrei	**stare**	starei
dare	darei	**bere**	berrei
fare	farei	**volere**	vorrei

→ A2 • Lez. 8

IL *SI* IMPERSONALE

Quando vogliamo indicare un soggetto generico (la gente, le persone), usiamo la forma impersonale *si* + verbo alla terza persona singolare:
In estate qui si muore di caldo. (= in generale le persone qui in estate muoiono di caldo)

Quando il verbo con il *si* impersonale ha un oggetto singolare, il verbo va alla terza persona singolare:
Nella tua regione si dice "babbo", non "papà".

Quando il verbo con il *si* impersonale ha un oggetto plurale, il verbo va alla terza persona plurale:
Non si dicono le parolacce.

→ A2 • Lez. 9

VERBI MODALI

I verbi modali sono: *dovere, potere, volere*. Dopo questi verbi c'è un infinito.

*Non **posso** venire al cinema, **devo** andare a una cena di lavoro.*
*Da bambina non **volevo** dormire da sola.*

Dopo *volere*, può esserci anche un nome:
***Vorrei** un gelato.*

Il passato prossimo dei verbi modali

Al passato prossimo i verbi modali (*potere, dovere, volere*) prendono l'ausiliare del verbo che c'è dopo:
*Perché Micol **è voluta** andare via così presto?*
(andare → essere)
*Per l'esame di diritto **ho dovuto** studiare otto libri.*
(studiare → avere)

→ A2 • Lez. 1

Verbi modali e pronomi diretti

Quando c'è un verbo modale + infinito, il pronome diretto va prima del verbo modale, o dopo l'infinito.
Se va dopo l'infinito, la *-e* dell'infinito cade, e infinito e pronome formano una sola parola:
*Questo libro sembra interessante. **Lo** voglio leggere. = Voglio leggerlo.*

La stessa cosa succede anche con i verbi *sapere, iniziare a, cominciare a, finire di, riuscire a*.
*Questo libro è molto bello, oggi **lo** finisco di leggere / finisco di leggerlo.*

→ A2 • Lez. 9

VERBO *SAPERE*

Per indicare che siamo o non siamo capaci di fare qualcosa, usiamo la forma: (*non*) *sapere* + verbo all'infinito:
***Non so** nuotare, ma **so** sciare molto bene.*

Sapere e potere

Attenzione a questa differenza: *sapere* + infinito significa "essere capaci di fare qualcosa", invece *potere* + infinito indica la possibilità di fare qualcosa in un determinato momento.
***So** nuotare molto bene, ma oggi non **posso** fare il bagno in mare con voi: non ho il costume.*

Sapere e conoscere

È bene anche distinguere il verbo *sapere* dal verbo *conoscere*.
Conoscere è seguito da:
- nomi comuni o nomi propri: ***Conosci** un buon ristorante? / **Conosci** Paola?*
- i pronomi indefiniti *qualcuno* e *nessuno*: *Non **conosco** nessuno a Pavia.*

Sapere è seguito da:
- una frase (introdotta da un interrogativo): ***Sai** quando arriva Mattia?*
- un verbo all'infinito: ***So** ballare la salsa.*
- i pronomi indefiniti *qualcosa* e *niente*: *Non **so** niente di moda.*

→ A2 • Lez. 1

VERBO *BISOGNA*

Bisogna significa "è necessario". Dopo *bisogna* usiamo un verbo all'infinito.
*Per superare questo esame **bisogna** studiare tanto.*
(= è necessario studiare tanto)

Bisogna non cambia mai, è una forma impersonale.
Non possiamo dire *io bisogno* ✗, *loro bisognano* ✗ ecc.
In questi casi, usiamo *avere bisogno di*:
***Ho bisogno** di bere.* (= per me è necessario bere)
Dopo *avere bisogno di* possiamo mettere un verbo all'infinito o un nome: ***Ho bisogno** di un lavoro.*

→ A2 • Lez. 6

VERBO *PIACERE* E PRONOMI INDIRETTI

Al presente con il verbo *piacere* usiamo le forme *piace* o *piacciono*:

	piace		il caffè.	(nome singolare)
Mi	**piacciono**	+	gli spaghetti.	(nome plurale)
	piace		ballare.	(verbo all'infinito)

Prima del verbo *piacere* usiamo i pronomi indiretti.

ATONI	TONICI
Mi piace l'Italia.	**A me** piace l'Italia.
Ti piacciono i gatti?	**A te** piacciono i gatti?
Gli piace sciare.	**A lui** piace sciare.
Le piace l'arte.	**A lei** piace l'arte.
Ci piacciono i libri.	**A noi** piacciono i libri.
Vi piace fare sport.	**A voi** piace fare sport.
Gli piace l'arte.	**A loro** piace l'arte.

Usiamo i pronomi tonici per mettere in evidenza la persona o per rilanciare una domanda:
A lei piace la moda.
A me non piace il rock, e **a te**?

In italiano ci sono altri verbi molto frequenti che hanno la stessa costruzione di *piacere*: *interessare, mancare, sembrare, servire*
Ti **interessano** i libri di politica?
Non vedo Lorenzo da tre mesi, mi **manca**.
Italo non ci **sembra** una persona affidabile.
Non mi **servono** i tuoi consigli!

Anche il verbo *andare* + *di* può avere la stessa costruzione di *piacere*, ma in questo caso significa: *ho voglia di...*
Ti **va di** uscire? (= Hai voglia di uscire?)
Non mi **va di** studiare. (= Non ho voglia di studiare.)

➥ A1 • Lez. 6

Anche / Neanche
● Mi piacciono gli animali. ☺
▶ **Anche** a me. ☺ / ▶ A me no. ☹
● Non mi piace fare sport. ☹
▶ **Neanche** a me. ☹ / ▶ A me sì. ☺

➥ A1 • Lez. 6

VERBI PRONOMINALI

Esserci
Per indicare la presenza di qualcosa o qualcuno, usiamo il verbo *esserci*.

c'è + nome singolare	In piazza **c'è** un bar.
ci sono + nome plurale	Qui non **ci sono** negozi.

Nota la differenza tra *essere* e *esserci*:
dopo il verbo *essere* dobbiamo avere un altro elemento, per dare senso alla frase. *Esserci* invece significa *essere in un luogo, essere presente*.

essere	**esserci**
Fabio **è** simpatico.	
● Fabio **è** in casa?	● C'è Fabio in casa?
▶ Sì, Fabio **è**. ✗ Sì, (Fabio) **c'è**. ✓	▶ No, Fabio non **c'è**.

➥ A1 • Lez. 5

Volerci
Per indicare la quantità necessaria per fare qualcosa possiamo usare il verbo *volerci*.

ci vuole + nome singolare	● Con il tram quanto tempo **ci vuole**? ▶ **Ci vuole** un'ora.
ci vogliono + nome plurale	Per andare in centro **ci vogliono** 10 minuti.

➥ A1 • Lez. 5

Averci
Nella lingua parlata, per dire che abbiamo una cosa usiamo la forma *ce l'ho / ce li ho / ce le ho*.

▶ Hai il passaporto? ● Sì, **ce l'ho**.
▶ Ha la large di questa gonna? ● Certo, signora, **ce l'ho**.
▶ Hai i biglietti? ● Sì, **ce li ho**.
▶ Hai le valigie? ● Sì, **ce le ho**.

Per dire che non abbiamo qualcosa usiamo la formula *non ce l'ho / non ce li ho / non ce le ho*:

▶ Hai il passaporto? ● No, **non ce l'ho**.

➥ A2 • Lez. 5

Metterci
Per indicare il tempo che impieghiamo per svolgere un'azione possiamo usare il verbo *metterci*.
Ci mettiamo un'ora a arrivare in ufficio.
(= abbiamo bisogno di un'ora per arrivare in ufficio)

➥ A2 • Lez. 7

PRONOMI
I pronomi personali sono:
singolari: io, tu, lui (maschile), lei (femminile), Lei (pronome di cortesia)
plurali: noi, voi, loro

In italiano generalmente il pronome non è necessario.
Io sono Lorenzo. ✓
Sono Lorenzo. ✓

➥ A1 • Lez. 1

SINTESI GRAMMATICALE

Pronomi diretti

Usiamo i pronomi diretti per non ripetere un oggetto diretto:
Debora è da sola, **la** invitiamo a cena da noi?
la = Debora (oggetto diretto)

I pronomi diretti vanno prima del verbo:
Bello questo vestito. **Lo** metti per la festa?

FORME SINGOLARI	FORME PLURALI
mi ti lo / la	ci vi li / le

_Lo, la, li_ e _le_ possono sostituire una cosa o una persona.
Concordano in genere e numero con il nome che sostituiscono:
I miei colleghi sono simpaticissimi. **Li** invito spesso a casa mia.
Adoro le lasagne. **Le** cucino tutte le domeniche.

_Mi, ti, ci_ e _vi_ sostituiscono sempre una persona.

Usiamo il pronome diretto _lo_ anche quando ci riferiamo a un'intera frase.
▶ _A che ora arriva Pamela?_
● _Non **lo** so._

→ A1 • Lez. 9

Pronomi indiretti

SINGOLARI	PLURALI
a me = mi	a noi = ci
a te = ti	a voi = vi
a lui = gli	a loro (m. + f.) = gli
a lei = le	

È l'anniversario di Laura e Giacomo. **Gli** compro un regalo.
**Mi** telefoni oggi?

→ A2 • Lez. 3

La dislocazione

Le dislocazioni evidenziano un elemento della frase: l'elemento importante è all'inizio della frase mentre nella seconda parte c'è un pronome.

FRASE NORMALE	DISLOCAZIONE
Hai comprato il latte?	_Il latte **l'**hai comprato?_
Prendi tu i biglietti?	_I biglietti **li** prendi tu?_
Hai dato il regalo a Carlo?	_Il regalo a Carlo, **gliel'**hai dato?_

→ A2 • Lez. 6

Pronomi combinati

Quando un pronome diretto (o _ne_) e un pronome indiretto sono nella stessa frase, diventano un pronome combinato.
I pronomi indiretti vanno prima dei pronomi diretti (o _ne_).
Scusa non ti ho ancora restituito il tuo libro. **Te lo** porto domani.

Attenzione: _gli_ e _le_ formano una sola parola con i pronomi diretti: _glielo / gliela / glieli / gliele._
Se Sauro ha bisogno di un passaggio **glielo** do io.

	LO	LA	LI	LE	NE
MI	me lo	me la	me li	me le	me ne
TI	te lo	te la	te li	te le	te ne
GLI / LE	glielo	gliela	glieli	gliele	gliene
CI	ce lo	ce la	ce li	ce le	ce ne
VI	ve lo	ve la	ve li	ve le	ve ne
GLI	glielo	gliela	glieli	gliele	gliene

Anche i verbi riflessivi formano pronomi combinati con i pronomi diretti:
▶ _Ti sei messa le scarpe rosse per andare alla festa?_
● _No, non **me le** sono messe, erano troppo scomode._

	LO	LA	LI	LE	NE
MI	me lo	me la	me li	me le	me ne
TI	te lo	te la	te li	te le	te ne
SI	se lo	se la	se li	se le	se ne
CI	ce lo	ce la	ce li	ce le	ce ne
VI	ve lo	ve la	ve li	ve le	ve ne
SI	se lo	se la	se li	se le	se ne

Anche la particella _ci_ forma un pronome combinato con _ne_: _ce ne._
Quanta farina ci vuole per fare questa torta?
**Ce ne** vogliono tre etti.

→ A2 • Lez. 6

Il pronome relativo _che_

Usiamo il pronome relativo _che_ per unire le frasi che hanno un elemento in comune. _Che_ sostituisce quell'elemento:
Conosco **una ragazza**. **Questa ragazza** studia biologia marina.
➡ _Conosco una ragazza **che** studia biologia marina._

Che è invariabile e può sostituire cose o persone:
Ho comprato gli occhiali **che** mi hai consigliato.
Hai rivisto la ragazza **che** hai conosciuto sabato sera?

→ A2 • Lez. 7

Il pronome relativo _cui_

Per unire due frasi dopo una preposizione usiamo il pronome invariabile _cui_.
Il film di **cui** ti ho parlato ha vinto un premio importante.
La regione in **cui** preferisco andare in vacanza è la Sardegna.
Queste sono le scarpe con **cui** cammino più comodamente.

→ A2 • Lez. 8

LA PARTICELLA *CI*

Usiamo *ci* per non ripetere un luogo nominato prima:

● *Ti piace* <u>Roma</u>? ▶ *Sì,* **ci** *vado tutti gli anni.*
ci = a Roma

Conosco bene <u>Torino</u>, **ci** *abito!*
ci = a Torino

↪ A1 • Lez. 7

Altri usi di *ci*

La particella *ci* si usa anche per sostituire *a / con* + una parola / una frase.
Si usa in particolare con i verbi *credere (a)*, *pensare (a)*, *parlare (con)*, *riuscire (a)*, *provare (a)*...

▶ *Secondo me gli UFO esistono!*
● *Che cosa? Io non* **ci** *credo per niente.*
(ci = agli UFO)

▶ *Mi aiuti a fare gli esercizi di inglese?*
● *Non sono molto bravo con le lingue, ma* **ci** *posso provare.*
(ci = ad aiutarti a fare gli esercizi)

Ci sono anche altri usi della particella *ci*: può essere utile fare una sintesi schematica.

1	di luogo (locativo)
2	*volerci / metterci*
3	riflessivo
4	pronome diretto
5	pronome indiretto
6	*a / con* + parola / frase

↪ A2 • Lez. 10

LA PARTICELLA *NE*

Ne indica una certa quantità o una parte di qualcosa:
Mi piace il caffè: **ne** *bevo* <u>tre</u> *al giorno.* (ne = di caffè)

▶ *Dobbiamo comprare le uova.*
● *Quante* **ne** *prendiamo?*
▶ **Ne** *prendo sei.* (ne = di uova)

Spesso usiamo *ne* con *poco, molto, troppo, nessuno*:
▶ *Ti piace la pasta?*
● *Sì, ma* **ne** *mangio* <u>poca</u>. (ne = di pasta)

▶ *Mio figlio conosce i nomi di tutti i calciatori, io non* **ne** *conosco* <u>nessuno</u> (ne = di nomi)

Con *tutto/a/i/e*, usiamo i pronomi diretti.
Non vuoi quei biscotti? Allora **li** *prendo* <u>tutti</u>.

Usiamo spesso *ne* con verbi come *parlare (di)*, *pensare (di)*, *avere voglia / bisogno di*:

È un film bellissimo, **ne** *parlano tutti!* (ne = del film)

A Giulio piace molto il corso di spagnolo.
Tu che cosa **ne** *pensi?* (ne = del corso di spagnolo)

Ne può sostituire *di* + un nome o *di* + una frase intera:

Non comprare quell'aspirapolvere. Non **ne** *hai bisogno.*
(ne = di quell'aspirapolvere)

▶ *Vi va di andare al cinema?*
● *No, non* **ne** *abbiamo voglia.* (ne = di andare al cinema)

Quando c'è *ne* con il passato prossimo, il participio passato concorda con l'oggetto:

<u>Queste pizzette</u> *sono troppo piccole.* **Ne** *ho mangiat**e** tre e ho ancora fame.* (ne = pizzette)

Mi piacciono <u>i musei</u>. **Ne** *ho visitat**i** molti negli ultimi anni.*
(ne = musei)

Attenzione: quando specifichiamo la <u>quantità</u> dell'oggetto, il participio passato concorda con la parola che indica la quantità:

▶ *Che buona questa torta!*
● *Sì, io* **ne** *ho già mangiat**e*** <u>tre</u> <u>fette</u>.

▶ *Hai comprato il latte?*
● *Sì,* **ne** *ho comprat**i*** <u>due</u> <u>litri</u>.

↪ A2 • Lez. 4, 6, 8, 10

INTERROGATIVI

Gli interrogativi possono essere avverbi, pronomi o aggettivi. Sono parole che usiamo per fare domande. Si mettono all'inizio della frase.

Che *lavoro fai?*   **Che cosa** *fai?*
Come *si chiama?*   **Dove** *lavori?*
Di dove *siete tu e Gianna?*   **Perché** *studi italiano?*
Qual *è il tuo numero di telefono?*   **Quanti** *anni hai?*

Quanto

Usiamo *quanto* per avere informazioni sulla quantità.

	singolare	plurale
maschile	quanto	quanti
femminile	quanta	quante

● **Quanti** <u>anni</u> *hai?*
▶ *43.*

● **Quante** <u>macchine</u> *hai?*
▶ *Due.*

Quale

quale + nome singolare (maschile o femminile)
quali + nome plurale (maschile o femminile)

In **quale** *albergo hai dormito?*
Quale *torta preferisci?*
Di **quali** *documenti hai bisogno?*
Quali *città hai visitato?*

↪ A1 • Lez. 2, 5, 9

SINTESI GRAMMATICALE

PREPOSIZIONI

Preposizioni semplici

Con i **luoghi** usiamo *di, a, in*:

di + città	*Sono di Torino.*
a + città	*Abito a Matera.*
in + Paese	*Abito in Francia.*
in + via / piazza	*Abito in Viale Garibaldi.*

Attenzione: *Abito negli Stati Uniti.*

Con i **mesi dell'anno** usiamo *a* o *in*:
Le lezioni finiscono a giugno. | *Ho preso le ferie in agosto.*

Con i **mezzi di trasporto** usiamo *con* + articolo o *in*:
Vieni con l'autobus. | *Andiamo a Pisa in treno.*

Attenzione: *Vado a scuola a piedi.*

Con i **negozi**

in	*in farmacia, in macelleria...*
a + articolo	*al mercato, all'alimentari...*
da + articolo	*dal fruttivendolo, dal parrucchiere...*

da

Usiamo *da* per indicare dove andiamo con:
• i nomi di professione: *Vado dal medico.*
  (= allo studio del medico)
• i nomi di persona: *Vado da Ivan.*
  (= a casa di Ivan / dov'è Ivan)
• le persone: *Vado da mio zio.*
  (= a casa di mio zio)
• i pronomi personali: *Vieni da me stasera?*
  (= a casa mia)

Usiamo *da* per esprimere la durata:
Ho mal di stomaco da lunedì. (= lunedì ho cominciato ad avere mal di stomaco e sto ancora male)
Conosco Laurent da tre anni. (= ho incontrato Laurent tre anni fa e siamo ancora amici)

Ma attenzione:
Suono il violino da 10 anni
e
Ho studiato violino per 6 mesi.

La preposizione *da* è usata anche in espressioni come:
da bere – da mangiare
da fare – da dire
Cosa volete da bere?
Cosa c'è da mangiare?

Troviamo la preposizione *da* + infinito anche dopo pronomi indefiniti come *qualcuno, qualcosa, nessuno, niente.*
Oggi in televisione non c'è niente da vedere.
Tutti abbiamo bisogno di qualcuno da amare.

Usiamo *da* anche nella costruzione aggettivo + *da* + infinito
Questo quadro è bello da mettere in camera. (= è bello se lo metti in camera)
Il tablet è comodo da portare in viaggio. (= lo porti comodamente in viaggio)

tra e fra

Tra (o: *fra*) significa: in mezzo. Esempio:
La televisione è tra / fra la libreria e la finestra.

Può anche essere un'*indicazione di tempo*:
Arrivo tra / fra 20 minuti.
(= arrivo dopo 20 minuti)
Sonia viene a Roma tra / fra due giorni.
(= oggi è giovedì, Sonia viene a Roma sabato).
Tra / Fra un mese saremo in vacanza al mare.
(= ora è giugno, a luglio saremo in vacanza)

Possiamo usare *tra / fra* anche per dire l'ora:
Arrivo tra / fra le 10 e le 11.
(= non prima delle 10, non dopo le 11)

cominciare + a, continuare + a, finire + di
Lucilla ha cominciato a lavorare molto giovane.
Ho preso un farmaco, ma continuo a stare male.
Finisci di lavorare tardi?

prima + di + verbo all'infinito:
Prima di studiare *l'italiano, ho imparato l'inglese.*

Preposizioni articolate

	IL	LO	L'	LA	I	GLI	LE
DI	del	dello	dell'	della	dei	degli	delle
A	al	allo	all'	alla	ai	agli	alle
DA	dal	dallo	dall'	dalla	dai	dagli	dalle
IN	nel	nello	nell'	nella	nei	negli	nelle
SU	sul	sullo	sull'	sulla	sui	sugli	sulle

Andiamo al cinema?
Il gatto della signora Lenci è nel nostro giardino.

Attenzione: le preposizioni *con, per, fra / tra* + articoli determinativi non formano preposizioni articolate.

L'unica eccezione è *con + il* che può diventare *col.*

Esempio:
Simona fa una passeggiata con il cane. / col cane.

→ A1 • Lez. 2, 5, 6, 7, 9
→ A2 • Lez. 1, 5, 6, 7

Preposizioni e pronomi

a / con / per... + **me | te | lui | lei | Lei | noi | voi | loro**

*Questo regalo è **per te**.* (per ti ✗ / per tu ✗)
*Vuoi venire al cinema **con me**?* (con mi ✗ / con io ✗)

→ A2 • Lez. 3

ESPRESSIONI DI LUOGO

| dietro (a) | sotto | dentro | vicino (a) / accanto (a) |
| davanti (a) / di fronte (a) | sopra | lontano (da) | su |

→ A1 • Lez. 5

ESPRESSIONI DI TEMPO

La data

articolo / giorno della settimana → numero → mese

*Sono nata **il 9 aprile**.*
*Lo spettacolo è **martedì 3 marzo**.*

Attenzione: 1 maggio = **primo** maggio ✓ (uno maggio ✗)

Nel + anno
● *Quando sei andato in Brasile?* ▶ ***Nel** 2015.*
● *In che anno sei nato?* ▶ ***Nel** 1998.*

→ A1 • Lez. 6, 7, 8

Da... a...

*Il museo è aperto **dal** lunedì **alla** domenica.*
*Studio **dalle** 6 **alle** 7.*
*Pranzo **da** mezzogiorno **all'**una.*
*Faccio la cameriera **da** maggio **a** settembre.*

L'ora

Che ora è? | Che ore sono?

`00:00` È mezzanotte.	`01:00` È l'una.
`12:00` È mezzogiorno. / Sono le dodici.	`06:00` Sono le sei.
`06:05` Sono le sei e cinque.	
`06:15` Sono le sei e un quarto. / Sono le sei e quindici.	
`06:30` Sono le sei e mezza. / Sono le sei e trenta.	
`06:40` Sono le sei e quaranta. / Sono le sette meno venti.	
`06:45` Sono le sei e quarantacinque. / Sono le sette meno un quarto.	

→ A2 • Lez. 1

A che ora?

▶ *A che ora ti svegli?* ● **Alle** otto e mezza.

Attenzione: **a** mezzanotte, **a** mezzogiorno, **all'**una.

→ A1 • Lez. 6

Ogni e tutto

ogni + nome singolare	**tutti / tutte** + articolo + nome
Va allo stadio ***ogni** domenica.*	*Va allo stadio* ***tutte le** domeniche.*
Passo le vacanze in Sicilia ***ogni** anno.*	*Passo le vacanze in Sicilia* ***tutti gli** anni.*

→ A1 • Lez. 7

Prima e dopo

prima di	+ nome
	***Prima di** cena mi faccio una doccia.*
dopo	+ nome
	*Prendiamo un caffè insieme **dopo** la lezione?*

Usiamo *prima* e *dopo* anche senza nome:
***Prima** lavoriamo e **dopo** ci riposiamo.*

→ A1 • Lez. 8

Una volta a

*Vado a Milano **una volta al mese**.*
(= in un mese, vado a Milano una volta)
*Faccio sport **una volta alla settimana**.*
*Mi lavo i denti **tre volte al giorno**.*

L'espressione *una **volta a**...* è seguita dalla preposizione **a** e dalle parole *giorno, settimana, mese, anno*.

Con le parole *settimana* e *anno*, però, è possibile anche NON usare la preposizione. Quindi:
Una volta all'anno = Una volta l'anno.
Tre volte alla settimana = Tre volte la settimana.

→ A1 • Lez. 8

AVVERBI

Gli avverbi in -mente

Usiamo gli avverbi in -*mente* per chiarire il significato di un verbo o di un aggettivo:
*Questo libro è **veramente** interessante.*
*Lucia parla tedesco **perfettamente**.*

Per formare un avverbio usiamo il femminile dell'aggettivo + -*mente*:
sicura ➝ *sicura**mente***
veloce ➝ *veloce**mente***

Con gli aggettivi che finisco in -*le* o -*re* eliminiamo la -*e* e aggiungiamo -*mente*:
speciale ➝ *specia**lmente***
regolare ➝ *regola**rmente***

SINTESI GRAMMATICALE

Anche con gli avverbi possiamo formare il comparativo:
*Scusi, può parlare **più lentamente / meno velocemente**? Non parlo bene l'italiano.*

→ A2 • Lez. 9

Avverbi di frequenza

100%	sempre
	spesso
	ogni tanto / qualche volta
	raramente
0%	mai

*Vado **raramente** in discoteca.*
*Leggo **spesso** libri in lingua inglese.*

Con *mai*, mettiamo *non* prima del verbo:
<u>Non</u> prendo **mai** l'autobus.
<u>Non</u> abbiamo **mai** visitato la Grecia.

Nelle domande non è necessario mettere *non*:

▶ *(Non) Prendi **mai** l'auto per andare al lavoro?*

● *No, non prendo **mai** l'auto, vado sempre a piedi.*

→ A1 • Lez. 6

Sempre, mai, ancora, già con il passato prossimo

Di solito gli avverbi *sempre* e *mai* con il passato prossimo vanno tra l'ausiliare e il participio passato:
*Non <u>sono</u> **mai** <u>andata</u> in Australia.*
*<u>Ho</u> **sempre** <u>insegnato</u> in questa scuola.*

Più raramente mettiamo *sempre* e *mai* dopo il participio passato:
*Non <u>ho</u> **mai** <u>fatto</u> il bagno in mare di notte. = Non <u>ho fatto</u> **mai** il bagno in mare di notte.*

Già va generalmente tra l'ausiliare e il participio passato.
*Anna si <u>è</u> **già** <u>iscritta</u> all'Università.*

Nelle frasi negative usiamo *ancora* che può andare:
• tra l'ausiliare e il participio passato: *Non <u>ho</u> **ancora** <u>finito</u> i compiti.*
• prima di *non*: ***Ancora** <u>non</u> ho finito i compiti.*

→ A2 • Lez. 1, 6

CONNETTIVI

sia... che...
*Questo dolce è **sia** bello **che** buono.*
(= è bello e buono)
*Mi piace viaggiare **sia** da solo **che** in gruppo.*
(mi piace viaggiare da solo e in gruppo)

o... o...
*Domani andiamo **o** al cinema **o** a teatro.*
(= andiamo al cinema o in alternativa a teatro)

né... né...
Usiamo queste congiunzioni dopo una negazione:
*Questa canzone non è **né** triste, **né** allegra.*
(= non è triste, ma nemmeno allegra)
*Il portafoglio non è **né** in casa, **né** in macchina.*
(= non è in casa e non è in macchina)

cioè
Lo usiamo per spiegare o dare più informazioni:
*Anna parla due lingue, **cioè** parla spagnolo e tedesco.*

siccome
Si usa per indicare la causa (come *perché*); la frase con *siccome* va prima della frase che esprime la conseguenza:
***Siccome** Pietro non ha voglia di uscire, vado al cinema da solo.* (=vado al cinema da solo **perché** Pietro non ha voglia di uscire)

insomma
Serve per concludere un discorso, fare una sintesi:
*Ha mangiato primo, secondo, contorno, la frutta e anche il dolce: **insomma**, ha fatto un pasto completo.*

infatti
Si usa per confermare:
*Mio padre non ama il mare: **infatti** non ci va mai.*

però
Però ha lo stesso significato di *ma*:
*Questo gelato è buono **però** è un po' troppo dolce.*
*Livia è stanca, **però** non riesce a dormire.*

mentre
Usiamo *mentre*:
• per indicare azioni contemporanee:
  *Ascolto spesso la musica **mentre** studio.*

Attenzione! Per azioni contemporanee al passato, dopo *mentre* usiamo l'imperfetto:
Mentre <u>ordinavo</u> al bar, è arrivata Melissa.

• per indicare un contrasto (in questo caso è sinonimo di *invece*):
  *Il tipico panino italiano a Milano si chiama "michetta", **mentre** a Roma il nome è "rosetta".*

comunque
Significa *in ogni caso*, *in ogni modo*:
*Tina è davvero maleducata, **comunque** anche tu spesso sei antipatico con lei.*

inoltre
Serve ad aggiungere informazioni:
*Mangiare moltissima carne non fa bene alla salute, **inoltre** è dannoso per l'ambiente.*

prima di tutto
Indica l'inizio di una lista:
*Odio quella spiaggia! **Prima di tutto** è molto lontana, poi il parcheggio è carissimo e inoltre l'acqua non è pulita.*

anzi
Nell'italiano parlato si usa spesso la congiunzione *anzi*, che significa *al contrario*.
*Quel film non è noioso. **Anzi**, l'ho trovato divertente.*
*La torta che hai fatto non è cattiva: **anzi**!*

→ A2 • Lez. 2, 7, 10

ECCO

Per attirare l'attenzione su una persona o una cosa, possiamo usare l'avverbio *ecco*.
I pronomi diretti vanno dopo *ecco* (*ecco* e il pronome formano un'unica parola):
Ecco Enzo! → *Ecco**lo**!*
*Ecco**mi**, scusa il ritardo.*

→ A2 • Lez. 3

MOLTO, POCO E TROPPO

Molto, poco e *troppo* possono essere avverbi o aggettivi.

Quando sono avverbi, possiamo usare *molto, poco* e *troppo* dopo un verbo:
*In palestra mi stanco **molto**. | Serena dorme **poco**. | Luigi lavora **troppo**.*

In generale con altre parole *molto, poco* e *troppo* vanno prima:
*Questo hotel è **molto** buono. | Vado in palestra **poco** volentieri. | Questa valigia è **troppo** pesante.*

→ A1 • Lez. 4, 5

Quando sono aggettivi, concordano in genere e numero con il nome a cui si riferiscono:
*Ho letto **molti** libri. | Lui ha **poche** camicie. | Voi avete mangiato **troppa** cioccolata.*

	singolare	plurale
maschile	molto / poco / troppo	molti / pochi / troppi
femminile	molta / poca / troppa	molte / poche / troppe

→ A2 • Lez. 4

INDEFINITI

Qualcuno, qualcosa, nessuno, niente

	si riferisce a:
nessuno	una persona
niente	una cosa
qualcuno	una persona
qualcosa	una cosa

Quando i pronomi *nessuno* o *niente* sono dopo il verbo, usiamo *non* prima del verbo:

*Non mangio **niente** a colazione.*

→ A1 • Lez. 4

Nessuno: aggettivo o pronome

AGGETTIVO	PRONOME
*Lui non parla **nessuna** lingua straniera.* *Non ho letto **nessun** libro di Elena Ferrante.*	*In questa festa non conosco **nessuno**.*

Quando *nessuno* è all'inizio della frase, non usiamo *non*:
***Nessuno** studente ha superato il test.*
***Nessuno** vuole comprare questa casa.*

→ A2 • Lez. 4

Alcuni/e e qualche

Alcuni/e e *qualche* hanno lo stesso significato.
Qualche è sempre singolare.
*Ho visitato Venezia **qualche** volta.* (= delle / alcune volte)
*L'estate scorsa ho passato **alcuni** giorni in Calabria.*
(= dei giorni / qualche giorno in Calabria)

Oltre alle forme plurali *alcuni* – *alcune*, esistono anche le forme singolari *alcuno* (*alcun*) - *alcuna* - *alcun'*, ma in questo caso sono sinonimi di *nessuno* (*nessun*) - *nessuna* e sono sempre introdotti da *non*.
*Non c'è **alcun** (= nessun) motivo di reagire così.*
*Non ho **alcuna** (= nessuna) voglia di uscire, oggi.*

Hai notato? L'aggettivo *alcuno* (*alcun*) - *alcuna* - *alcun'* segue la stessa regola dell'articolo indeterminativo **un, uno, un', una**.

→ A2 • Lez. 9

IL PARTITIVO

Per indicare una quantità indefinita, possiamo usare *di* + articolo determinativo:
*Ho conosciuto **dei** ragazzi molto simpatici in Sicilia.*
*Con il pesce abbiamo bevuto **del** vino bianco ligure.*

→ A2 • Lez. 5

SOLUZIONI

LIVELLO A1

LEZIONE 1

GRAMMATICA ATTIVA | PRONOMI, TU, LUI; *AGGETTIVO SINGOLARE: NAZIONALITÀ*, GRUPPO 1, italiano, italia**a**, spagnol**o**, spagnol**a**; GRUPPO 2, cinese, canadese; *VERBI: PRESENTE*, **CHIAMARSI**: mi chiamo, **ESSERE**: sei, è, **AVERE**: ha; *NOME SINGOLARE*, nome in *-o*, zaino, nome in *-a*, matita, studente, chiave; *ARTICOLO INDETERMINATIVO*, **uno** studente, **uno** yogurt, una lezione, un'agenda

▌ *1*, 2. lezione; 3. chiave; 4. zaino; 5. libro; 6. agenda
▌ *2*, 1. Io, tu; 2. Lei; 3. tu; 4. Lui; 5. Lei; 6. tu; 7. Lei, io; 8. Io, Lei
▌ *3*, 2. canadese, canadese; 3. inglese, inglese; 4. russo, russa; 5. brasiliano, brasiliana; 6. cinese, cinese; 7. svedese, svedese; 8. spagnolo, spagnola | *4*, 1. giappon**ese**, tedes**ca**; 2. american**o**; 3. italia**na**, russa; 4. tunisina; 5. svedese; 6. cinese; 7. grec**o**; 8. ungherese | *5*, 2. ungherese; 3. spagnola; 4. turco; 5. cinese; 6. tedesco; 7. italiana; 8. svedese; 9. giapponese; 10. australiana; 11. russo | *6*, 2. non è brasiliana, è spagnola; 3. non è italiano, è peruviano; 4. non è tunisina, è francese; 5. non è russa, è greca; 6. non è americano, è inglese; 7. non è tedesco, è giapponese; 8. non è spagnolo, è francese
▌ *7*, 1. è; 2. sei; 3. sono; 4. è, sono; 5. è | *8*, 1. hai; 2. è; 3. è; 4. ho; 5. ha; 6. è; 7. ha; 8. sei | *9*, 1. Tu sei inglese?; 2. Io mi chiamo Paolo; 3. Ciao, io mi chiamo Paolo e tu?; 4. Lei non è francese; 5. Paolo è di Palermo | *10*, mi chiamo, sono, mi chiamo, sei, sono, è, si chiama, mi chiamo, è, sono
▌ *11*, **MASCHILE**: un quaderno, un esercizio, uno zaino, un astuccio, un foglio, un insegnante; **FEMMINILE**: una sedia, una penna, una gomma, una porta, una matita
▌ *12*, 1. ho, un; 2. ha, un; 3. ha, un'; 4. Hai uno; 5. ho, un'; 6. ha, un; 7. ha, un; 8. ha, una
▌ *13*, 2, 5, 8 | *14*, 1. Come si chiama?; 2. Di dov'è?; 3. Tu sei portoghese?; 4. Ha un documento?; 5. Lei è di Genova?; 6. Io sono francese, e tu? | *15*, 1. Lei; 2. Scusa; 3. ti chiami; 4. ha; 5. sei; 6. è
▌ *16*, 1. penna/c. matita; 2. Di/d; 3. si/f; 4. ti/h. chiamo; 5. sei/e. inglese; 7./a. gatto; 8./b | *17*, 1. chiamo/a; 2./b. di; 3. Come/b; 4. un/b; 5./a. di; 6. una/b. una; 7. Sei/b

---

L'ANGOLO DI ALDO, 1. un; 2. una; 3. una; 4. un; 5. un; 6. una; 7. un'

LA GRAMMATICA DEL BARBIERE - ep. 01, *1*, Io sono Christoph, sono di Berlino, Buongiorno, Christoph! Io sono Maurizio, sono di Roma | *2*, sei, sono, è, Sei, sono, si chiama, Mi chiamo, si chiama, è, si chiama | *3*, 1./INF.; 2./INF.; 3./F; 4./F | *4*, 1. a, u, erre, i, zeta, i, o; 2. ci, acca, erre, i, esse, ti, o, pi, acca; 3. a, elle, di, o

LEZIONE 2

GRAMMATICA ATTIVA | ARTICOLO DETERMINATIVO SINGOLARE, il cameriere, lo studente, lo zaino, l'impiegato, la dottoressa, l'operaia; *AGGETTIVO SINGOLARE*, Un'idea interessante, Brava, Laura!, Bella e moderna; *VERBI: PRESENTE*, **ABITARE**: tu abiti, noi abit**iamo**, voi abit**ate**, loro abit**ano**; **AVERE**: tu **hai**, voi **avete**, loro **hanno**; **ESSERE**: noi **siamo**; **FARE**: lui / lei / Lei **fa**, voi **fate**, loro **fanno**; *INTERROGATIVI*, **Che** lavoro fai?, **Come** si chiama?, **Di dove** siete tu e Gianna?, **Qual** è il tuo numero di telefono?, **Perché** studi italiano?, **Quanti** anni hai?

▌ *1*, 1. Paola vive a Bologna; 2. Piacere, Sara Baldini; 3. Katia è di Trieste; 4. Piero è sposato; 5. Che lingue parli?; 6. Sue vive in Italia, abita a Torino; 7. Ciao! Io mi chiamo Anna
▌ *2*, 1. il; 2. la, l'; 3. la; 4. l'; 5. l'; 6. il; 7. Il; 8. l', il | *3*, 1. il; 2. l'; 3. lo; 4. la; 5. la; 6. l'; 7. l'; 8. il; 9. l'; 10. la | *4*, **IL**: modello, negozio, cuoco, quaderno, ristorante; **LO**: zaino, spagnolo, yogurt, sport; **LA**: fabbrica, stazione, penna; **L'**: infermiera, ospedale, architetto, indirizzo, impiegata, ufficio, astuccio
▌ *5*, 1. interessante; 2. famoso; 3. straordinaria; 4. geniale; 5. universitario; 6. romana; 7. innovativa; 8. famosa; 9. cinese; 10. grande
▌ *6*

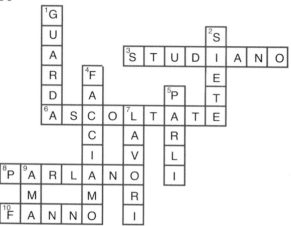

▌ *7*, 1. mangi; 2. giocate; 3. cerchi; 4. paghi; 5. cerca; 6. giochi | *8*, 1. abitano; 2. avete; 3. lavoriamo; 4. fai; 5. abbiamo; 6. fate; 7. sono, abitano, studiano; 8. fanno; 9. siete; 10. fa, insegna | *9*, 1. fa; 2. abitano, sono; 3. studia, ama; 4. parliamo; 5. fanno, fa, è; 6. abiti; 7. abbiamo
▌ *10*, greca, Abita, ama, studia, importante, famoso, Parla, piccolo, argentino, Abita, insegna, famosa, Parla

nome	nazionalità	età	professione
Irene	greca	27	cameriera
Pedro	argentino	35	insegnante

▌ *11*, 1. Si chiama Samantha Cristoforetti; 2. Di dov'è?; 3. Dove abita?; 4. (Nel 2022) ha 45 anni; 5. Che lavoro fa? | *12*, Che lavoro fai?; Qual è il tuo indirizzo e-mail?; Qual è il tuo numero di telefono?
▌ *13*, 1.a; 2. a, in; 3. negli; 4. in; 5. in, di; 6. di; 7. Di; 8. in
▌ *14*, 1. Come si chiama?; 2. Lei lavora a Milano?; 3. Tu sei di Trieste?; 4. (Lei) è italiana?; 5. Studi o lavori?; 6. Che lavoro fa?
▌ *15*, un, hai, qual, tua, un', Suo, Faccio, si chiama, un', L', in

---

L'ANGOLO DI ALDO, a) **IL**: problema, cinema, pigiama; **LA**: radio, mano, moto(cicletta), foto(grafia); **L'**: auto(mobile); b) 1. un pigiama comodo; 2. una moto nuova; 3. una foto panoramica; 4. un cinema moderno; 5. un'auto bella; 6. un problema serio

---

LA GRAMMATICA DEL BARBIERE - ep. 02, *1*, l'insegnante, il barbiere | *2*, 1. di; 2. a; 3. di, a; 4. di; 5. a | *3*, 1. Christoph ha 32 anni; 2. Maurizio ha 48 anni | *4*, parli, studio, lavoro, Sono, fai, sono, faccio, sono, faccio, sono, faccio, sono, faccio | *5*, abitano, lavorano, abita, lavora, è, studia, insegna, parla, fa, ha, sono, aiutano, è

LEZIONE 3

GRAMMATICA ATTIVA | *NOMI PLURALI*, cornetti, bicchieri, pizze, lezioni; caffè, città, amici, amiche, funghi, botteghe; *AGGETTIVO SINGOLARE*, vino bianco, insalata fresca, acqua naturale; *VERBI: PRESENTE*, **PRENDERE**: tu prendi, noi prendiamo, voi prendete; **BERE**: lui / lei / Lei beve, voi bevete; **STARE**: noi stiamo, loro stanno; **VOLERE**: tu vuoi, noi vogliamo; **POTERE**: lui / lei / Lei può, voi potete, loro possono; *ARTICOLI DETERMINATIVI PLURALI*, il pomodoro, i pomodori, gli affettati, lo yogurt, l'insalata, le insalate

■ *1*, piatti, insalate, camerieri, gelati, pesci, pomodori, studenti, caffè, patate, amiche, biscotti | *2*, il: cameriere, gelato, pesce, pomodoro, caffè, biscotto; lo: studente; l': insalata, amica; la: patata; i: piatti, camerieri, gelati, pesci, pomodori, caffè, biscotti; gli: studenti; le: insalate, patate, amiche | *3*, 1. insegnanti; 2. caffè; 3. alberghi; 4. uova; 5. amici; 6. università; 7. giochi; 8. bar; 9. cuoche; 10. bicchieri

■ *4*, 1. mista; 2. francese; 3. biologico; 4. tradizionale; 5. abbondante; 6. bianco, rosso; 7. fresco; 8. famoso

■ *5*, 1. Il ristorante è internazionale; 2. Il pesce è fresco; 3. La carne è biologica; 4. Lo studente è straniero; 5. L'insalata è mista; 6. Il vino è rosso; 7. Il cappuccino è caldo; 8. La colazione è abbondante

■ *6*, 1. stai; 2. beviamo, bevete; 3. beve; 4. sta; 5. stanno; 6. bevi; 7. state; 8. bevo; 9. stiamo; 10. bevono | *7*, 1./g; 2./d; 3./f; 4./b; 5./a; 6./c; 7./e | *8*, 1. voglio; 2. vuole; 3. volete; 4. può; 5. posso; 6. vogliamo; 7. vuoi; 8. Potete | *9*

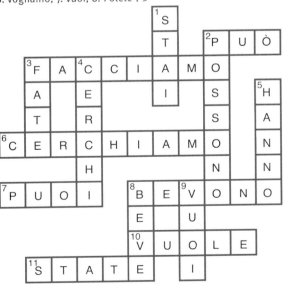

10, mangia, abbiamo, mangio, posso, ami, amo, posso, prendo, Puoi, bevi, bevo, vogliamo, beviamo | *11*, 2. possiamo mangiare; 3. puoi rispondere; 4. volete mangiare; 5. volete vedere; 6. può mangiare; 7. vuoi mangiare; 8. vogliono bere, preferiamo prendere

■ *12*, 1. le; 2. gli; 3. i; 4. i; 5. i; 6. gli; 7. gli; 8. le; 9. i; 10. i

■ *13*, 1. la; 2. gli; 3. l'; 4. i; 5. Il; 6. le, l', il; 7. il, il; 8. gli

■ *14*, 1. vuoi, lo; 2. Le, bevono; 3. la carne rossa; 4. posso, sto, voglio; 5. volete bere; 6. l', le uova; 7. la, buona ed economica; 8. Gli amici, stanno | *15*, sorpresi, vedono, beve, mangia, italiana, dolce, salata, mangiano, cereali, biscotti, tradizionale, preparano,

cornetti, caldi, esiste, semplice, lungo, ristretto, caldo, freddo, bevono, strana, hanno, lenti, rilassati, rapida, veloce

LA GRAMMATICA DEL BARBIERE - ep. 03, *1*, i quaderni, le penne, gli orologi | *2*, SINGOLARE: il libro, lo zaino, l'orologio, la penna, l'arancia, il tavolo; PLURALE: i libri, gli zaini, gli orologi, le penne, le arance, i tavoli | *3*, L'italiano, difficile, Determinativi, apostrofo | *4*, l'amico, gli amici, il gioco, i giochi

LEZIONE 4

GRAMMATICA ATTIVA | *VERBI: PRESENTE*, **DORMIRE**: tu dormi, noi dormiamo, loro dormono; **FINIRE**: tu finisci, noi finiamo, loro finiscono; **ANDARE**: tu vai, voi andate, loro vanno; **VENIRE**: lui / lei / Lei viene, loro vengono; **DOVERE**: tu devi, noi dobbiamo; *AGGETTIVI PLURALI*, piccoli, piccole, grandi, sporchi, economiche; *AGGETTIVO DIMOSTRATIVO QUESTO*, **maschile singolare**: questo; **maschile plurale**: questi; **femminile singolare**: questa; **femminile plurale**: queste; *QUALCUNO, QUALCOSA, NESSUNO, NIENTE*, **niente** si riferisce a una cosa, **qualcuno** si riferisce a una persona, **qualcosa** si riferisce a una cosa

■ *1*, 1. dorme; 2. capiscono; 3. finiamo; 4. parti; 5. finite; 6. dormono; 7. aprite; 8. finisce; 9. preferisco; 10. dormi | *2*, 1. ANDIAMO; 2. DEVE; 3. VANNO; 4. VIENI, VAI; 5. DOBBIAMO; 6. ANDATE; 7. DEVO; 8. VENITE | *3*, 1. preferisce; 2. partite; 3. dorme; 4. finisce; 5. apri; 6. capite; 7. preferite; 8. finiscono; 9. Partiamo, dormiamo; 10. dormono | *4*, 1. deve, può; 2. finiscono; 3. vuoi, preferisci; 4. posso; 5. andiamo, facciamo | *5*, stai, fai, Vieni, sono, siamo, andate, devo, preferisce, possiamo, capisco | *6*, a. sono, abito, vivo, è, va, posso, ama, vuole, preferisco, viviamo, possiamo; b. Abitano, lavorano, Vanno, finiscono, fanno, vanno, Mangiano, amano, preferisce, ama; c. è, È, fa, parte, torna, può, deve | *7*, 1. amo/c. preferiscono; 2. vuole/e. vogliono; 3. vogliamo/b. preferisce; 4. dormono/a. voglio; 5. volete/d. posso

■ *8*, 1. molto; 2. poco; 3. molto, poco; 4. molto; 5. molto; 6. molto

■ *9*, 1. I bagni sono piccoli; 2. Le camere sono sporche; 3. Gli hotel sono cari; 4. Gli appartamenti sono grandi; 5. Le ville sono antiche; 6. Le strade sono rumorose; 7. I divani sono vecchi; 8. I ristoranti sono cari?; 9. Le finestre sono rotte; 10. I letti sono matrimoniali?

■ *10*, 1. Queste sono camere doppie?; 2. questi letti sono puliti?; 3. Questi ristoranti sono tradizionali; 4. Questi alberghi sono eleganti; 5. Queste camere sono grandi, ma sono rumorose; 6. Queste città sono sporche

■ *11*, 1. qualcosa; 2. niente; 3. niente; 4. nessuno; 5. qualcuno; 6. niente

■ *12*, 1. molto, niente; 2. molto; 3. nessuno, molto; 4. qualcosa, molto; 5. qualcuno, molto, poco | *13*, simpatiche, sono, francesi, viene, Vivono, lavora, deve, affollati, fa, finisce, insegna, private, conosce, dorme, devono, vanno, finiscono, può, lavora, prepara, tipici, fanno, gioca, va, fa

SOLUZIONI

LA GRAMMATICA DEL BARBIERE - ep. 04, 1, bravo, simpatico, difficile, bravo, cliente, simpatico, intelligente, barbieri, bravi, clienti, simpatici, ragazze, intelligenti, bella, case, belle, grande, case, grandi, difficile | *2,* barbiere/simpatico/bravo/intelligente; cliente/simpatico/bravo/intelligente; ragazza/intelligente; barbieri/bravi/intelligenti; ragazze/intelligenti | *3,* è, parlano, legge, molto, studia, capisce, qualcosa, fa, molto, risponde

LEZIONE 5

GRAMMATICA ATTIVA | ESPRESSIONI DI LUOGO, da sinistra a destra, dall'alto in basso, dietro (a), sotto, dentro; sopra; *L'INTERROGATIVO QUANTO,* **maschile singolare:** quanto; **maschile plurale:** quanti; **femminile singolare:** quanta; **femminile plurale:** quante; *VERBI: PRESENTE,* **DIRE:** io dico, lui / lei / Lei dice, voi dite; **SAPERE:** tu sai, noi sappiamo, loro sanno; *I NUMERI ORDINALI,* 2° secondo, 4° quarto, 5° quinto, 6° sesto, 7° settimo, 8° ottavo, 9° nono, 10° decimo; *PREPOSIZIONI,* **DI+LO:** dello; **DI+I:** dei; **A+L':** all'; **A+GLI:** agli; **DA+IL:** dal; **DA+LA:** dalla; **IN+LO:** nello; **IN+GLI:** negli; **SU+L':** sull'; **SU+I:** sui; *L'ORA,* 00:00/È mezzanotte; 12:00/È mezzogiorno. / Sono le dodici; 01:00/È l'una; 06:05/Sono le sei e cinque; 06:15/Sono le sei e un quarto. / Sono le sei e quindici; 06:30/Sono le sei e mezza / Sono le sei e trenta; 06:40/Sono le sei e quaranta. / Sono le sette meno venti; 06:45/Sono le sei e quarantacinque. / Sono le sette meno un quarto

■ *1,* 1. ci sono/3; 2. c'è/4; 3. c'è/1; 4. c'è/2; 5. ci sono/5; 6. c'è/6 | *2,* 1. è; 2. c'è; 3. ci sono; 4. c'è; 5. è; 6. ci sono; 7. sono; 8. ci sono
■ *3,* 1. molte; 2. poca; 3. molti; 4. molto; 5. poche; 6. Molte, molti; 7. molti; 8. pochi
■ *4,* 1. dietro; 3. dentro; 4. vicino / accanto; 5. davanti / di fronte; 7. sotto; 8. su | *5,* 1. vicino; 2. di fronte al; 3. lontano dalla; 4. sopra la; 5. dentro il; 6. alla | *6,* sulla, sul, accanto al, dentro il, Dietro al
■ *7,* 1. ci vuole, Ci vogliono; 2. ci vogliono; 3. ci vogliono, ci vuole; 4. ci vuole, Ci vogliono; 5. ci vogliono, ci vuole | *8,* 1. ci vogliono; 2. vuole; 3. ci vuole; 4. vogliono; 5. ci vuole; 6. vuole; 7. volete, ci vuole; 8. vogliamo
■ *9,* 1. poche; 2. dalla; 3. Quante, ci vogliono; 4. a, c'è; 5. Quante, ci sono, al
■ *10,* sai, Posso, sanno, sapete, vince, dicono, vuole, comincia, finisce, vengono, sappiamo, vuole, deve, sa, puliscono, trovano, possiamo, riceve | *11,*

■ *12,* possiamo, venite, sai, sta, preferisce, capisco, dicono, dice, Siete, aspettiamo, so, rispondono, arrivano, devono
■ *13,* 1. terzo; 2. quarto, secondo; 3. nono, ottavo; 4. settimo; 5. decimo; 6. sesta
■ *14,* 1. con; 2. al, a, in; 3. in; 4. in; 5. dello; 6. negli | *15,* 2. dall' (da + l'); 3. alla (a + la); 4. sul (su + il); ai (a + i); 5. sugli (su + gli); 6. allo (a + lo); 7. degli (di + gli); 8. delle (di + le)
■ *16,* 01:00: È l'una; 06:30: Sono le sei e mezza. / Sono le sei e trenta; 10:45: Sono le undici meno un quarto; 12:00: Sono le dodici. / È mezzogiorno; 06:15: Sono le sei e un quarto; 01:40: È l'una e quaranta. / Sono le due meno venti | *17,* 2. 03:45; 3. 00:00; 4. 01:50; 5. 01:20; 6. 08:40 | *18,* 08:35, Sono le otto e trentacinque; 04:40, Sono le quattro e quaranta. / Sono le tre meno venti; 07:30, Sono le sette e mezza. / Sono le sette e trenta; 03:55, Sono le tre meno cinquantacinque. / Sono le quattro meno cinque; 01:15, È l'una e quindici. / È l'una e un quarto
■ *19,* vogliono, voglio, preferisce, al, vuole, Dobbiamo, sapete, vicino, Posso, vado, in, la seconda, in, dell', possiamo, lontana, a, dite, ci vogliono, In, andiamo, volete, al, possiamo, sappiamo, preferisci, andiamo, Ci sono, vanno, Sapete, penso, andate, cerco, preferiscono

L'ANGOLO DI ALDO, da, da, tra / fra, tra / fra

LA GRAMMATICA DEL BARBIERE - ep. 05, 1, lontano/1; dietro/3; di fronte/2 | *2,* 1. Adesso sono lontano dalla sedia; 2. Lo specchio è davanti alla sedia; 3. Sì. Tu sei sulla sedia. La lampada è sopra la sedia | *3,* con, fronte, dalla, alla, alla, sulla, la, per

LEZIONE 6

GRAMMATICA ATTIVA | VERBI: PRESENTE, **SVEGLIARSI:** lui / lei / Lei si sveglia, voi vi svegliate, loro si svegliano; **USCIRE:** lui / lei / Lei esce, noi usciamo, loro escono; *AVVERBI DI FREQUENZA, dall'alto verso il basso,* sempre, spesso, qualche volta / ogni tanto, raramente, mai; *IL VERBO PIACERE E I PRONOMI INDIRETTI,* ATONI: Ti, Gli; TONICI: A me, A lui, A lei; *PREPOSIZIONI,* Alle, dal, dalle, a

■ *1,* 1. vi; 2. ti; 3. si; 4. vi; 5. Ti; 6. ci | *2,* 1. chiama, si chiama; 2. sveglia; 3. lava; 4. vi lavate; 5. si alza, alza; 6. vi vestite
■ *3,* mi arrabbio, si arrabbia; si svegliano, si sveglia; si veste, si veste; vi svegliate, ci svegliamo; escono, usciamo; ti fai, mi faccio | *4,* viviamo, Stiamo, lavora, si sveglia, faccio, torno, vado, mi sveglio, usciamo, esce, viene, ci svegliamo, ci alziamo, facciamo, partiamo, passiamo
■ *5,* 1. b; 2. a; 3. b; 4. a; 5. b; 6. a
■ *6,* 1. piacciono; 2. piace; 3. piace; 4. piace; 5. piace; 6. piacciono | *7,* Le; 2. te; 3. lui; 4. le; 5. mi; 6. voi
■ *8,* 2. piacciono, A me; 3. piacciono, Neanche; 4. piace, anche a noi; 5. piacciono, Neanche a me; 6. piace, A me | *9,* 1. Non mi piace mangiare al ristorante – Neanche; 2. A me piacciono i dolci siciliani e napoletani – A me no; 3. A me piace il caffè con poco zucchero – Anche a me; 4. A noi non piace fare sport – sì; 5. A me non piace ascoltare la musica jazz – Neanche
■ *10,* 1. alle, all'; 2. dalle, a; 3. A; 4. da, a; 5. dal, al, dalle, alle; 6. alle, dall', alle
■ *11,* 1. da, a; 2. il, il; 3. il; 4. -; 5. dalle, alle; 6. dal, al
■ *12,* mai, mi, mi vesto, piace, ti vesti, a, dalle, alle, a, ci svegliamo, piace, a me, mai, piacciono, Neanche

L'ANGOLO DI ALDO, 1. sembra, ti va, mi piacciono; 2. (ti) serve; 3. le interessa; 4. gli va; 5. vi va, mi dispiace; 6. Ti mancano

LA GRAMMATICA DEL BARBIERE - ep. 06, *1*, 2. si fa/A; 3. si addormenta/B; 4. fa/C | *2*, ti fai, Mi faccio, fai, sveglio, si sveglia | *3*, 1. sveglia; 2. si sveglia, chiede; 3. si guarda; 4. fa; 5. si fa

LEZIONE 7

GRAMMATICA ATTIVA | *ESPRESSIONI DI TEMPO*, tutte le, tutti gli; *VERBI: PASSATO PROSSIMO*, Alfredo e Silvio **sono** andati al mare, Ada e Giulia **sono** arrivate a Roma, Amedeo e Veronica sono partiti con il camper; *PARTICIPI PASSATI IRREGOLARI*, dire/detto, fare/fatto, leggere/letto, prendere/preso, scrivere/scritto, venire/venuto

▌ *1*, 1, 2, 5

▌ *2*, 1. tutti i giovedì; 2. tutti i giorni; 3. Tutte le estati; 4. tutti gli anni; 5. Tutte le domeniche; 6. tutti i mesi

▌ *3*, 1. abbiamo mangiato; 2. ho capito; 3. ha saputo; 4. hanno dormito; 5. ho avuto; 6. ho incontrato, abbiamo parlato

▌ *4*, 1. ci abbiamo; 2. ci sono; 3. – siamo; 4. ci sono; 5. – ho; 6. ci ho

▌ *5*, 1/f; 2/i; 3/a; 4/e; 5/h; 6/l; 7/d; 8/c; 9/m; 10/g; 11/b

| *6*, **AUSILIARE** *ESSERE*: rimanere, nascere; **AUSILIARE** *AVERE*: aprire, leggere, mettere, prendere, vedere, dire, perdere, scrivere, fare | *7*, 1. hai aperto; 2. abbiamo fatto, abbiamo preso; 3. è rimasta; 4. ha scritto, ha perso; 5. avete visto; 6. abbiamo detto; 7. avete messo; 8. ho letto; 9. è nato | *8*, 1. Anna è andata a casa a piedi; 2. Tu hai visto il film?; 3. Voi avete capito la regola?; 4. Io e Lia abbiamo avuto un problema; 5. Tina e Mara hanno perso il treno; 6. Io ho dormito otto ore | *9*, 1. avete comprato; 2. hanno perso, sono tornate; 3. avete letto, abbiamo fatto; 4. sono andati, siamo rimaste, abbiamo visto; 5. hanno passato, è nata | *10*, sei tornata, siamo arrivati, Siete andati, sono andate, hanno avuto, è stato, ha avuto, abbiamo preso, ha dimenticato, è partito, è iniziato, avete fatto, abbiamo noleggiato, abbiamo trovato, Siamo arrivati, È stata, è finita

▌ *11*, 2. il 18 ottobre; 3. il 22 maggio; 4. il primo luglio 2015; 5. il 4 novembre; 6. l'8 settembre 2022

▌ *12*, ci, tutti gli, l', ci sono tornata, ho trovato, ho visto, sono andata, sono stata, ogni, –, mi piace, tutti i, sono nate, Sono stata

L'ANGOLO DI ALDO, a) piangere/pianto, spegnere/spento, vincere/vinto, morire/morto, ridere/riso, accendere/acceso, perdere/perso; b) nascere ≠ morire, vincere ≠ perdere, ridere ≠ piangere; c) 1. abbiamo riso; 2. abbiamo vinto; 3. hai spento; 4. è morto; 5. ha perso

LA GRAMMATICA DEL BARBIERE - ep. 07, *1*, **AUSILIARE** *ESSERE*: andare, arrivare, partire, rimanere; **AUSILIARE** *AVERE*: mangiare, camminare, viaggiare, vedere, visitare | *2*, hai fatto, sono andato, Ho visto, abbiamo visitato | *3*, sono rimasto, ho viaggiato, vedere, andare, camminare

LEZIONE 8

GRAMMATICA ATTIVA | *UNA VOLTA A*, una volta **al** mese, due volte **alla** settimana; *GLI AGGETTIVI POSSESSIVI*, il mio, la **mia**, i **miei**, le mie; il **tuo**, la tua, i tuoi, le **tue**; il suo, la sua, i **suoi**, le sue; il nostro, la **nostra**, i nostri, le nostre; il **vostro**, la vostra, i **vostri**, le vostre; il loro, la **loro**, i loro, le **loro**; *GLI AGGETTIVI*

POSSESSIVI CON I NOMI DI FAMIGLIA, **Il** loro nonno, **I** miei nonni, **le** tue sorelle, **La** sua fidanzata

▌ *1*, 1. prima di; 2. nel; 3. dopo; 4. nel; 5. prima di; 6. Prima, dopo

▌ *2*, 2. Vado al cinema una volta alla settimana / una volta la settimana; 3. Mangio il pesce tre volte al mese; 4. Mi lavo i denti quattro volte al giorno; 5. Torno nel mio Paese due volte all'anno / due volte l'anno; 6. Faccio sport tre volte alla settimana / tre volte la settimana

▌ *3*, 2. tuoi; 3. sue; 4. suoi; 5. vostri; 6. miei; 7. miei | *4*, 2. La sua macchina; 3. La sua macchina; 4. I suoi documenti; 5. Le sue scarpe; 6. Le loro vacanze; 7. I suoi biglietti; 8. La loro insegnante; 9. I suoi amici; 10. Le loro amiche

▌ *5*, 1. I miei; 2. mia, le sue; 3. sua, il suo; 4. i miei, le loro; 5. il suo; 6. tua; 7. vostro; 8. sua; 9. il loro; 10. vostra | *6*, 2. Sua/Nadia; 3. Sua, suo/Irene; 4. I suoi/Martina; 5. La loro/Ivo, Sara; 6. I loro/Pietro, Irene, Giuliana | *7*, 1. -. la, -; 2. le; 3. la, il; 4. i; 5. i, il; 6. i | *8*, 1. la nostra; 2. mio; 3. il tuo; 4. tuo; 5. sua; 6. i loro

▌ *9*, 1. dei miei; 2. alle sue; 3. di mia; 4. della loro; 5. a mio; 6. dei suoi | *10*, la sua, suo, la sua, nel, i suoi, sua, le sue, Nel, suo, suo, nel, i suoi

L'ANGOLO DI ALDO, a) i miei/genitori, tua/sorella, mio/cugino, la mia/sorellina, il tuo/fratellino, le nostre/zie; b) 1. la mia, la mia; 2. la tua; 3. del mio, mia; 4. tua, la mia; 5. il tuo; 6. la mia, il mio, suo

LA GRAMMATICA DEL BARBIERE - ep. 08, *1*, Devo andare all'aeroporto perché arriva mia sorella, Tu non vedi tua sorella da molto tempo?, I miei fratelli sono gemelli: hanno 49 anni | *2*, -, i, -, -, -, i, -, -, i, i, la, - | *3*, 1. sua; 2. i suoi; 3. il loro; 4. sua; 5. il suo

LEZIONE 9

GRAMMATICA ATTIVA | *I PRONOMI DIRETTI*, **Le** mangiamo, **lo** conosco, **la** posso, **lo** compro, **li** vedo, **ti** sento, **le** può cambiare, può cambiar**le**; *I COLORI*, la borsa nera, i pantaloni neri, la borsa verd**e**, le gonne verdi, i pantaloni verdi; *IL DIMOSTRATIVO QUELLO*, **maschile singolare**: quell'olio, quello yogurt; **femminile singolare**: quell'acqua; **maschile plurale**: quegli affettati; **femminile plurale**: quelle olive

▌ *1*, 1/b. ti; 2/a. la; 3/f. vi; 4/e. li; 5/c. Le; 6/d. Lo | *2*, la, li, lo, le, li, lo, la, lo, la, li | *3*, 2. devo comprarle; 3. ti posso sentire, ma non ti posso vedere; 4. puoi aiutarmi; 5. lo devo portare; 6. può interrogarci; 7. devi leggerlo; 8. Ti posso chiamare domani? | *4*, 2. devo prenotarlo / lo devo prenotare; 3. lo voglio vedere / voglio vederlo; 4. lo posso mangiare / posso mangiarlo; 5. le voglio comprare / voglio comprarle; 6. la voglio ascoltare / voglio ascoltarla | *5*, Ti, la, la, vederli, trovarmi, vi, lo, mi, le

▌ *6*, 1. verdi; 2. grigie, viola; 3. nera, rossa; 4. viola; 5. blu; 6. rosa

▌ *7*, 1. Quella; 2. quegli; 3. quel; 4. quell'; 5. quei; 6. quello; 7. Quegli

▌ *8*, 1. quel, arancione, quella, viola; 2. quell', grigio, quella, bianca; 3. quello, nera, quelle, verdi, quegli, arancioni; 4. quel, rosso, quella; 5. quei, gialli, quello, rossi

▌ *9*, 1. Quali; 2. Quali; 3. quale; 4. Quale; 5. quale; 6. Quale; 7. quali; 8. Quale

▌ *10*, Quale, quali, le, lo, la, li, quale, li, le

▌ *11*, 1. quegli, verdi, Quale; 2. lo, ti, giallo, gialli, Li, rosa, verdi, li; 3. quelle, rosse, quegli, blu; 4. quel, quale; 5. rosse, La, ti, la, grigi, la

SOLUZIONI

LA GRAMMATICA DEL BARBIERE - *ep. 09*, *1*, lo leggo, la vedo, li vedo, li conosco | *2*, CHRISTOPH, *dall'alto verso il basso*: 1/lo, la, la; 11; 3/li; 7/li; 9; 5; MAURIZIO *dall'alto verso il basso*: 4; 10; 6/li; 2; 12; 8/li | *3*, 1. li; 2. Lo; 3. leggerli; 4. La; 5. Li | *4*, 1. Ciao Christoph, come **va**?; 2. Ciao Maurizio! Oggi non ho molto tempo, sono venuto **per** fare una domanda di grammatica; 3. Bene, **ho finito / sono finite** le mie domande… Ci vediamo domani?

LEZIONE 10

GRAMMATICA ATTIVA | PROFESSIONI, **maschile plurale:** commess**i**, **femminile singolare:** commess**a**, **femminile plurale:** commess**e**, farmacist**e**, **maschile plurale:** programma**tori**, **femminile plurale:** programma**trici**, **maschile singolare:** giardinier**e**, **femminile plurale:** giardinier**e**, **femminile plurale:** insegnant**i**; *L'IMPERFETTO DEL VERBO ESSERE*, tu er**i**, noi era**vamo**, voi era**vate**; *L'IMPERATIVO INFORMALE (TU)*, rimani, apri, va', fa'

■ *1*, **maschile singolare:** barista, **maschile plurale:** barist**i**, **femminile purale:** barist**e**, **maschile plurale:** attor**i**, **femminile singolare:** attr**ice**, **femminile plurale:** attr**ici**, **maschile singolare:** infermier**e**, **maschile plurale:** infermier**i**, **femminile plurale:** infermier**e**, **maschile plurale:** dottor**i**, **femminile singolare:** dottor**essa**, **femminile plurale:** dottor**esse**, **maschile plurale:** segretar**i**, **femminile singolare:** segretar**ia**, **femminile plurale:** segretar**ie**, **maschile plurale:** cantant**i**, **femminile singolare:** cantant**e**, **femminile plurale:** cantant**i**, **maschile singolare:** camerier**e**, **maschile plurale:** camerier**i**, **femminile singolare:** camerier**a**, **femminile plurale:** camerier**e**, **maschile singolare:** dentista, **maschile plurale:** dentist**i**, **femminile singolare:** dentista, **femminile plurale:** dentist**e** | *2*, 1. tennist**i**, tennist**e**; 2. diret**trice**, stud**entessa**; 3. insegnante, prof**essoressa**; 4. tassista; 5. infermier**i**, infermier**e**, infermier**a**; 6. operа**i**, operа**ie**

■ *3*, eri, ero, ero, era, eravate, ero, era, siamo, eravamo, erano, erano

■ *4*,

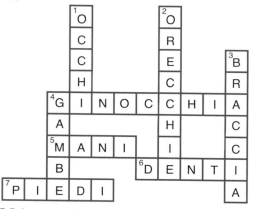

■ *5*, Prepara, vai, segui, ascolta, spegni, leggere, vivi, dimentica, fa', usa, dedica, essere, Guarda, cerca, visita | *6*, 1/e. parla; 2/d. Non stare, non leggere; 3/a. Va'; 4/b. Prendi, sta'; 5/f. Non mangiare, chiama; 6/c. Telefona, prendi | *7*, 1. dimmi; 2. stai / sta', osserva, fai / fa': 3. finisci; 4. leggi; 5. stai / sta', fare

■ *8*, 1. a; 2. di; 3. a; 4. a; 5. di, a; 6. a | *9*, 1. di, da; 2. da; 3. a, da; 4. a; 5. a, dal

■ *10*, 1. sii, ginocchia, vai / va', farmacista; 2. andare, braccia; 3. dire, orecchie; 4. Di'; 5. avere, dentista; 6. abbi, mani

LA GRAMMATICA DEL BARBIERE - *ep. 10*, *1*, **IMPERATIVO IN -*a*:** ascoltare, mangiare, scusare, guardare; **IMPERATIVO IN -*i*:** partire, prendere, scrivere, dormire, leggere | *2*, ascolto, ascolti, ascolta, devi, scrivi, guarda, scrivi, guardare, avere, sii, abbi

■ **TEST A1** *1*, 1. Di, di, Quanti, hai, Che, fai, Faccio, studi | *2*, 1. Gli amici, stanno; 2. Le, bevono; 3. la carne rossa; 4. l', le uova; 5. vuoi, lo, il | *3*, 1. veniamo, camere, grandi, letti, comodi; 2. preferisci, cucina, italiana, internazionale; 3. vanno, isole, greche; 4. scelgo, recensioni, eccellenti | *4*, 1. Dentro, c'è; 2. Di, ci sono, molte; 3. lontano, in, ci sono; 4. c'è, nono | *5*, 1. Sapete, prima; 2. dici, quinto, sesto; 3. dicono, sanno | *6*, 1. mi sveglio; 2. si mettono; 3. piacciono; 4. ti vesti; 5. piace | *7*, 1. Il, esce, alle; 2. non esco; 3. si arrabbia, ra**ramente**; 4. gli mancano | *8*, 1. è nata; 2. ha cominciato; 3. ha perso; 4. è uscita; 5. ha ripreso; 6. è diventata; 7. hanno avuto; 8. Ha partecipato; 9. ha vinto; 10. ha dimostrato | *9*, nostro, sua, una giornalista, sua, Il loro, il loro, alla, spesso | *10*, La, la, bianca, blu, Quei, li, Quale, li, neri, viol**a** | *11*, vai / va', sprecare, Mangia, Fai / Fa', scegli, Sii

LIVELLO A2

LEZIONE 1

GRAMMATICA ATTIVA | IL SUPERLATIVO ASSOLUTO, ottimo, pessimo, massimo, minimo; *PASSATO PROSSIMO: CASI PARTICOLARI*, sei divertita, sono iscritte, sei dovuta, ha voluto

■ *1*, 2. carissimo; 3. lunghissima; 4. bellissimi; 5. stanchissimo; 6. difficilissimo | *2*, 2. precisi, minimo; 3. pessima; 4. ottimo; 5. triste, bellissima; 6. ottima; 7. caro, grandissimo; 8. grandissimo, famosa

■ *3*, 1. per, di; 2. da; 3. per/da, da; 4. di; 5. da; 6. Da, da, per

■ *4*, 1. hai cominciato; 2. è finita; 3. vi siete divertite; 4. ho potuto; 5. siamo dovute; 6. si sono sposati | *5*, 1. sei, svegliato; 2. è, cominciata, è, dovuta; 3. sono, conosciuti; 4. hanno, potuto, sono, dovute; 5. avete, cominciato, è, finito; 6. ha, dovuto, è, potuta | *6*, **1993** Si è trasferito con la famiglia ad Amburgo; **2008** Ha finito gli studi superiori e si è iscritto alla facoltà di Letteratura; **2012** Si è laureato in letteratura tedesca; **2014** Ha cominciato a lavorare come insegnante in una scuola elementare; **2016** Ha frequentato un master all'università di Lubecca; **2019** Si è diplomato al Master e ha passato sei mesi a viaggiare per l'Europa; **2021** È venuto a Roma e ha iniziato a lavorare come lettore di tedesco all'università | *7*, 1. mi sono trasferito, ho conosciuto, ho fatto, mi sono iscritto, ho cominciato, ho dovuto, sono riuscito, ho voluto, vi siete sposati, sono potuto, è stata, vi siete conosciuti

■ *8*, 2. sapete ballare; 3. so cucinare; 4. sappiamo parlare | *9*, 1. può; 2. so; 3. sa; 4. sappiamo, possiamo; 5. potete; 6. sanno; 7. può; 8. sapete

10, 1. avete **sempre** fatto; 2. non abbiamo **ancora** deciso; 3. Non ho **mai** letto; 4. ha **sempre** voluto studiare, non ha **mai** avuto
11, hai mai pensato, ho sempre immaginato, anche io, ho, ho, per, preso, ottimi, bravissimo, qualcosa, da, ho ancora imparato, giovanissimo, Hai, ho, di, ho, di, a, So, Non finisci mai

LA GRAMMATICA DEL BARBIERE - ep. 01, *1*, Oggi ho imparato un'altra cosa strana dell'italiano; e che cosa hanno di strano; e questo non è molto facile per me; dobbiamo pensare a qualche esempio per i verbi | *2*, di, a, ha, hai, hai, ho, hai, è finita, è, è finita, Bravissimo

LEZIONE 2

GRAMMATICA ATTIVA | *L'IMPERFETTO*, USARE: tu usavi, noi usavamo, loro usavano, **AVERE**: io avevo, lui / lei / Lei aveva, voi avevate; **DORMIRE**: tu dormivi, voi dormivate, loro dormivano, ESSERE: tu eri, noi eravamo, loro erano, **FARE**: io facevo, lui / lei / Lei faceva, voi facevate, **DIRE**: io dicevo, lui / lei / Lei diceva, voi dicevate, **BERE**: tu bevevi, lui / lei / Lei beveva, noi bevevamo, loro bevevano; *IL COMPARATIVO*, più; COMPARATIVO IRREGOLARE: migliore, peggiore, maggiore, minore
1, 1./c; 2./e; 3./a; 4./b; 5./f; 6./d | *2*,

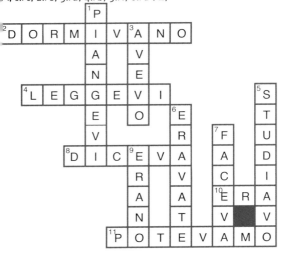

3, 1. era, diceva, voleva; 2. avevi, eri; 3. andavamo, 4. dormivate, 5. avevano, si chiamavano, si chiamava, 6. c'era, venivano
4, era, si alzavano, dovevano, si lavavano, conoscevano, si facevano, usavano, curavano, si pettinavano, richiedevano, facevano, mangiavano, bevevano, erano, andavano, c'erano, era, era, andavano, si divertivano, finiva, Cenava, andava, passava, potevano | *5*, 1. Di solito passavamo il Natale con tutta la famiglia; 2. In estate andavo sempre in montagna; 3. Perché non ti piaceva quell'insegnante?; 4. I miei facevano sempre la spesa in quel supermercato; 5. Mio nonno beveva ogni giorno due bottiglie d'acqua; 6. Luigi non voleva usare mai la macchina, prendeva sempre i mezzi pubblici
6, 1 a. più, di; b. meno, di; c. -, come; 2. a. meno, di; b. meno, di; c. più, di; 3. a. più, dello; b. meno, dello; c. più, dello; 4. a. meno, dell'; b. più, dell'; c. -, come; 5 a. più, della; b. più, della; c. meno, della; 6. a. meno, del; b. -, come; c. più, del

7, 1. maggiore; 2. buono; 3. piccola; 4. maggiore; minori; 5. migliore; 6. cattivo
8, nasce, inizia, assiste, inizia, corre, comincia, decide, fonda, diventa, partecipa, vince, muore
9, 1./b; 2./a; 3./a; 4./b | **10**, 1. o, o; 2. né, né; 3. sia, che; 4. sia, che; 5. o, o; 6. né, né
11, era, erano, era, avevano, né, né, andavano, o/sia, o/che, più ricchi, potevano, facevano, vendevano, passavo, piaceva, potevamo, sia, che, diceva, era, migliore, era, minore, sia, che, andavo, giocavo, c'erano, mi divertivo, volevo

LA GRAMMATICA DEL BARBIERE - ep. 02, *1*, 1. È mio padre quando era piccolo; 2. avevano una roulotte e ogni anno facevamo un viaggio diverso; 3. da piccoli litigavamo spesso, ma adesso ci vogliamo molto bene | *2*, 1./F; 2./F; 3./V; 4./V; 5./F | *3*, suoi, facevano, Andavano, sua, si divertivano, litigavano, si vogliono, litigano

LEZIONE 3

GRAMMATICA ATTIVA | *PREPOSIZIONI E PRONOMI*, te, me; *I PRONOMI INDIRETTI*, Vi, Gli; *L'ACCORDO TRA IL PRONOME DIRETTO E IL PARTICIPIO PASSATO*, **li ho conosciuti**, **l'abbiamo vista**
1, 1. me; 2. te; 3. mi, te; 4. te; 5. me, te; 6. ti, mi, te
2, 1. ha telefonato, durante; 2. ho incontrato, mentre, facevo; 3. mentre, erano, hanno visto; 4. Durante, ho letto; 5. eravamo, durante, potevamo, erano; 6. Abbiamo ricevuto, mentre, eravamo | *3*, 2./F; 3./E; 5./R; 7./M; 9./I il nome del fisico è FERMI | *4*, andavo, era, Avevamo, avevo, uscivamo, sono diventate, ha lasciato, abbiamo iniziato, stavi, stavamo, ci siamo lasciati, avete iniziato, eravate, Siamo usciti, ci siamo innamorati, ha detto, ha iniziato, si sono sposati | *5*, è stato, ha iniziato/è iniziata, si è trasferito, erano, ha creato, è diventato, erano, si riuniva, studiavano, facevano, ha vinto, ha lasciato, si è trasferito, ha lavorato, ha portato, è morto
6, 1. le; 2. gli; 3. ti; 4. Vi; 5. gli; 6. Le
7, 1. l', visto; 2. Li, comprati; 3. l', trovato; 4. le, messe; 5. li, studiati; 6. li, fatti | *8*, 1. li, comprati; 2. le, conosciute; 3. l', conosciuta; 4. li, comprati; 5. li, visti; 6. l', sentita
9, l', conosciuta, Le, detto, ti, risposto, mi, augurato, li, fatti, mi, detto; 2. l', fatta, le, comprato, le, trovate, gli, chiesto, mi, detto, gli, comprato
10, 1. Eccoti; 2. Eccole; 3. eccolo; 4. Eccomi
11, 1. diceva, durante, era, si sono trasferiti; 2. era, correva, ha avuto, mentre, andava, ha fatto; 3. ci siamo conosciuti, durante, siamo andati, mentre, parlava, ho capito, ero | *12*, 1. gli, telefonato; 2. Li, comprati, Eccoli; 3. le, detto; 4. l', conosciuta, le, parlato; 5. eccole, le, dimenticate; 6. gli, chiesto, eccolo

LA GRAMMATICA DEL BARBIERE - ep. 03, *1* l', dimenticato, l', lasciato, l', dimenticata, l', lasciata, li, dimenticati, li, lasciati, le, dimenticate, le, lasciate | *2*, 1. Volevo sapere se avete visto il mio cellulare, l'ho dimenticato; 2. Eccolo! Lo hai lasciato sul divano; 3. l'apostrofo non va mai con le parole al plurale | *3*, Errore: Può, Forma corretta: Posso; Errore: ha, Forma corretta: è

SOLUZIONI

LEZIONE 4

GRAMMATICA ATTIVA | *PLURALI IRREGOLARI*, mani, braccia, dita, uomini; *L'IMPERATIVO*, aspettare: aspet**ti**; sentire: sen**ta**; finire: fin**isca**; **FORME IRREGOLARI**: bere: be**va**; uscire: e**sca**; andare: va**da**; dire: di**ca**; *TROPPO*, AGGETTIVO trop**pe**; AVVERBIO troppo; *IL PARTITIVO*, del; *I NUMERO ORDINALI DA 11 IN POI*, ventunesimo, centesimo

■ *1*, 1. le uova; 2. le mani; 3. le braccia; 4. le ossa; 5. gli uomini; 6. le orecchie

■ *2*, dica, sia, abbia, Prenda, sciolga, beva, Torni | *3*, 1. faccia; 2. Vada, giri; 3. dia; 4. scriva; 5, Scusi, Esca; 6. Venga; 7. controlli, Guidi, stia | *4*, 1./c, dia, metta; 2. dica/a. Guardi; 3. Scusi/d. finisca; 4. Senta/b. cerchi, prenda; 5./e. prenda, vada, giri

■ *5*, 1. ne; 2. l'/lo; 3. ne; 4. ne; 5. lo; 6. Ne, La

■ *6*, 1. troppe; 2. troppo; 3. troppa; 4. troppi; 5. troppo; 6. troppe

■ *7*, 1./b; 2./a, c; 3./b; 4./c; 5./b; 6./a, c

■ *8*, 2, 3, 5, 6

■ *9*, 1. dell'; 2. delle; 3. degli; 4. del; 5. degli; 6. delle

■ *10*, 1. nessun, dei; 2. dei, nessuno; 3. degli, nessuno; 4. dei, non, nessun

■ *11*, 1. novantatreesimo; 2. venticinquesimo; 3. diciassettesima; 4. ventiseiesimo; 5. centesimi

■ *12*, dica, non, nessuno, tocchi, sposti, braccia, le ginocchia, le, troppo, Stia, Parli, cerchi, dei, ne, nessuno, ventiduesimo, resti

> *L'ANGOLO DI ALDO*, 2. Venga; 3. Lasci; 4. Esca; 5. Abbia; 6. Entri

LA GRAMMATICA DEL BARBIERE - ep. 04, *1* difficilissimi, faccio, Immagina, Lo, non, nessuno | *2*, Dica, Alle, Venga, alle, in, faccia, prenda, vada, Scenda, della, della, a, dalla | *3*, Be', tutti **assomigliano** a; hanno la A alla **fine**; Vedi che **non** è difficile?; Così sembra **più** facile!; Per i verbi *essere* e *avere* non è **così** facile. | *4*, sia / abbia

LEZIONE 5

GRAMMATICA ATTIVA | *STARE + GERUNDIO*, **FORME REGOLARI**: part**endo**; **FORME IRREGOLARI**: dic**endo**, fac**endo**; *IMPERATIVO CON TU + PRONOMI*, rest**aci**, Da**lle**, Fa**tti**, sta**mmi**; *AVERCI*, ce l', ce le

■ *1*, 1. dal; 2. a, in; 3. da; 4. in; 5. a, da; 6. dal, al | *2*, 1. in; 2. dai, al; 3. in; 4. a; 5. dal; 6. in

■ *3*, 1. stanno facendo; 2. stanno ballando; 3. sta bevendo; 4. stai facendo, sto guidando; 5. stai dicendo; 6. stiamo giocando | *4*, 1. state dicendo, state scherzando; 2. sta partendo; 3. stiamo andando; 4. sta chiudendo; 5. stanno chiedendo, sto resistendo

■ *5*, 1. un migliaio; 2. spiagge; 3. valigie, un paio; 4. un centinaio; 5. arance; 6. gocce

■ *6*, 1. guardalo; 2. Diamoci; 3. *Entrambe le opzioni sono giuste*; 4. fammi; 5. comprare; 6. comprale; 7. finiscili; 8. datemi; 9. alzati | *7*, **a me** dammi, dimmi, stammi; **a lui/a loro** dagli, fagli, digli, stagli; **a lei** dalle, falle, dille, stalle; **a noi** facci, dicci, stacci | *8*, 1. chiamalo; 2. andarci; 3. chiedile; 4. provale; 5. prendine; 6. portami; 7. portaci; 8. spendine; 9. dallo; 10. regalagli | *9*, falle, falla, Regalale, Vacci, prendile, mettici, comprali, fammi

■ *10*, 1. ce li ho, ce li hai; 2. ce l'abbiamo; 3. Ce le avete; 4. ce li ho, ce l'ho, ce l'ho, ce le ho

■ *11*, 1./c, torniamoci; 2./a, gli dica; 3./e, alzatevi; 4./d, ne compri; 5./b, lo comprate | *12*, 2. Non bevetelo/Non lo bevete; 3. Lo iscriva; 4. Andateci; 5. Divertitevi; 6. prendiamola

■ *13*, 1. si fermi, le, sta segnalando, un paio, Mi scusi, Le metta; 2. si calmi, mi dica, al, Ce l'avevo, c'erano, Alcune, Mi sta dicendo ce li avevo, dal, Mi spieghi, Preoccupiamoci, Non mi dica

> *L'ANGOLO DI ALDO*, figurati, non mi dire, vallo a capire, Stammi bene

LA GRAMMATICA DEL BARBIERE - ep. 05, *1* **DIRE**: non mi dire; **DARE**: non darmi; **LEGGERE**: non leggerlo, non lo leggere; **PRENDERE**: non lo prendere | *2*, Dimmi, dirmi, dimmi, leggerlo, prenderlo, prendere, dammi, darmi, dare | *3*, Perché non avete una sola regola?; Perché agli italiani piace fare la stessa cosa in modi diversi | *4*, 1. Prenderla → prendila, 4. non vacci → non ci andare! / Non andarci!

LEZIONE 6

GRAMMATICA ATTIVA | *PLURALI: CASI PARTICOLARI*, cinema; *I PRONOMI COMBINATI*, MI+LO: me lo; MI+LA: me la; MI+NE: me ne; TI+LO: te lo; TI+LA: te la; TI+LI: te li; GLI/LE+LI: glieli; GLI/LE+NE: gliene; CI+LE: ce le; VI+LA: ve la; VI+LI: ve li; GLI+LO: glielo GLI+LE: gliele; gliele, te lo, Me ne

■ *1*, 2./L; 4./E; 5./O; 7./N; 8./E, il nome del regista è SERGIO **LEONE**

■ *2*, 1. di; 2. da; 3. di, di; 4. da, da; 5. di, da; 6. da; 7. di; 8. da

■ *3*, 1. cinema; 2. schemi; 3. problemi; 4. foto; 5. bici; 6. panorami

■ *4*, di, da, di, problemi, ne, un altro, ad, -, di, -, parlarne, da

■ *5*, 1. hai bisogno di; 2. bisogna; 3. avete bisogno di; 4. ho bisogno di; 5. bisogna; 6. bisogna

■ *6*, 1. glielo; 2. Me ne; 3. Ce la; 4. ce le; 5. gliene; 6. me la | *7*, 2. Glielo; 3. Te la; 4. Gliele; 5. Ce l'; 6. gliene; 7. Me ne | *8*, ve la, ce la, gliene, me lo, me ne, glielo, glielo, te lo, gliene

■ *9*, 2. La macchina l'hai lavata; 3. Il tedesco non lo parlo bene; 4. La pizza l'hanno mangiata tutta; 5. Il film di Sorrentino non l'ho ancora visto; 6. Le valigie le avete fatte; 7. Il piano non lo suoni da anni; 8. I documenti li hai presi | *10*, 3, 4, 5, 6

■ *11*, 1. Avete già mangiato tutto ~~già~~?; 2. Mi hai ripetuto la regola due volte, ma non ~~ancora~~ l'ho ancora capita.; 3. Sì, in ~~già~~ America ci siamo già stati, ma ancora non ~~ancora~~ abbiamo visitato New York e Los Angeles.; 4. Mauro e Sara si ~~già~~ sono già svegliati?

■ *12*, ne, temi, li, da, ancora, bisogna, te lo, di, ne, da, panorami, bisogna, programmi, ne

> *L'ANGOLO DI ALDO*, 1. me li; 2. ce la; 3. Ce ne; 4. me la; 5. me ne; 6. se ne/ce lo

LA GRAMMATICA DEL BARBIERE - ep. 06, *1* Quante volte te lo devo dire; voglio il giornale di Aldo. Glielo prendo; Mi dispiace: ma non te lo do | *2*, glielo, inutile, Scusami, preoccupare, fatica, durante, ancora, utili, significa, complicata, Ricordati | *3*, Glielo, te lo, me lo

LEZIONE 7

GRAMMATICA ATTIVA | *IL FUTURO SEMPLICE*, **-ARE**, lui / lei / Lei ascolterà, noi ascolteremo, **-ERE**: tu leggerai, loro leggeranno; **-IRE**: tu dormirai, voi dormirete; **verbi con futuro contratto**, lui / lei / Lei dovrà, voi dovrete; **verbi con futuro irregolare**, ESSERE: lui / lei / Lei sarà, voi sarete; **FARE**: noi faremo, loro faranno; **VOLERE**: tu vorrai, voi vorrete; **DARE**: io darò, lui / lei / Lei darà

■ *1*, 1. ci mettono; 2. ci sono volute; 3. ci abbiamo messo; 4. ci mette; 5. ci sono voluti; 6. C'è voluto; 7. ci mettevo | *2*, 1. ci vogliono, ci metto; 2. ci ha messo; 3. ci metti, ci vogliono; 4. ci mettevo; 5. Ci sono voluti; 6. ci avete messo, ci vogliono, ci abbiamo messo

■ *3*, 1. Ho letto il libro che (tu) mi ha presto una settimana fa; 2. Avete mangiato il gelato che ho comprato ieri?; 3. Ti voglio presentare una ragazza che ho conosciuto al corso di francese; 4. I miei amici vogliono mangiare in un ristorante che a me non piace; 5. Lavoro in un / nel negozio che mio nonno ha aperto 70 anni fa; 6. Perché non mi presenti la ragazza che hai conosciuto in vacanza?; 7. Piera non vuole vedere le foto che le ricordano l'infanzia; 8. Per favore, metti il maglione che i nonni ti hanno regalato a Natale. | *4*, Quali sono gli indirizzi universitari **che** garantiscono un lavoro dopo la laurea? In Italia sono Economia, Medicina e Ingegneria. Secondo una ricerca, sono queste, infatti, le facoltà con il numero più alto di iscrizioni: i laureati in queste facoltà, infatti, hanno più possibilità di trovare lavoro a cinque anni dalla laurea. Anche gli stranieri **che** vengono in Italia per studiare scelgono questi indirizzi di studio. In passato non era così: gli indirizzi di studio **che** avevano più studenti erano le facoltà di Architettura e Giurisprudenza, **che** però negli ultimi anni hanno registrato una forte diminuzione di iscritti.

■ *5*, leggerò, farò, trascorrerò, andrò, dormirò, lavorerò, viaggerò, mi arrabbierò, mi iscriverò, mangerò, getterò, avrò | *6*, sarai, vivrò, avrà, saranno, cresceranno, studieranno, andranno, lavorerò, sarai, vivrò, sposerò, avrai / avrete, avremo, parleranno, saranno, sarà, farai, Continuerò | *7*,

	futuro?	infinito	persona
AVRÀ	sì	avere	lui / lei
CORRONO	no	/	/
VOLERANNO	sì	volare	loro
SARÀ	sì	essere	lui / lei
SANNO	no	/	/
CAPODANNO	no	/	/
VORRANNO	sì	volere	loro
DOVRÒ	sì	dovere	io
VIVETE	no	/	/

■ *8*, **spiegare o dare più informazioni**: cioè; **concludere un discorso, fare una sintesi**: insomma; **indicare la causa**: siccome; **confermare**: infatti; 1. Siccome; 2. cioè; 3. insomma; 4. Infatti | *9*, 1. Siccome; 2. Insomma; 3. cioè; 4. infatti; 5. cioè; 6. siccome; 7. infatti; 8. insomma; 9. siccome; 10. Siccome

■ *10*, ci saranno, vivrà, avranno, dovrà, lavoreranno, potranno, andremo, sapremo, sarà, ci sarò | *11*, gli incendi **che** distruggono, ci vorranno, siccome, l'ecosistema **che** assorbe, insomma, un circolo vizioso **che** non ci metterà, insomma, decisioni **che** hanno messo

LA GRAMMATICA DEL BARBIERE - ep. 07, *1*, 1. a. perché; b. Siccome; c. cioè | *2*, ti, di, mio, mi, un, uno, uno, per, ho, significano, andiamo, mi, di, in, perché, Siccome, il, lo, nella, di, cioè, stessa, più, posso, perché, cioè, Mi, esempio | *3*, 1. Maurizio

fa il lavoro **che** faceva anche il padre; 3. Christoph legge lo stesso giornale **che** legge Aldo; 4. Maurizio risponde alle domande **che** fa Christoph; 5. Christoph fa un esempio **che** Maurizio non capisce

LEZIONE 8

GRAMMATICA ATTIVA | *IL SUPERLATIVO RELATIVO*, maggiore, minore, migliore, peggiore; *IL CONDIZIONALE PRESENTE*, **-ARE**: lui / lei / Lei parlerebbe, voi parlereste; **-ERE**: io leggerei, loro leggerebbero; **-IRE**: tu finiresti, noi finiremmo; **verbi con condizionale contratto**, tu dovresti, loro dovrebbero; **verbi con condizionale irregolare**, essere: sarei; dare: darei; stare: starei; volere: vorrei; *L'AGGETTIVO BELLO*, bello, bei, begli, belle; *GLI ALTERATI IN -INO, -ETTO E -ONE*, gattino, gattone

■ *1*, 1. con cui; 2. in cui; 3. per cui; 4. su cui; 5. che; 6. a cui; 7. con cui; 8. che | *2*, 1. in cui; 2. che; 3. con cui; 4. che; 5. a cui; 6. tra cui; 7. in cui; 8. da cui

■ *3*, 2. migliori; 3. la più grande; 4. più piccolo; 5. peggiore; 6. minore

■ *4*, 1. ne; 2. -; 3. ne; 4. ne; 5. -; 6. ne

■ *5*, 1. piacerebbe (D); 2. potresti (R); 3. dovrebbe (C); 4. verreste (R); 5. sarei (D); 6. faresti (C); 7. presteresti (R); 8. preferirebbero (D) | *6*, basterebbe, faresti, andrei, comprerei, vorrebbe, chiederebbe, spenderesti, farei, darei, comprerebbero, dovremmo, continueresti, lavorerei

■ *7*, 1. bello; 2. begli; 3. bell'; 4. belle; 5. bel; 6. bella; 7. bei

■ *8*, 2. bottiglione; 3. armadietto; 4. scatolone; 5. stanzone; 6. ideona; 7. cappellino; 8. tavolino

■ *9*, 1. peggiore, maggiore, a cui; 2. in cui, minore, i migliori; 3. la più antica, per cui; 4. il peggiore, tra cui; 5. il più vecchio, che | *10*, 2. berreste, bei bicchieroni; 3. partirebbero, bella, isoletta; 4. gattone, begli, Dovresti; 5. potresti, scatolone, bel; 6. sarebbe, bel, caminetto

LA GRAMMATICA DEL BARBIERE - ep. 08, *1* 1./B; 2./A; 3./C; 4./A | *2*, dovevi, alle, farmi, ho detto, Certo, la, sarà, Hai studiato, altre, me, più, un', di, vorrei, come | *3*, 1./c, dovrebbe; 2. vorrebbe/a; 3. farebbe/b

LEZIONE 9

GRAMMATICA ATTIVA | *STARE + INFINITO*, sta per iniziare; *GLI AVVERBI IN -MENTE*, timidamente, felicemente, regolarmente

■ *1*, 1. saputo; 2. ha conosciuto; 3. conoscevano; 4. sapevamo; 5. saputo | *2*, 1. Ho conosciuto, sapeva; 2. ha saputo; 3. conoscevano, abbiamo conosciuta; 4. sapevo

■ *3*, 2. sta per iniziare; 3. stiamo per mangiare; 4. si stanno per sposare / stanno per sposarsi; 5. mi sto per addormentare / sto per addormentarmi; 6. sto per conoscerla / la sto per conoscere

■ *4*, 1. gentilmente; 2. probabilmente; 3. regolarmente; 4. sicuramente; 5. facilmente; 6. seriamente

■ *5*, 1. **qualche** banana; 3. **alcune** ore; 4. **qualche** collega; 5. **alcuni** problemi

■ *6*, **COLAZIONE**: si fa, si mangiano; **PAGAMENTI**: si usa, si preferiscono; **INGLESE**: si studia, si parlano

SOLUZIONI

■ *7*, 1. sai, sicuramente, alcune, ho saputo, si parla, si guadagna, probabilmente, sapevi, si mangia, cenano, alcune, si cena, si mangiano

LA GRAMMATICA DEL BARBIERE - ep. 09, *1*, a. hai saputo; b. sapevo; c. Ho conosciuto, conoscevo | *2*, molto, conosci, qualcuno, questa, di, hai saputo, ho conosciuto | *3*, 1. Maurizio sta per fare la barba a Christoph; 2. Christoph sta per fare una domanda di grammatica; 3. Aldo sta per leggere il giornale; 4. Maurizio e Aldo stanno per sapere chi è Michelle

LEZIONE 10

GRAMMATICA ATTIVA | *NE E IL PASSATO PROSSIMO*, visitati; mangiate; comprati

■ *1*, 1. comunque; 2. mentre; 3. prima di tutto, inoltre; 4. però; 5. mentre; 6. inoltre | *2*, 1. Prima di tutto, inoltre, mentre, Insomma, però, comunque

■ *3*, 2. Ne ho comprate due scatole; 3. Ne ho conosciute molte; 4. Ne ho visti molti; 5. No, ne hai messo poco; 6. Perché ne ho mangiati troppi

■ *4*, 2. saranno i miei genitori; 3. avrà fame; 4. si mangerà bene; 6. starà approfittando dei saldi

■ *5*, 1. Ci, ci; 2. ci; 3. -; 4. -; 5. -, ci, -

■ *6*, sarà, però, ci, Prima di tutto, mangiati, molti, Però, ci, Inoltre, mentre, Comunque, ci

LA GRAMMATICA DEL BARBIERE - ep. 10, *11.*/b | *2*, ho usato **quel** nome; Aldo, **secondo** te, chi è **questa** ragazza; Mah, **sarà** una sua collega; Michelle è una **mia** collega; Allora esiste, **questa** Michelle; Perché **la** mia era un'ipotesi; È **lei** | *3*, ha conosciuto, potrebbe, ne, però, per fare, parlarci

TEST A2 *1*, 1. sa, per; 2. è finita; 3. sono dovuta; 4. mai; 5. da, ancora; 6. né il latte né il formaggio | *2*, era, andavano, larghissimi, diceva, piaceva, indossava, facevano, vestiva, peggiore, erano | *3*, 1. vi siete conosciuti, Ci siamo incontrate/i, andavo; 2. aveva, gli ho chiesto, aveva; 3. sei stata, avevo, sono stata; 4. ho dimenticato, le ho detto, mi ha chiamato | *4*, 1. hai visto, avevo, lo, Hai provato, eccolo, Era; 2. hai fatto, Sono uscita, Li abbiamo conosciuti, durante, avete fatto, Siamo andati, mangiavamo, ha ricevuto, è | *5*, ginocchia, si preoccupi, ossa, Provi, si aiuti, faccia | *6*, 3, 6, 7, 8 | *7*, 2. te le ho comprate; 3. ve li abbiamo presi; 4. gliel'ho dato; 5. ce l'ha prestata, 6. glieli hanno portati | *8*, avranno, infatti, faranno, conoscerà, potrete, cioè, Siccome, vorrete, dovrete, sarà | *9*, 1. Dovresti; 2. vorremmo, Dovreste; 3. rimarresti; 4. piacerebbe; 5. dovrebbero | *10*, 1. Ha saputo; 2. Ho conosciuto; 3. piovere; 4. si beve; 5. qualche panino; 6. il migliore, ci; 7. in cui, bei; 8. ci | *11*, 1. ne, ricevuti; 2. ne, mangiate; 3. li, convinti; 4. ne, lette; 5. ce li, Me li; 6. comprate due paia

APPUNTI

APPUNTI